众创空间生态系统耦合机制研究

薛 浩 著

本书是 2019 年度国家社会科学基金项目"众创空间生态系统自组织与外部选择的耦合机制研究"（19BGL036）（结项等级：优秀）的最终成果。

科学出版社

北 京

内 容 简 介

在互联网、大数据、云计算背景下,协同创新、分享创新成为新范式,创新创业已经进入 2.0 时代。众创空间作为一种新型孵化器,是创新 2.0 时代的产物,也是创新创业生态体系的重要组成部分。2015 年以来,在系列国家政策文件的引导和激励下,我国众创空间呈"井喷式"增长。当前,推动众创空间高质量发展,成为一个新的、重要的理论和实践命题。本书从理论与实证两个维度,深入研究众创空间生态系统自组织与外部选择的耦合机制,在借鉴国外发达国家众创空间发展经验的基础上,提出我国众创空间运行机制优化对策,以期为促进众创空间高质量发展提供理论指导。

本书适合政府有关部门决策与管理人员、企业管理人员、学校师生、创新创业教育管理与研究人员等参考阅读。

图书在版编目(CIP)数据

众创空间生态系统耦合机制研究/薛浩著. —北京:科学出版社,2021.12
ISBN 978-7-03-070568-6

Ⅰ. ①众… Ⅱ. ①薛… Ⅲ. ①创业–研究–中国 Ⅳ. ①F249.2

中国版本图书馆 CIP 数据核字(2021)第 224312 号

责任编辑:郝 悦 / 责任校对:宁辉彩
责任印制:张 伟 / 封面设计:有道设计

科学出版社 出版
北京东黄城根北街 16 号
邮政编码:100717
http://www.sciencep.com

北京建宏印刷有限公司 印刷
科学出版社发行 各地新华书店经销

*

2021 年 12 月第 一 版　开本:720×1000　1/16
2023 年 1 月第二次印刷　印张:12 1/2
字数:252 000
定价:138.00 元

(如有印装质量问题,我社负责调换)

作者简介

薛浩，江苏盐城人，博士、教授。现任盐城工学院党委副书记、中国高等教育学会理事、智汇盐城新型智库联盟理事长、盐城黄海湿地生态文明建设研究中心（黄海智库）主任、盐城创新创业研究院院长。先后在扬州师范学院物理系、南京大学高等教育研究所（现已更名为南京大学教育研究院）、上海理工大学管理学院、南京航空航天大学经济与管理学院读本科、以毕业研究生同等学力申请硕士学位课程进修班、硕士、博士。

近几年，主持完成国家社会科学基金项目1项（结项等级：优秀），参与完成国家社会科学基金项目1项，主持完成江苏省社会科学基金项目、江苏省高校哲学社会科学研究重点项目等省（部）级以上课题近10项；出版《地方本科高校投资规模、投资来源结构与办学效益的关系研究》（高等教育出版社）、《高校贫困生问题研究》（陕西人民教育出版社）等专著3部；担任《难忘的考研岁月》《新理念·新模式·新路径：应用型本科高校转型发展探索》等5部书籍的主编或副主编。在《高等教育研究》《国家教育行政学院学报》《南京师范大学学报》等中文核心期刊上发表论文近30篇。荣获江苏省教学成果奖二等奖、盐城市科学技术奖一等奖、盐城市哲学社会科学成果奖一等奖等奖项。

前　言

"创新是引领发展的第一动力。"当前，全球范围内新的科技革命和产业革命正在孕育兴起，欧美等发达国家和地区纷纷出台创新发展战略。在激烈的国际竞争中，唯创新者进，唯创新者强，唯创新者胜。党的十八大[①]明确指出要实施创新驱动发展战略。推进"大众创业、万众创新"（简称"双创"）是深入实施创新驱动发展战略的重要支撑、深入推进供给侧结构性改革的重要途径。

众创空间是创新2.0时代的产物，是实施"双创"的有效载体，与"中国制造2025"紧密相连。2015年的政府工作报告指出，要大力发展众创空间，让"草根""创新"蔚然成风、遍地开花。同年，国务院办公厅印发《关于发展众创空间推进大众创新创业的指导意见》，提出八个方面的重点任务。2016年，国务院办公厅印发《关于加快众创空间发展服务实体经济转型升级的指导意见》，提出促进众创空间专业化发展。2017年，党的十九大提出"激发和保护企业家精神，鼓励更多社会主体投身创新创业"[②]，强化了众创空间拓展的外在动力。2018年，国务院印发《关于推动创新创业高质量发展打造"双创"升级版的意见》提出，为了深入实施创新驱动发展战略，激发市场活力和社会创造力，要推动创新创业环境、发展动力、主体、载体、金融服务5个"升级"，打通政策，落实"最后一公里"。2020年，科学技术部（简称科技部）印发《关于做好创业孵化机构科学防疫推进创业企业有序复工复产保持创新创业活力的通知》，为疫情防控形势下的"双创"和众创空间发展提供了重要指导。

正是因为2015年以来国家出台了系列文件鼓励支持众创空间发展，从而促进"双创"环境持续改善，创客主体源日益丰富，创新创业氛围更加浓厚，创新创业理念日益深入人心，众创空间数量呈"井喷式"增长。截至2019年底，我国众创空间数量已超过8000家，其中科技部备案的众创空间达2386家。但通过对代表众创空间的调研发现，众创空间发展水平不平衡，高质量的众创空间并不多。理性控制众创空间数量、提高众创空间质量、培育众创空间生态系统、凸显众创空间特色成为当前乃至今后一段时期理论界和实务界关注的问题。

[①] 胡锦涛.在中国共产党第十八次全国代表大会上的报告[EB/OL].http://cpc.people.com.cn/n/2012/1118/c64094-19612151.html[2012-11-18].

[②] 习近平.决胜全面建成小康社会 夺取新时代中国特色社会主义伟大胜利——在中国共产党第十九次全国代表大会上的报告[EB/OL].http://www.gov.cn/zhuanti/2017-10/27/content_5234876.htm[2017-10-27].

本书从理论和实践两个维度进行思考：以生态学基本理论为指导，研究众创空间生态系统的特点、结构、功能及自组织机制，众创空间发展的赋能系统及耦合机制，并从个体、组织、政府层面分析影响因素，构建多维考核评价模型。在此基础上，对2386家国家级众创空间进行全样本分析，研究其运行绩效，总结其成绩和不足。同时，对发达国家典型众创空间生态系统进行多案例深度剖析和比较分析，以借鉴其成功经验，提出我国众创空间生态系统的优化对策。本书提出了一套众创空间生态系统完善的理论框架，旨在为下一步的研究与实践探索提供参考。本书共有六章，具体如下。

第一章：众创空间生态系统一般性分析。主要聚焦两点：一是对众创空间在国内外的发展历程即"前世今生"进行梳理，这是研究的背景；二是从理论上界定众创空间生态系统的内涵、类型、特点、结构和运行机制。研究指出，众创空间生态系统是指以创客为创业种群，以一系列支持创业的要素构成的促进创业种群良性发展的系统；众创空间生态系统是一个复杂系统，想要实现既定目标，必须吸引社会相关异质资源，为系统注入新的活力与动力，其演进过程是结构与功能不断复杂化的自组织过程；众创空间生态系统包括创客生态圈、资源生态圈、服务支持生态圈和众创文化，通过新陈代谢机制、共享共用机制、试错容错机制、风险防控机制、绩效评价机制维持其生态平衡。本章提出的众创空间生态系统相关理论，为全面掌握众创空间生态系统本质提供了新的思路。

第二章：地区众创空间发展的赋能系统及耦合。研究表明：我国30个省、自治区和直辖市（不包括西藏、新疆生产建设兵团）的众创空间发展水平呈现"东高西低、中部突起、局地放缓"的异质性分布特征，这主要源于众创空间发展的服务赋能因子、市场赋能因子、政策赋能因子及效益赋能因子功能的发挥。2016~2019年，服务赋能因子、市场赋能因子是推动地区众创空间水平提升的主导因素。借助耦合理论对我国众创空间生态系统及其内在的四类赋能因子系统间的耦合关系进行研究发现：我国众创空间生态系统总体耦合度不及两两赋能因子系统间的耦合度稳定和有效；在四类赋能因子两两耦合中，服务赋能因子和效益赋能因子的耦合正向作用于众创空间生态系统耦合的程度最强，而包含政策赋能因子在内的两个子系统之间的耦合往往滞后于众创空间生态系统的耦合度。

第三章：众创空间生态系统自组织机制研究。基于我国众创空间四类统计指标的范式，遵循统计指标前后的一致性、可比性，参照统计指标变量的分类方式，设计因子分析法中提取因子的标准；构建包含政府、创客空间、创客、创客空间生态系统运行效益的结构方程模型，揭示众创空间生态圈子系统主体间行为影响机理；基于有效的调查问卷信息，揭示众创空间生态系统运行的近期效应（稳定性）和长期效应（持续性）的形成机理。研究表明，我国地方众创空间生态系统目前存在的问题主要是创客的关系嵌入（创客融入产业、市场等实力）推动系统社会效益能力不足，而创客的关系嵌入推动作用较为明显的创客空间创新行为，其接受政府政策的市场化激励与约束效能与市场管制相比并不是最强，因此，强化政策对创客空间的创新行为激励是目前政府政策有待改进的主导方向。

第四章：我国众创空间的发展现状。以 2386 家国家级众创空间为对象，综合采用网络调研、电话询问、专家访谈及个案研究等方法，主要从我国国家级众创空间在各省区市、产业、主体源的分布情况及经营模式等方面进行研究。以第三章建立的绩效评价模型为标尺进行全样本分析，全面总结我国众创空间生态系统建设的成绩与不足。研究表明，我国众创空间数量增长迅速，分布区域特征明显，运营主体多元，运营模式多样，发展成效显著，但也还存在诸多问题：区域分布不平衡、盈利模式单一、产业结合不紧密、服务能力有待提升、高校作用发挥不充分、众创文化氛围不浓厚等，亟须积极借鉴国外众创空间发展经验，建立起中国特色的众创空间生态体系。

第五章：国外众创空间发展的模式、案例与经验分析。"他山之石，可以攻玉。"本章主要聚焦在：一是分析国外众创空间从传统孵化器向新型孵化器、加速器演进，从政府主导逐渐转向市场化运作、专业化布局的发展趋势；二是将国外众创空间的发展模式概括为创客空间、联合办公空间、创新型孵化器、"五位一体"加速器等典型模式，并从服务类型、目标群体、经营特点、盈利模式等维度对其进行综合性的分析比较；三是选取美国、英国、奥地利等国的 8 个众创空间经典案例，进行深度剖析和比较分析；四是探讨国外众创空间从孵化器 1.0 向孵化器 5.0 升级迭代的演进机理和发展逻辑；五是从众创空间生态系统自组织与外部选择耦合演进切入，探讨在营造良好的众创空间生态环境、提高众创空间生存能力等方面的国际经验及其对我国的启示。

第六章：我国众创空间生态系统优化对策。研究认为，外部生态环境的优化是众创空间发展的基础保障，内部核心竞争力的提升是其发展的核心，运行机制的优化是其发展的关键。我国众创空间生态系统的优化主要从外部生态环境优化、内部生态群落优化、运行机制优化三个方面进行。外部生态环境包括创业政策、科技创新、创业融资及创业文化的优化；内部生态群落的优化是指众创空间内部各要素及综合实力的提升；运行机制是指新陈代谢机制、共享共用机制、试错容错机制、风险防控机制和绩效评价机制的构建。本章还对不同类型的众创空间生态系统优化提出了具有针对性的建议。

本书是在本人主持的 2019 年国家社会科学基金项目的终期成果基础上（2021 年 7 月结题，等级：优秀），由项目组成员合作并分工整理提升完成：本人负责项目研究的整体性工作，制订研究计划、研究内容和研究思路，拟订项目整体框架和实施计划，负责项目组成员的协调分工，并负责第二章撰写工作；陈桂香负责对书稿统稿、审阅修改；吴刚负责第一章撰写工作；宋辉负责第三章撰写工作；

刘荣、周亚军负责第四章撰写工作；陈根负责第五章撰写工作；于淼负责第六章撰写工作；薛志谦负责有关众创空间的调研和资料收集工作；王瑾参与课题申报阶段的有关讨论。由于涉及大量的实证调研，还请魏语婷、高加友、蔡云晨、于晨颖、程云庆、叶祯菲等老师对第四章涉及的数据进行了整理和分析。在项目申报和结题、专著出版过程中，先后得到盐城工学院人文社科研究主管部门顾红、包雅玮、焦微玲、邢千里等同志的大力支持。本书由科学出版社出版，出版社编辑为书稿的修改完善提出很多建设性意见。在此，一并表示真诚的感谢。

在项目研究过程中，项目组成员已经在有关期刊上公开发表与本课题相关的研究论文，一些研究成果在本书中有所呈现，特予以说明，具体如下：薛浩独著论文《地区众创空间发展水平比较及赋能》《基于众创空间的大学生创新创业教育对策》分别发表在CSSCI[①]来源期刊《南京师范大学报（社会科学版）》2021年第2期、CSSCI扩展版来源期刊《当代青年研究》2020年第2期；吴刚、薛浩合著论文《高校众创空间制度"碎片化"问题及其对策——整体性治理理论视角》发表在CSSCI来源期刊《高校教育管理》2020年第5期；周亚军、薛浩合著论文《传承与构建：高校创客文化的内涵、特点及培育路径》发表在CSSCI来源期刊《中国青年研究》2020年第12期。

众创空间生态系统是知识经济时代面临的重要课题，这方面的研究才刚刚开始。囿于我们的认识和水平，不足之处在所难免，希望通过本书抛砖引玉，会有更多专家和学者加入众创空间和"双创"的研究与实践中来，为创新动力充分释放贡献力量。

薛　浩

2021年8月

---

① CSSCI指的是中文社会科学引文索引，全称为Chinese social sciences citation index。

目　录

第一章　众创空间生态系统一般性分析 …………………………………… 1
第一节　众创空间（创客空间）的前世今生 …………………………… 1
第二节　众创空间的作用 ………………………………………………… 8
第三节　众创空间生态系统内涵厘定 …………………………………… 12
第四节　众创空间生态系统的特征 ……………………………………… 15
第五节　众创空间生态系统的结构 ……………………………………… 17
第六节　众创空间生态系统的运行机制 ………………………………… 23

第二章　地区众创空间发展的赋能系统及耦合 …………………………… 28
第一节　问题的提出 ……………………………………………………… 28
第二节　众创空间发展水平的相关研究 ………………………………… 29
第三节　地区众创空间发展水平研究设计 ……………………………… 32
第四节　众创空间赋能因子分析 ………………………………………… 34
第五节　众创空间赋能系统的耦合特征 ………………………………… 41

第三章　众创空间生态系统自组织机制研究 ……………………………… 54
第一节　众创空间生态系统的进一步解读 ……………………………… 54
第二节　理论假设及模型构建 …………………………………………… 64
第三节　量表设计 ………………………………………………………… 71
第四节　统计资料的基本特征 …………………………………………… 76
第五节　模型分析 ………………………………………………………… 81
第六节　讨论 ……………………………………………………………… 90

第四章　我国众创空间的发展现状 ………………………………………… 94
第一节　我国众创空间发展模式 ………………………………………… 94
第二节　我国众创空间类型分布情况 …………………………………… 96
第三节　国家级众创空间典型案例 ……………………………………… 112
第四节　我国众创空间的发展特点 ……………………………………… 118
第五节　我国众创空间存在的主要问题 ………………………………… 122

第五章　国外众创空间发展的模式、案例与经验分析 ……………128
第一节　国外众创空间的发展历程 ……………………………128
第二节　国外众创空间的典型模式 ……………………………131
第三节　国外众创空间的经典案例 ……………………………134
第四节　国外众创空间的演进机理 ……………………………143
第五节　国外众创空间发展的经验启示 ………………………148

第六章　我国众创空间生态系统优化对策 ………………………152
第一节　外部生态环境优化——众创空间发展的基础 ………152
第二节　内部生态群落优化——众创空间发展的核心 ………176
第三节　运行机制优化——众创空间发展的关键 ……………186

第一章 众创空间生态系统一般性分析

众创空间作为适应互联网时代创新创业需求的服务平台，以市场化机制为核心、专业化服务为基础、资本化途径为手段，促进创新无缝对接创业，其具有低成本、便利化、全要素、开放式的特征，既是工作空间、网络空间，又是社交空间和资源共享空间。众创空间实际上就是高效率的孵化器（新型孵化器），其核心是将孵化做到极致。众创空间生态系统是指以创客为创业种群，以一系列支持创业的要素构成的促进创业种群良性发展的系统。众创空间生态系统是一个复杂系统，要实现既定目标，必须吸引社会相关异质资源，为系统注入新的活力与动力，其演进过程是结构与功能不断复杂化的自组织过程。众创空间生态系统内的各个种群之间以复杂的方式结合在一起，产生非线性作用和乘数效应，推动众创空间生态系统的创新创业活动的展开和整体演化。众创空间生态系统通过新陈代谢机制、共享共用机制、试错容错机制、风险防控机制、绩效评价机制，促进物质、能量、信息流动，维持生态平衡。

第一节 众创空间（创客空间）的前世今生

众创空间是个舶来词，在国外叫"创客空间"。我国众创空间有狭义与广义之分，广义的众创空间包括科技企业孵化器、众创空间、大学科技园、创业园，狭义的众创空间仅指 2015 年后出现的、与孵化器等科创平台并行的一类新型创新创业载体。本书在梳理众创空间发展历程时采用的是广义的众创空间概念，在研究其自组织与外部选择的耦合机制、我国众创空间发展现状时采用的是狭义的众创空间概念。

孵化器是早期众创空间的雏形。众创空间（创客空间）是新型创新创业平台，是高效率的孵化器，其核心是将孵化做到极致。众创空间与传统的企业孵化器的差异主要体现在与互联网的融合，注重利用互联网为创客提供便捷的综合性服务。

一、众创空间在国外的发展

国外众创空间（创客空间）经历了探索发展、初步发展、快速发展和蓬勃发展四个阶段（将在本书第五章详细阐释）。这与孵化器的完善和升级轨迹一致：在创新 1.0 时代，孵化器从 1.0 向 4.0 转变；进入创新 2.0 时代，孵化器需要完善和升级，孵化器 5.0 应运而生，孵化器 5.0 即我国"双创"背景下严格意义上的众创空间（创客空间）（因众创空间是新型孵化器，从这个视角，又可将其视为孵化器 5.0）。

（一）创业孵化器（孵化器 1.0～孵化器 4.0）

创业孵化器随着经济社会的发展而兴起、发展和提升，是经济社会发展的必然产物。过去几十年，欧美各国孵化器经历了从低级阶段到高级阶段演化的过程，孵化模式由"政府+政府出资"逐步转向"专业孵化+专家服务+风险投资"[①]。1950～1979 年是孵化器 1.0，其办公空间、基础办公设备和设施规模小、数量少、政府主导，服务功能有限；1980～1989 年是孵化器 2.0，其特点为市场化运作、服务功能日趋完善；1990～1999 年是孵化器 3.0，其特点为公司化发展、导师制、风险投资等；2000～2012 年是孵化器 4.0，其特点为网络化视角、集团化发展。在国外早期的孵化器发展过程中形成的各种模式均可视为众创空间的不同样态，将在本书第五章详细阐释。

（二）众创空间（创客空间）（孵化器 5.0）

在当前工业革命与新技术革命的大背景下，世界经济已经进入一个利用科技创新来驱动经济社会发展的新时代，世界主要国家竞相把科技创新作为国家战略的重要组成部分，各自出台了许多旨在创新科技的战略规划。新工业革命的特征可以概括为：科技化、全球化、互联化、绿色化、定制化和利基产业——这将是一个真正意义上的"工业民主化时代"[②]。随着互联网技术的深入发展，互联网世界和现实世界的分界日益模糊，互联网世界的时代变革逐渐向现实世界转移。互联网技术不断解构、重构着各个产业的生产方式、生产关系，改变原有产业布局。

互联网技术的发展让每一个拥有创新梦想并努力实现其创意的人都有机会成为现实世界的创客。在新技术革命中，以 3D（three dimensional，3D）打印设备、数字设计技术及开源硬件等为代表的技术给创客提供了有力的技术支撑。正如美国《连线》杂志原主编安德森所说，"与其说互联网是一场技术革命，不如说它是一场社会革命"[③]。新工业革命催生了各行各业的创新创业活动。

在新工业革命和科技革命背景下，传统孵化器面临进一步完善和升级。孵化

---

① 张少颖. 科技企业孵化器的发展趋势与对策选择[J]. 高科技与产业化，2010，（3）：110-112.
② 马什 P. 新工业革命[M]. 赛迪研究员专家组译. 北京：中信出版社，2013：57-77.
③ 中央电视台大型纪录片《互联网时代》主创团队. 互联网时代[M]. 北京：北京联合出版社，2015.

器 4.0 经过 21 世纪以来 10 多年的蓬勃发展，为了顺应知识经济与信息社会创新 2.0 时代的创新创业发展的实践诉求，在其自组织与外部选择耦合发展中，逐渐孕育出了以孵化器 5.0 为标志的众创空间（创客空间）。安德森在《创客：新工业革命》一书中指出，第三次工业革命其实是创客运动的工业化，即产品自制造和个人自生产。在自己动手、自我创造的创新时代，数以万计的设计者和发明家的集体力量喷薄而出，为全球制造业掀开了新的一页，标志着"创客运动时代"的到来[1]。

众创空间（创客空间）作为创新创业服务性平台，比孵化器门槛更低更方便，比孵化器更注重现代信息技术环境的应用，是孵化器的延伸和裂变。近几年来，国外创客空间呈迅速增长态势，截至 2016 年 9 月，国外创客空间超过 2000 家，为广大创客提供创意分享、技术培训及产品研发推广等[2]。

二、众创空间在我国的发展

我国众创空间经历了起步探索、快速发展和蓬勃发展三个阶段。

（一）起步探索阶段（1977~1999 年）

在我国改革开放初期，计划经济在整个国民经济体系中占有主导地位，科研与生产分离，科技与经济脱节，大量的科技成果难以转化为现实的生产力。1977 年 8 月 4 日，邓小平主持召开了著名的科学和教育工作座谈会。1977 年 12 月，国家就召开科学技术规划会议，组织专家学者研究制订科学发展规划。1978 年 3 月 18 日，全国科学大会在北京举行，大会审议通过了《1978—1985 年全国科学技术发展规划纲要（草案）》。同年 10 月，中共中央正式转发《1978—1985 年全国科学技术发展规划纲要》（简称《八年规划纲要》）。在国家推动规划实施期间，邓小平同志先后提出"科学技术是第一生产力""四个现代化，关键是科学技术的现代化"的创造性论断，这为新时期国民经济和科学技术的基本方针政策奠定了理论基础。1985 年 1 月 10 日，国务院颁发《关于技术转让的暂行规定》。1984 年底，中科院在深圳创办第一家高新科技企业，1985 年 7 月，中科院与深圳市政府联合成立深圳科技工业园，是我国大陆第一个科技工业园区。1987 年，国务院颁发《关于进一步推进科技体制改革的若干规定》，对搞活科研机构、促进科研生产联合、激发科技人员创新活动进行了政策规定，为科研人员从事创新创业活动营造了良好的社会环境。20 世纪 80 年代中后期，我国创业孵化器开始兴起的标志是国内第一家

---

[1] 安德森 C. 创客：新工业革命[M]. 萧潇译. 北京：中信出版社, 2012: 8-10.
[2] 黄文彬, 王冰璐, 步一, 等. 国内外创客空间研究进展——基于文献计量的分析[J]. 图书馆建设, 2017, (6): 4-10.

要"坚持走中国特色自主创新道路、实施创新驱动发展战略"。我国积极实施创新驱动发展战略,经济增长方式从要素驱动、投资驱动转向创新驱动。众创空间集中了中国知识经济最前沿、思想最活跃、知识最高端的年轻一代,以及具备一定财富积累、前瞻眼光和社会责任的天使投资人。可以说,众创空间的出现,是当前新一轮科技革命和产业变革的必然产物,它为网络信息时代大众创新创业提供了有效的服务平台。

众创空间是随着"双创"的推进而产生的,具有显著的中国特色,是创客空间的中国版。从2010年第一个众创空间"新车间"在上海诞生。随后,深圳的柴火创客空间、北京创客空间等纷纷成立。我国经济发展进入新常态后,经济增长方式由粗放型向集约型转变,这对经济发展动力、发展要素、经济内部机构都提出了新的要求。在2014年夏季达沃斯论坛上,李克强总理首次发出"双创"的号召。2015年3月,"创客"第一次被写入政府工作报告,令创新创业者对前途充满憧憬,创业迎来黄金时代,创业浪潮席卷中国经济发展新时期的舞台。2015年3月,国务院办公厅印发《关于发展众创空间推进大众创新创业的指导意见》(国办发〔2015〕9号),全国各大城市纷纷响应,众创空间在国内呈现出迅猛的发展势头。

2016年2月,国务院办公厅出台《关于加快众创空间发展服务实体经济转型升级的指导意见》(国办发〔2016〕7号),提出继续推动众创空间向纵深发展,在制造业、现代服务业等重点产业领域强化企业、科研机构和高校的协同创新,加快建设一批众创空间。在当年的两会政府工作报告中多次提到"双创",并且将其看作是中国经济转型和保增长的"双引擎"之一,体现了国家对"双创"工作的重视,这为众创空间的发展添柴加火。各地积极落实国家的"双创"政策,出台本地的政策,积极扶持创新创业活动,更加重视众创空间的建设工作。

为推动众创空间高质量发展,2018年9月,国务院出台了《关于推动创新创业高质量发展打造"双创"升级版的意见》(国发〔2018〕32号),明确提出要提升孵化机构和众创空间的服务水平,特别是提出要引导众创空间向专业化、精细化方向升级,鼓励建设专业化的众创空间。从国家到地方对众创空间实行备案制管理,引导我国众创空间可持续发展,发挥示范带动效应,提升专业孵化服务能力。2018年,我国众创空间数量达6959家,较2017年增加1200多家;2019年,我国众创空间数量进一步增多,共有8000多家,其中纳入国家备案的达1890家;2020年纳入国家备案的众创空间达2386家。值得注意的是,2018年,24家国家众创空间未通过复核被取消备案资格;2019年,又有60家众创空间未通过复核被取消备案资格[1]。各地及时上报运营欠佳的备案众创空间,建立健全优胜劣汰机制。

---

① 吴刚,薛浩. 高校众创空间制度"碎片化"问题及其对策——整体性治理理论视角[J]. 高校教育管理,2020,(5):76-82.

这个阶段，众创空间发展呈现出运营主体市场化发展、吸纳创业就业人员增长、技术创新成果丰富、创业服务活动水平提升、支撑发展新动能成效明显等特点①，高质量、专业化、特色鲜明是众创空间发展的关键词。全国各地出现一批特色鲜明、潜力巨大的众创空间，形成京津冀、长三角、珠三角②和成渝等四大集聚区，成为"双创"的重要平台和创新创业者的聚集地，在各行各业呈现出星火燎原的蓬勃发展态势，并不断地迭代演进。我国众创空间发展的标志性事件见表1.1。

表1.1 我国众创空间发展的标志性事件表

时间	重要事件
2010年	上海"新车间"成为国内首家创客空间，深圳柴火创客空间、北京创客空间等先后成立
2014年9月	李克强在夏季达沃斯论坛致开幕辞时，提出要掀起"大众创业""草根创业"的新浪潮，形成"人人创新、万众创新"的新局面③
2014年12月	"众创空间"这一概念提出，是国外创客空间中国化的产物
2015年1月	李克强总理考察柴火创客空间④
2015年1月	李克强总理在国务院常务会议上提出"众创空间"的概念，标志进入中国众创空间发展的元年⑤
2015年3月	国务院办公厅印发《关于发展众创空间推进大众创新创业的指导意见》
2015年9月	科技部印发《发展众创空间工作指引》
2015年12月	中国社会科学院社会学研究所社会心理学研究中心等机构共同发布《2015中国创业心态调查报告》
2016年2月	国务院新闻办公室举行国务院政策例行吹风会，介绍大力发展众创空间、推动科技创新服务于实体经济转型升级的有关情况
2016年5月	教育部、国家语言文字工作委员会在京发布《中国语言生活状况报告（2016）》，"众创空间"入选十大新词
2017年9月	科技部火炬高技术产业研究中心（简称火炬中心）、优客工场等联合办公类型众创空间在上海主会场正式发布《众创空间服务规范（试行）》和《众创空间（联合办公）服务标准》
2018年9月	国务院发布《关于推动创新创业高质量发展打造"双创"升级版的意见》
2020年3月	科技部火炬中心发布《关于做好创业孵化机构科学防疫推进创业企业有序复工复产保持创新创业活力的通知》

---

① 徐示波，陈晴. 我国众创空间发展现状及优化策略——基于统计数据和问卷调查分析[J]. 中国科技产业，2020，（5）：63-66.

② 长三角、珠三角分别表示长江三角洲、珠江三角洲。

③ 李克强出席 2014 夏季达沃斯论坛开幕式并致辞[EB/OL]. http://www.xinhuanet.com/fortune/zhibo/2014dwslt_zb1/index.htm[2014-09-10].

④ 李克强为柴火创客空间再"添柴"[EB/OL]. http://www.gov.cn/xinwen/2015-01/04/content_2799857.htm [2015-01-04].

⑤ 总理提出构建面向人人的"众创空间"[EB/OL]. http://scitech.people.com.cn/n/0130/c1057-26475781.html [2015-01-30].

第二节 众创空间的作用

作为线上与线下结合、投资与孵化结合、创新与创业结合的载体，众创空间具有以下几个方面的作用。

一、集聚创新创业资源

美国创业教育和研究的领袖人物蒂蒙斯提出的创业三要素包括商机、团队和资源[①]。资源依赖理论认为，对对方资源的依赖是合作产生的重要原因之一[②]。众创空间生态系统各个主体的活动无不依赖于人、财、物、信息等各种资源。创新创业资源是指能够影响预期目标实现的各种要素及其组合。创客所需要的资源是多方面的，根据资源对预期目标实现的参与程度，可将资源分为直接资源和间接资源，前者包括场地、设备、资金、人才等，后者包括政策、信息、文化等，而重要资源都是创新创业者自己无法直接拥有或者难以获得的，没有场地、设备等必需的资源，创客无法开展相关活动，正所谓"巧妇难为无米之炊"。通过众创空间的建立，将创客与相关的金融机构、天使投资者、高校、研究所、其他相关企业等联系起来，既有助于创新创业者突破资源瓶颈，又有助于资源所有者实现自身价值，为不同创业资源的协同整合提供一个平台。可以说，集聚创新创业资源是众创空间的应有之义，这种聚合既是物理空间上的聚合，更是创新链、资金链、产业链的线上及线下聚合，有助于提升众创空间的专业化服务能力，有助于缩小创客创新创业的周期。在众创空间中，资源变得"所见即所得"，创客能用最小的成本将创意变成实物。运用互联网技术和互联网思维，对创业资源进行识别、集聚和供给，形成资源生态圈，让资源合理流动并得到充分利用，这就是众创空间生态系统的基本作用之一。

二、提高创意转化能力

众创空间作为技术创新活动的重要场所，是技术积累的场所，也是创客的创意实现以及孵化甚至交易的场所。广州梦车间创始人郭少豪认为，"创客空间是社会化的实验室，为基层创新提供了肥沃的土壤，是万众创新的高地，每一颗创意

---

① 蒂蒙斯 J A, 斯皮内利 S. 创业学[M]. 周伟民, 吕长春译. 北京：人民邮电出版社, 2005: 31.
② 菲佛 J, 萨兰基克 J R. 组织的外部控制：对组织资源依赖的分析[M]. 闫蕊译. 北京：东方出版社, 2006: 172-173.

的种子都应该能在其间生根发芽"①。奥美环球广告公司总裁肯纳斯·郎曼认为，"把握创意首先要遵循容忍过失的原则""出色的创意工作无论在概念上还是在实施上都独一无二。而所谓'独一无二'，就意味着从未有人尝试，因而要冒一点风险"。他的创意冒险哲学包括："保护新创意""准备受惊""为创意创造一个环境""保持和谐""微笑"等②。在众创空间，有梦想的创客聚集在一起，畅所欲言，平等对话，通过头脑风暴产生创意，群策群力，将创意转换为产品或实物。众创空间齐备的场所、设施、设备等，为创新创业思想的转化提供了物质基础。众创空间"鼓励创新、宽容失败"的先进理念为创意转化产品营造了良好氛围。在宁波众创空间中，从创客聚会时的灵光一闪，到集体模拟出一个完备的新产品方案，需要54小时③。"创意在共享中传播，通过技术和知识的共享，人们获得一种完整的体验。"④众创空间的众创模式可以提供个性化服务，满足多样化用户的个性化定制需求，把创客的创意变为现实，创造出具有个性化的产品。创意共享成为激发创客灵感的重要推手，特别是"在互联网蓬勃发展的今天，任何人都可以使用数字桌面工具设计新产品并制作模型样品（数字DIY），在开源社区中分享设计成果、开展创意合作、拓展共享理念"⑤。

三、培育创新创业文化

哪里有人类，哪里就有文化，文化无处不在、无所不包⑥。不同的环境，培育不同的文化。创新创业是互联网时代的特征，创新创业文化是经济社会发展到一定水平的产物，是当代文化的重要组成部分，彰显显著的中国特色，承担着推动"双创"的历史使命，具有凝聚、导向、激励及协调功能。硅谷的经验表明，创新文化建设是提升创新能力的前提和基础。众创空间开展的各种活动以不同的途径逐渐影响公众对待创新创业的认知，公众在慢慢接受、认可创新创业的基础上，逐渐产生投身创新创业实践的意愿，迸发出创新创业的热情，社会上创新创业文化氛围更加浓厚。在众创空间里，无处不充盈了自由开放、知识交流的创意共享理念，志同道合的创客平等地聚集在一起，接受崇尚创新、容忍失败等文化因子的熏陶和引导，想象力、创造力等不受外界因素的干扰，从传统的条条框框中跳出来，从权威的遮蔽垄断中摆脱出来，从权力的随意干预中解放出来，在相互激

---

① 刘志迎，徐毅，洪进.众创空间从"奇思妙想"到"极致产品"[M].北京：机械工业出版社，2016.
② 丁俊杰，康瑾.现代广告通论[M].北京：中国传媒大学出版社，2013：253-254.
③ 单玉紫枫，秦羽.宁波众创空间让小微企业迎风生长[N].宁波日报，2015-09-01（1）.
④ 哈奇 M.创客运动[M].杨宁译.北京：机械工业出版社，2015：5.
⑤ 安德森 C.创客：新工业革命[M].萧潇译.北京：中信出版社，2015：30.
⑥ 黄飞，柳礼泉.塑造具有中国特色的创客空间文化[J].学习与实践，2017，（8）：124-131.

荡中、多元碰撞中产生新的创意,自由自在地做喜欢的事情和一直想做的事情。崇尚创新、容忍失败的理念的传播过程,是创客创新能力逐渐完善、不断提高的过程,也是创新创业文化形成的过程。众创空间作为创新创业活动中心,时常涌现出大量与创新创业有关的成功案例、英雄人物、逸闻趣事等,提升创客创新创业的勇气,助力弘扬创新创业文化氛围的形成。众创空间不仅仅是创新学习的实践场所,还是一个创意孵化的平台,更是一个创意转化的空间,有助于创新创业文化的培育、传播,是培育创新创业文化的沃土。

四、降低创新创业成本

创业成本是影响创新创业活动开展的重要因素,尤其对资金短缺的创客的影响最大。在影响创新创业环境的诸多因素中,创新创业成本的高低已经成为众创空间生态系统吸引创客、鼓励创新的一个重要指标。创新创业成本是在创新创业过程中各阶段所有的资源投入,受到服务机构、政府、市场环境等各种因素的影响,具体包括知识产权成本、人力资源成本、许可成本、融资成本、商务成本、研发成本、推广成本[①]。知识产权成本包括知识产权的创造、交易、维护等成本;人力资源成本包括人才引进、培训的费用及薪酬;许可成本是指与证照、验资、税务登记等相关的费用;融资成本包括贷款利息和办理抵押登记、担保等手续产生的费用;商务成本是指租赁办公场所及其水电费用;研发成本是指研究开发新技术、新工艺、新产品产生的费用;推广成本是指利用媒体宣传产品所产生的费用。国家和地方出台了鼓励"双创"的奖励政策、补助政策、税收政策等,为创客降低创新创业成本提供了政策支持。众创空间提供全方位、多角度的政策宣传和解读服务,解决政策信息不对称现象,打通创业政策传递中的"最后一公里",推动"双创"政策落地生根,让创客真正享受到政策红利、增强创新创业的信心,避免出现创客不知晓或延迟知晓"双创"政策的现象。在众创空间,创客可以免费享受上网、项目推介、创业辅导、投融资对接等服务,可以低费用使用办公桌椅、打印机、会议室等设施,可以享受性价比高的法律、商标注册、投后管理、专利代理、品牌塑造等一站式服务。同时,入驻众创空间的创客还可以享受当地落户、子女入学、住房保障等优惠政策,从而降低生活成本。

五、提高创新创业效率

创新创业效率是影响创新创业进程不可忽视的因素。在创新创业的进程中,

[①] 康捷,廖晓东,袁永. 基于全流程的创新创业成本指标体系构建研究[J]. 特区经济,2018,(5):57-60.

创客必须具有时间观念，讲究效率，否则，成功的可能性非常渺茫。作为一种复杂的创造性劳动，创新创业活动的展开既需要高密度的专业知识和技术投入，又需要处理与政府主管部门、媒体、利益相关者、竞争对手、社会公众之间的关系，而这些纷繁复杂的工作往往使创新创业者难以独立应付，因而需要大量的综合性服务，而众创空间所集聚的综合服务平台则可以解除创新创业者的后顾之忧，使其安心进行专业化的创造性劳动，最终提高创新创业活动的效率。众创空间从服务项目、资源利用等方面助力创客提高创新创业的效率①。众创空间可以针对不同创客提供具体化、可延伸、差异化的服务，最大限度地激发每一个创客的创新热情。众创空间的资源越齐全，收费越低廉，创业生态链越健全，系列服务越优质，创客的创新活力越容易激发，创新创业的效率就越高。众创空间通过与外界的机构（如代理机构、投资机构、政府机构等）建立合作关系来弥补资源不足，利用移动互联、云计算等互联网技术有效聚集相关人力、资金、技术等资源，构建稳定的资源生态圈。根据不同创客对资源的需求，众创空间有效配置资源，合理分配给创客，提高资源利用率，降低资源的浪费。众创空间遵循科技创新的规律，实行简单、灵活、高效的管理体制，没有过多的条条框框，打通创客、创新、创业、创投的服务链条，带给创客更高的满意度。众创空间的公共云计算平台等为创客提供"即插即用""按需付费"的基础服务。据统计，基于云计算的创新创业将降低70%的成本，同时提升300%的创新效率②。

六、加速转化科技成果

众创空间的资源优势突出，创新创业的门槛低，每个人都有机会进去成为科技成果转化的有效载体。知识产权公共服务是创客创新创业成果转化的必要条件③。知识产权是一种有别于财产所有权的无形财产权，能保障发明者的权益并调动发明者进行研究创作的积极性。在创业项目中，技术创新、专利申请、商标权、商业秘密保护和创业风险规避等都涉及知识产权保护。众创空间有利于知识产权保护、加速科技成果转化。一是将创客的成果予以知识产权化，保护其知识产权。创客创意孵化阶段、产品化阶段和市场化阶段均涉及知识产权保护问题④。入驻众创空间的知识产权代理机构根据《众创空间知识产权服务标准指引》，宣传知识产权法

---

① 彭学兵，刘智慧．组态思维下众创空间运行效率的影响因素——基于模糊集的定性比较分析[J]．人类工效学，2020，（2）：42-46．
② 厦门云栖大会召开阿里云三大杀手锏助企业应对互联网挑战[EB/OL]．https://www.sohu.com/a/83425909_162522[2016-06-15]．
③ 方琳瑜．创新驱动战略下众创空间知识产权公共服务需求研究[J]．科技与法律，2016，（6）：1134-1143．
④ 杜妍洁，江洪．创客知识产权保护策略研究[J]．图书情报知识，2016，（4）：110-118．

律，提供关于知识产权咨询服务，提高创客知识产权的维权意识，引导创客创新创业活动中在不侵犯他人知识产权的前提下，有效保障自身知识产权不被侵犯，调动创客进行科技成果转化的积极性。二是知识产权服务机构打通科技创新与市场需要之间的"藩篱"，把科技成果的供需双方进行对接，避免了科技创新主体之间的"各自为政"。创客的科技成果转化与产业界的对接以市场需求为内容，产业界立足市场需求对科技成果的实用性、可操作性、效益性提出明确的要求，这就对科技成果转化起到了导向作用。同时，众创空间运营主体依托互联网构建的创新平台，更灵活、更精准地配置创新资源，凝聚各方面智慧，形成内脑与外脑结合、主体与个人协同的科技成果转化的新格局。三是众创空间通过不同类型的中介服务机构，建立一批技术转移机构，建设线上线下相结合的技术交易市场，打造技术交易市场网络，共享跨地区、跨行业的信息资源。

第三节 众创空间生态系统内涵厘定

众创空间是以创客为中心，众多与创新创业相关的组织以及相关环境的支撑要素在特定地理空间上的集聚，表现出明显的生态系统属性。将众创空间的概念纳入到生态系统理论的研究框架，形成"众创空间生态系统"概念。对众创空间生态系统这一概念的内涵进行厘定，是我们所有研究的基础。

一、众创空间的内涵

美国《创客杂志》把"创客空间"界定为："一个真实存在的物理场所，一个具有加工车间、工作室功能的开放交流的实验室、工作室、机械加工室。"[1]美国内华达大学科学与工程图书馆馆长 Tod 等从活动视角出发，将创客空间描述为：一个为实现创意想法而开展共同工作、原型设计、加工制作等多种活动的连续统[2]。美国旧金山噪音桥（Noisebridge）创客空间的创始人米奇·奥特曼（Mitch Altman）认为，"创客空间是人们可以通过创客行为来探索他们热爱的东西，并且能得到社区成员支持的实体空间。创客行为意味着最大程度上提升自己的能力并且愿意分享"[3]。

---

[1] 张亚君. 图书馆创客空间协作建设研究[J]. 大学图书情报学刊, 2015, (1): 117-121.
[2] 杨绪辉, 沈书生. 创客空间的内涵特征、教育价值与构建路径[J]. 教育研究, 2016, (3): 28-33.
[3] 宋述强, 钟晓流, 焦丽珍, 等. 创客教育及其空间生态建设[J]. 现代教育技术, 2016, (1): 13-20.

我国关于众创空间的定义研究存在官方和学术两种视角。官方视角的定义一般来源于政策文件。国务院将众创空间表述为"低成本、便利化、全要素、开放式的新型创业服务平台"。科技部提炼出众创空间具备"四空间"（工作空间、网络空间、社交空间和资源空间）的特征。学术视角的定义有：肖志雄和王明辉[1]认为，众创空间是指创新主体利用创新工具将创意孵化为产品项目的创新平台；解学芳和刘芹良[2]认为，所谓众创空间，是在我国创新驱动战略大背景下，顺应 Web 2.0 与创新 2.0 时代特点和发展趋势的创新创业服务新范式，是一种理论与实践的结合，是现阶段创新创业服务的集成，是对以往创新创业服务机构的整合；贾天明和雷良海[3]认为，众创空间是在"双创"背景下产生的一种旨在为大众创业者提供早期创业服务的新型孵化器，通过集聚多样化的创业项目及活动的方式，实现多种创业资源的融合，以此来推动创新创业成果转化，实现经济价值。

从分解的角度来看，"众"指的是群体，而非个体。具体可以从四个方面理解。第一，创新创业的主体不是一个人，而是几个人、十几个人、几十个人，甚至更多。第二，创新创业过程中的合作者不限于一个人、一个团队、一个组织，可能多人、多个团队、多个组织。第三，创新创业是为了满足大多数人的需求而非少数人的需求，具有较强的公共性。第四，创新创业过程中的服务供给主体涉及多方，如金融部门、财税部门、中介机构等。"创"是对模仿的扬弃，是对标新立异的超越，是一种力争上游的精神，是一种不满现状的雄心，更是一种创造财富推动经济社会发展的活动。"空间"指的是一种服务创新创业者开展活动、共享资源、传递信息的平台。从存在形式上看，既包括日常活动得以展开的物理空间，又包括基于网络的虚拟空间。

从合成角度来看，"众创空间"是指响应"双创"的要求，利用市场化、信息化、专业化、资本化的形式，为创客提供低成本、便利化、全要素、开放式的综合性服务平台，是互联网的物理空间、虚拟空间的融合体，是服务创客的新型孵化器。众创空间主要是在资源共享的基础上，根据自身不同的行业背景提供产业资源对接、投融资对接、项目路演和媒体推广等服务。

综上，众创空间是适应互联网时代创新创业需求构建的低成本、便利化、全要素、开放式的各类创新创业服务平台，它主要通过市场化机制、专业化服务和资本化途径，促进创新与创业无缝对接，既是工作空间、网络空间，又是社交空间和资源共享空间。

---

[1] 肖志雄，王明辉. 众创空间发展现状与对策研究[J]. 新世纪图书馆, 2019, (10): 54-59.
[2] 解学芳，刘芹良. 创新 2.0 时代众创空间的生态模式——国内外比较及启示[J]. 科学学研究, 2018, (4): 577-585.
[3] 贾天明，雷良海. 众创空间的内涵、类型及盈利模式研究[J]. 当代经济管理, 2017, (7): 13-18.

二、生态系统的内涵

生态的产生最早也是从研究生物个体而开始的。生态（Eco-）一词源于古希腊字，意思是指家（house）或者我们的环境。在生态学的生态概念中"生态"一词最早由德国的科学家海克尔于1866年提出，其本意指的是自然界的琐事，也就是探讨生物为了生存，彼此间的互动关系。其是指生物在一定的自然环境下的生存状态及它们之间和它与环境之间息息相关的关系。随着经济社会的发展，"生态"成为使用频率较高的词汇，其涉及的范畴也越来越广，经由最初生态学中的基本概念得到扩展，并在不同行业和领域得到越来越广泛的应用。人们经常借用"生态"来定义许多美好的事物，如美好的、和谐的、向上的等事物，均可冠以"生态"修饰。

生态系统（ecosystem）一词由英国生态学家坦斯利于1935年首先提出。从生态学的角度来讲，生态系统是一定空间内生物和非生物成分通过物质的循环、能量的流动和信息的交换而相互作用、相互依存所构成的一个生态学功能单位。生态系统包括四个主要的组成成分，即非生物环境、生产者、消费者和分解者，具有开放性、运动性、自控性、稳定性等特点。生态系统一般与特定的时间和空间相联系，反映了生物的地理分布特性及空间结构形态，如水平结构、层次结构及水平与层次相结合的多维空间结构。

三、众创空间生态系统的内涵

随着经济社会的不断发展进步，创新创业活动不断走向深入，创新创业要素的聚合程度逐渐增加，创新的风险逐渐加大，创新个体很难有效利用创新必需的资源，也很难独自开展并独立完成，必须通过相关要素共同协作、互相支持，逐渐形成共存共生、相互依赖的整体，这与生态系统的基本特征有着非常高的契合度，需要从生态学这个新的视角加以思考。从生态系统的角度来分析众创空间，这是决策者、学者和技术专家常常使用的一种比喻，以此表达对行为者、组织、物质基础设施和符号资源之间相互依赖的社会系统的感觉，这些系统可以在技术支持的信息密集型社会系统中创造。众创空间的很多属性具有生态系统的特征，需要更多地借助生态系统理论，全面考虑创新创业活动中各主体、各环境要素之间的密切联系。

将众创空间视作生态系统是基于生态学隐喻所刻画的创新创业组织新范式。

生态系统的隐喻给众创空间的研究带来更广阔的视角。汪群[①]认为，众创空间创业生态系统是由众创空间及其赖以生存和发展的各种要素所构成的相互依存、共同成长的动态平衡系统。陈凤等[②]认为，众创空间内的创客数量众多、角色多元，创业资源与服务具有丰富的生态多样性，创客与各种创业资源主体之间形成纵横交错的创业生态网络，而且不同层次的众创空间相互嵌套，空间内的创业生态动态演化，具有鲜明的生态系统属性。

借鉴学术界相关理论研究成果，我们认为，众创空间生态系统是以创客为中心，以需求为动力，以众多服务创新创业的组织、资源和环境组成的动态开放性系统，其内部通过不断地进行物质（实物、专利）、能量（文化、精神）与信息（政策、制度等）的交互，促进新商业模式和新技术的出现，形成了一个可自控、能开放的生态网络系统。众创空间生态系统内创新创业主体、资源、环境之间交流频繁，关系复杂，形成稳定性较强的网络化结构，具有较强的自我调控能力，能促进内部主体之间能量与信息的守恒，抵御外部因素的干扰并能及时自我修复，表现出较强的生命力。创客基于众创空间生态系统中的信息、技术、资金等要素的传递实现互动，达到创新创业的目的。

第四节　众创空间生态系统的特征

众创空间作为一种新型的创新创业生态系统，其创业项目及空间内的活动都有别于孵化器和科技园。众创生态系统作为一种特殊的生态系统，具有与众不同的特征，主要包括创客草根性、要素完备性、边界开放性和运行自控性。

一、创客草根性

长尾理论的创始人安德森曾说过："我们都是创客，生来如此（看看孩子对于绘画、积木、乐高玩具或是做手工的热情），而且很多人将这样的热爱融入了爱好与情感之中。"[③]草根性是创客区别于其他创新者的重要标志。互联网技术的发展、3D 打印技术和新媒体的普及使得每个人都可以低成本租用研发平台、寻找合作者、克服创新难题、进行在线融资等。创新创业不再是专业人士的特权，

---

① 汪群. 众创空间创业生态系统的构建[J]. 企业经济，2016，（10）：5-9.

② 陈凤，项丽瑶，俞荣建. 众创空间创业生态系统：特征、结构、机制与策略——以杭州梦想小镇为例[J]. 商业经济与管理，2015，（11）：35-43.

③ 安德森 C. 创客：新工业革命[M]. 萧潇译. 北京：中信出版社，2012：15-16.

普通大众也可以开展创新创业活动。乔布斯、盖茨、扎克伯格等创客无不出身于草根阶层。

二、要素完备性

众创空间拥有创客开展创新创业活动需要的要素,如场地、技术、资金、服务、政策、市场、设备等,有效解决了创客的后顾之忧。创客遇到的技术问题,可以咨询众创空间的技术服务机构;遇到资金问题,可以找投资机构解决;可以享受工商注册、税收、项目申报、办公场地及设施等方面的相关优惠鼓励政策。众创空间在运行过程中以市场为导向,强调市场化运作。创客能否成功,市场是最终的检验标准。

三、边界开放性

众创空间生态系统的边界开放性主要体现在两个方面:一是对进入或退出众创空间的创客开放,不存在明显的边界限制。这一点是众创空间有别于传统孵化器的典型特征。众创空间的边界开放性,容易吸引创客和创业资源进入空间,节省了创客共享创业信息的成本,促进了资源与项目的有效对接。二是众创空间的发展方式不存在明显的边界,既可以在具体地理区域上实现集中式发展,也可以在某个商业版图中实现分布式发展;既可以是城市中某一个集中创业区,也可以分散在商业写字楼、咖啡吧、工作坊甚至车库等。

四、运行自控性

众创空间具备自我组织、自我成长、自我适应和自我修复的自我控制能力,各组成元素之间相互联系,共生共进。首先,众创空间同外部环境不断地进行能量、物质和信息的交换,新增加的创客会给众创空间带来新的创意,新的服务性组织的引入会给众创空间带来更多的资源,从而激发创客的创新活力,推动其从无序向有序发展。其次,创客之间、服务性组织之间的自由竞争、协同运动以及外部环境因素的干扰使得众创空间处于动态变化之中,随着外部环境如政策、知识、市场、技术等因素的变化而发生变化。最后,众创空间生态系统存在比较显著的非线性相互作用。空间的开放性使得空间不断地吸纳外部新的创客、新的资源,产生不规则运动,这种作用使得空间内的创客与创客间、创客与服务性组织间不断地发生协同、竞争和合作,非线性下的相互作用得到体现。

第五节　众创空间生态系统的结构

解析众创空间生态系统的构成，有助于我们从微观层面了解其内在的结构，把握其对外表现的特征及发挥的作用。不同的学者从不同的视角剖析众创空间生态系统构成要素，如三要素论、四要素论、六要素论。贾天明等[①]认为，创客空间生态系统包括创客生态圈、资源生态圈和创客文化三大要素。陈凤等[②]认为，创客空间生态系统包括众创精神、创客生态圈、资源生态圈和基础平台及众创政策四大要素。戴春和倪良新[③]认为，创客空间生态系统包括政策、市场、人力资本、金融、文化和支持六大要素。

吸收学者已有研究，借鉴生态学理论，我们认为，众创空间系统结构，主要由创客生态圈、资源生态圈、服务支持生态圈和众创文化四个维度构成。其中，创客生态圈是创新创业的主体（喻为生物种群及群落），是众创空间生态系统的活力源泉，主要包括大学生创业者、高管创业者、海归创业者和科技创业者等；资源生态圈是创业主体开展创业活动的资源基础（喻为生物种群及群落），主要包括平台资源、基础设施资源、技术资源、金融资源、人力资源和信息资源等；服务支持生态圈（喻为生物种群及群落），主要包括市场推广、知识产权服务、投融资咨询、工商服务、财税咨询、法务咨询等；众创文化是生态系统持续发展壮大的内在动力（喻为物种及种群之间的能量），推动创客生态圈、资源生态圈、服务支持生态圈的良性发展。众创文化具有一种无形的力量，将创客生态圈、资源生态圈、服务支持生态圈紧紧联系在一起。在众创文化潜移默化下，创客生态圈与资源生态圈、服务支持生态圈相互影响、相互依赖，共同促进众创空间生态系统的共生演化。众创空间生态系统在众创文化的激励和引导下，推动创客生态圈无缝对接资源生态圈与服务支持生态圈，资源生态圈、服务支持生态圈紧紧围绕创客生态圈形成一个创新创业网络，在创新创业网络内不断地进行创意、成果、信息等交流，从而推动众创空间生态系统良性运行（图1.1）。

[①] 贾天明，雷良海，王茂南. 众创空间生态系统：内涵、特点、结构及运行机制[J]. 科技管理研究，2017，(11)：8-14.

[②] 陈凤，项丽瑶，俞荣建. 众创空间创业生态系统：特征、结构、机制与策略——以杭州梦想小镇为例[J]. 商业经济与管理，2015，(11)：35-43.

[③] 戴春，倪良新. 基于创业生态系统的众创空间构成与发展路径研究[J]. 长春理工大学学报（社会科学版），2015，(12)：77-80.

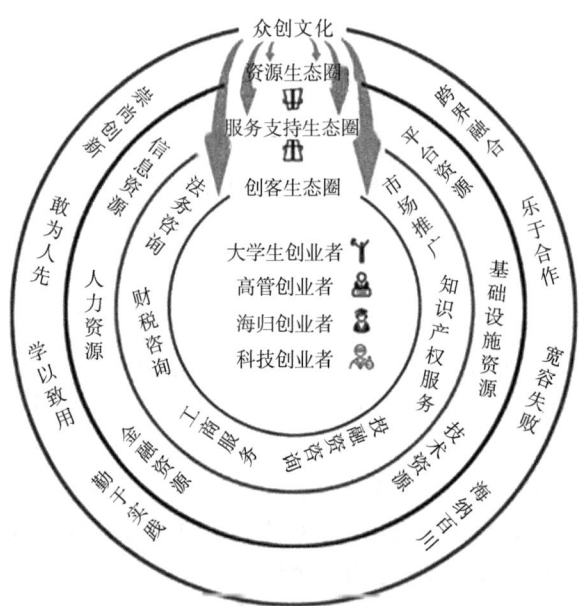

图 1.1 众创空间生态系统组织结构图

一、创客生态圈——众创空间生态系统的活力源泉

"创客"一词源于英文单词 maker 或 hacker,最早起源于麻省理工学院(Massachusetts Institute of Technology,MIT)比特与原子研究中心(Center for Bits and Atoms,CBA)发起的 Fab Lab。安德森认为,创客是一群使用互联网和最新工业技术来进行个性化生产的人,并指出创客运动是一场新的工业革命[①]。2012 年,安德森的著作《创客:新工业革命》在中国出版发行,创客的概念被引入中国。王德宇等[②]认为,创客的核心元素至少涉及五个方面:对实体素材进行开发;常将不同领域的素材排列组合在一起;常跨领域寻求不同需求的解决方案;常利用开源软硬件以加快迭代速度;通过分享将开发成果发布在全球化社区中。

贾天明等[③]认为,创客生态圈是创新创业的主体(喻为生物物种),是生态系统的活力源泉。陈凤等[④]以杭州梦想小镇为研究案例,从创业生态系统的视角出发,认为创客生态圈是众创空间生态系统结构的组成部分之一。创客是众创空间生

---

① 刘晓敏. 中国大学生参与创客运动的关键驱动因素[J]. 开放教育研究,2016,(12):93-102.
② 王德宇,徐思彦,李正风. 创客模式:工程教育与产业实践融合的驱动力[J]. 现代教育技术,2016,(3):12-18.
③ 贾天明,雷良海,王茂南. 众创空间生态系统:内涵、特点、结构及运行机制[J]. 科技管理研究,2017,(11):8-14.
④ 陈凤,项丽瑶,俞荣建. 众创空间创业生态系统:特征、结构、机制与策略——以杭州梦想小镇为例[J]. 商业经济与管理,2015,(11):35-43.

系统形成和发展的最活跃因素。从某种程度上讲，没有创客，就没有众创空间。只有一个创客，也无法形成众创空间，只有达到一定数量的创客群体，才能形成众创空间。创客是众创空间的创客，是众创空间的灵魂，众创空间是创客的众创空间，众创空间因创客的存在而形成。

生态圈意味着彼此联系、相互依赖。创客生态圈是指在众创空间软硬件的支持下，创客在创新创业活动中形成共存、共享、共赢的环境，换言之，从创意的萌芽、设计、智造等环节都能在这个环境中得到满足。核心理念是合作、共赢、创造、分享——所有人服务所有人，所有人支持所有人，所有人学习所有人，所有人帮助所有人。各种创客通过正式或者非正式的创意交流、经验分享与信息沟通，形成广泛而纵横交错的大量弱联结，同时通过相互持股、技术授权与转让、交叉参与创业项目的不同环节，形成空间内的强联结。创客生态圈形成的社会网络密度高而中心度低，有利于创意的萌芽、形成及转化。在创客空间，创客频繁交流信息，分享成功的创业经验，以入股或提供技术支持等形式来孵化创业项目，相互依存关系更加紧密，投射出"众人拾柴火焰高"的互助美德，取得1+1大于2或大于3的效果。只要志同道合，创客就可以组成团队。只要价值观趋同，资金就可以聚合成资本。创意和创意的碰撞就可以形成项目，彼此的优势资源就可以进行有机融合。创客发展机会增多了，创新创业对挑战、风险的抵抗能力随之增大。

活跃的创客生态圈是众创空间生态系统增强生命力、竞争力的核心所在。没有创客生态圈，众创空间生态系统无从谈起，众创空间只不过是一个只有物理意义的建筑物，成为无源之水、无本之木，难逃倒闭的命运。

二、资源生态圈——众创空间生态系统的有力支撑

创客开展创新创业活动离不开一定的创业资源，创业资源对创客的发展必不可少。蒂蒙斯和斯皮内利[①]认为，创业资源包括四部分：①人，如管理团队、董事会、律师、会计师和顾问；②财务资源；③资产，如厂房和设备；④商业计划。贾天明等[②]认为，资源生态圈是创业主体开展创业活动的资源基础（喻为生物种群及群落），主要由平台体系、资本体系、基础设施体系和服务组织体系等四个维度构成。陈凤等[③]认为，各类创业投资家、创业导师、专业技术人才（包括律师、会

---

① 蒂蒙斯 J A，斯皮内利 S. 创业学[M]. 周伟民，吕长春译. 北京：人民邮电出版社，2005：235.
② 贾天明，雷良海，王茂南. 众创空间生态系统：内涵、特点、结构及运行机制[J]. 科技管理研究，2017，(11)：8-14.
③ 陈凤，项丽瑶，俞荣建. 众创空间创业生态系统：特征、结构、机制与策略——以杭州梦想小镇为例[J]. 商业经济与管理，2015，(11)：35-43.

计师、知识产权专家等）和产业链相关主体，为众创空间提供战略性创业知识、技术性创业知识，以及创业服务与资金等创业资源，构成众创空间的资源生态圈。根据资源的作用，可以划分为两大类：一类是直接参与创新创业活动的资源，我们称之为直接资源；另一类是没有直接参与创新创业活动，但可以极大地促进创新创业成功的资源，我们称之为间接资源。前者包括平台资源、基础设施资源、技术资源等；后者包括信息资源、人力资源和金融资源等。资源生态圈的形成大大增加创客获取资源的能力，提高他们创新创业成功的可能性。

众创空间配备比较完善的基础设施，符合供水、供电、消防、环保和安全生产有关规定，为创客开展创新创业提供必要的公共服务，可以实现低成本"拎包入住"。基础设施投入经过时间积累后会逐步改善创新创业的环境，减少要素流动时的摩擦，从而创造出有利于创新创业的特有环境，基础设施投入表现出显著的技术创新效应[1]。众创空间设置公共会议室、展览室、会客区等，配备办公桌椅、网络、打印设备等，能够满足创客正常开展创新创业活动的共性需要和个性需要。作为创新创业活动的基础和必备条件，基础设施建设的每一次进步都能发挥"乘数效应"，为创客带来诸多利好，为创新创业活动带来澎湃动力。Dewett 和 Jones[2]指出，通信基础设施降低了信息传输时间和成本，提高了信息使用效率，使得各种复杂的信息可以在使用者之间进行快速、有效的传输，有利于技术创新行为的产生。供水、供电、通信、办公设备、信息库等基础设施是创新创业必备的物质基础。此外，从国家到地方纷纷出台激励政策、制度等，为众创空间的发展提供了良好的大环境。

在众创空间生态系统中，各类创业资源的分布位置、获得方式、作用范围和相互联系等均发生了有利于创新创业的变化，形成相互影响、相互制约的资源生态圈。

三、服务支持生态圈——创客、资源强联系的必要桥梁

服务支持生态圈是科技中介服务机构相互联系、相互促进的共同体，对创客开展创新创业活动具有重要的促进作用。英国学者 Wood[3]认为，科技中介是指业务在很大程度上依赖于专业知识与专门技术，提供以知识为本质特征的中间产品

---

[1] 潘雄锋，韩翠翠，李昌昱. 科技基础设施投入与技术创新的交互效应[J]. 科学学研究，2019，（7）：1326-1333，1344.

[2] Dewett T, Jones G R. The role of information technology in the organization: a review, model, and assessment[J]. Journal of Management, 2001, 27（3）: 313-346.

[3] Wood P. Consultancy and Innovation: The Business Service Revolution in Europe[M]. London: Routledge, 2002.

和服务的机构属于知识密集型的服务，即提供专门化的信息与知识。科技中介服务机构是依托市场经济体制，以其具备的专业知识和专门技能为基础，面向创新体系的各个主体提供包括技术扩散、成果转化、科技评估、创新资源配置、创新决策与管理咨询等服务的，具备专业知识和专门技术的社会专业化服务机构[①]。我们认为，服务支持生态圈为创客主要提供法务咨询、财税咨询、工商服务、投融资咨询、知识产权服务、市场推广等服务支持。

科技中介服务机构是国家创新体系的重要组成部分，具有独立性、专业性和知识密集性等特征。科技中介服务机构虽然不直接参与创新创业活动，但能够对接产学研合作、校正创新研究方向、降低交易成本、提供咨询服务、优化配置资源、规范市场主体行为等，发挥桥梁纽带作用。

在众创空间生态系统中，科技服务机构是重要的组成要素，将众创空间生态系统的其他要素有机地联系在一起，促进众创空间生态系统的良性发展。创客需要得到多种形态的服务，如创业辅导、金融服务、成果转化、图纸设计、检验检测、模型加工、知识产权、专利标准、中试生产、产品推广、会计代理等。科技中介服务机构提供这些服务，能够有效降低创新成本、化解创新风险、加快科技成果转化。众创空间汇聚的各类服务机构在空间上高度集聚，各种服务能够互联互通，能够提供集成化创新创业中介服务。创客开展创新创业活动需要相关的各类资源，对资源的获取能力相对有限。如果不能及时获得，创新创业活动就无法进行。科技中介服务机构利用其信息收集系统，收集科研机构的技术信息及市场的需求信息，进行专业化整理与分类，为创客提供相关资源的获取方式，减少创客的后顾之忧，有效解决信息不对称、信息孤岛和专业鸿沟等问题。

不同的创客有着不同的需求，同一个创客在创新的不同阶段，也有不同的需求。众多的创客意味着创业服务需求的巨大，必将吸引金融服务、专利代理、市场推广等服务机构。各类科技中介服务机构进驻众创空间，形成服务支持生态圈，提供多种多样的科技创新服务，大大增强了众创空间生态系统的服务能力，提升了创客的获得感，让创客安心创新创业。服务支持生态圈支撑着众创空间生态系统的正常运行，是创客生态圈、资源生态圈强联系的必要桥梁，加快众创空间生态系统的创新产出。

四、众创文化——众创空间生态系统的精神家园

文化是民族生存和发展的重要力量，影响着人们的思维方式、审美情趣、价

---

① 科学技术部. 关于大力发展科技中介机构的意见[EB/OL]. http://www.most.gov.cn/ztzl/jqzzcx/zzcxcxzzo/zzcxcxzz/zzcxgncxzz/200512/t20051230_27342.html[2002-12-20].

值追求、伦理原则、思想观念，影响着民族的性格、精神、意识、思想、语言与气质。英国前首相丘吉尔曾说："我宁愿失去一个印度，也不愿失去一个莎士比亚。"究其原因，在于其独特的文化力量。文化既是民族的血脉，也是人民的精神家园。任正非说过："资源是会枯竭的，唯有文化才会生生不息。"

众创文化自然是推动创客不断创新创业的重要精神力量。众创文化是在大众文化当中形成的亚文化。亚文化一般植根于有独特兴趣和执着信念的群体，众创空间的创客正是这样一群人。众创文化是创客在创新创业活动中形成的一种独特文化，是对创新的一种渴望，是一种把创意变成现实的热情，是推动创新创业的重要思想内核。众创文化倡导跨界融合、乐于合作、宽容失败、海纳百川、勤于实践、学以致用、敢为人先、崇尚创新，其最核心在于提倡创意的开放、分享和对技术的崇拜，不能"以成败论英雄"，对失败要有包容精神。通过共享和创新来推动大众参与互动交流，是一种创新文化和共享文化，是一种推动人人成为创客的文化。众创文化是众创空间发展的关键因素，糅合了技术元素 DIY 文化，代表着反权威、叛逆、个人主义和自由思维的朋克理念。如果把怀有梦想的创客比作"树苗"，那么，众创空间相当于"土壤"，而众创文化相当于"肥料"，滋养着创客的创业梦想。

众创文化作为一种特殊的文化形态，是创新文化，更是共享文化，是众创空间生态系统的精神家园。就创客而言，众创文化形成人人皆可创新的气氛，创客以分享技术、交流思想为乐，敢为人先，从传统束缚、权威垄断、权力干预中摆脱出来，在相互激荡、多元碰撞中尽情地将自己的创意转换成创业项目[1]。这种气氛对创客具有很强的正导向性，有利于培养创客的创新思维，增强创客的创新意识、创新能力。就众创空间而言，自由宽松的众创文化彰显尊重个性、团队协作、宽容失败的理念，能够聚集更多的创客。在这种创新氛围浓厚的空间里，"创意在共享中传播，通过技术和知识的共享，人们获得一种完整的体验"[2]，没有败者，只有勇者；没有退缩，只有前行。在众创文化的熏陶下，众创空间生态系统的利益相关者采用开放式的协同创新，寻求资源互补、分工协同，风险分担，追求价值共享、合作共生。可以说，没有众创文化，众创空间就没有生机和活力，创新创业各个环节就无法建立有机联系，无法形成创新链条，自然形成不了众创空间生态系统。

众创文化能够黏合众创空间生态系统的利益相关者，是众创空间生态系统正常运行的重要的无形力量，更是构建众创空间生态系统的精神家园。

---

[1] 张继红. 众创空间：互联网思维下的创新创业升级版[M]. 北京：北京科学技术出版社，2016：186.
[2] 哈奇 M. 创客运动[M]. 杨宁译. 北京：机械工业出版社，2015：5.

第六节 众创空间生态系统的运行机制

众创空间生态系统是一个复杂系统,要实现既定目标,必须吸引社会相关异质资源为系统注入新的活力与动力,其演进过程是结构与功能不断复杂化的自组织过程。众创空间生态系统内的各个种群之间以复杂形式联系在一起,产生非线性作用和乘数效应,促进众创空间生态系统创新创业活动的进行与整体演化,彰显一种特有的运行机制。众创空间通过新陈代谢机制、共享共用机制、风险防控机制、试错容错机制、绩效评价机制维持生态平衡。

一、新陈代谢机制是基本前提

自然生态系统通过新陈代谢机制与周围环境进行物质、能量、信息的交换。众创空间生态系统和自然生态系统具有类似的要素,也存在新陈代谢机制。众创空间的新陈代谢包括创客生态圈、资源生态圈和管理人员的新陈代谢,在新陈代谢过程中,不论是创客生态圈、资源生态圈,还是管理人员始终存在着竞争和协同,这种竞争和协同是因为集聚没有达到平衡状态而进行的内部优化,以此保持动态平衡。新陈代谢机制其实是吐故纳新、保持活力的机制,有利于促进众创空间生态系统可持续发展。在创客生态圈方面,创客作为众创空间存在的基础,有新的创客不断加入,也有创客不断地离开众创空间。只有那些符合一定标准的创客才有资格进驻空间,只有具备市场价值并满足消费者需求的创想才有可能实现孵化。通过重重淘汰机制,众创空间内部仅存在一些前景较好的创业项目,保证了空间的新鲜与活力①。适度的创客淘汰有利于增强创客的危机意识、进位意识,提高创客的整体创新创业能力,彰显着优胜劣汰的机制。在资源生态圈方面,创业资源的获取、整合及利用贯穿创业活动的全过程,每种资源对创客都具有不同作用。如何有效管理好各类创业资源,使其更好地服务创客的创新创业,是众创空间面临的重要问题。众创空间运营商首先设定创业资源的入驻门槛,符合创新创业要求的创业资源就可以进驻众创空间。进驻众创空间的创业资源在规定的时间内,一旦无法发挥应有的作用,就将被清理出众创空间。唯有如此,方能增强创业资源提供者的责任感、危机感,为创客提供高效优质的服务。在众创空间管理人员方面,他们的业务能力和服务水平对众创空间运营具有决定性的作用。为引导管理人员更好地履行职责,一方面应加强管理人员经常性培训,增强其盈利

---

① 王磊,周玮.基于生态系统理论的众创空间发展路径研究[J].中国商论,2018,(12):155-156.

能力和集聚社会资源的能力。另一方面,对管理人员实行目标任务考核,在规定时间内达不到考核要求的,予以警告或清退。

二、共享共用机制是关键核心

2006年,世界银行在关于印度共享式增长的报告中首次提出了"共享式增长"这一概念。2007年10月,在亚洲开发银行召开的"新亚太地区的共享式增长与贫困消除"会议上,国际社会取得"共享式增长"的共识。从经济学理论出发,共享经济主要利用了规模效应,进而趋向零边际成本。众创空间也利用了这一原理,其本质上是基于共享共用理念的微型创新产业集群,通过资源共享共用来集聚创新要素、降低创新成本。资源共享是人类互惠交换行为的一种,是指组织在其组成、功能、机制上对共有、共存、共同的主动追求,组织成员之间相互协调行动,并运用控制、规范等手段进行资源的优化配置[1]。一个在空间上孤立的企业或组织在创新创业活动中,都将承担较高的成本和风险,创新创业将不容易进行。创客开展创新创业活动需要多种资源,这些资源不能自主转移,只有通过政府机构、企业等才能实现集中或扩散,进而得到共享共用。在众创空间里,借助开放的空间设计和丰富的活动安排,使创客有机会得到有形和无形的资源共享;不同专业领域的团队可能达成合作;创客与外部行业资源和市场也可以保持密切联系,从而有效降低创新创业成本,创新创业要素实现合理高效流动,形成线上线下相结合的共享共用机制。可以说,众创空间代表的是合作共赢的共享经济理念,本质上就是创新创业资源共享共用的平台。创客可以方便地找服务、找设备、找专家、找技术、找资金、找政策,各类资源找得着、信得过、用得上。创新资源共享共用在国内外成功的事例很多,如美国硅谷的IT(information technology)产业集群、印度的班加罗尔软件产业群、英国的剑桥科技园、中国台湾的新竹工业园区和北京的中关村等[2]。共享共用机制包括两个方面,一是指创意的共享共用,创意分享性主要表现在四个方面,分别是面对面的创意分享、有意识的创意分享、借助互联网技术完成的创意分享,以及通过实践创造的创意分享。在众创空间,创客通过沙龙、讲座、交流会等形式,相互分享创意观点、创意成果、创意经验等,打破了创客与创客之间因地位、身份、行业的差距而形成的交流屏障,最大程度地消除了系统内部的信息不对称性。二是指设施的共享共用,任何创客都可以利用众创空间的会议室、办公桌椅、网络通信、3D打印机、激光切割器等,

---

[1] 陈瑜,张惠红,张一弛. 南京高校与社区体育资源共享意愿调查研究[J]. 东南大学学报(哲学社会科学版),2010,(1):119-122.

[2] 陈菲琼,韩莹. 创新资源集聚的自组织机制研究[J]. 科学学研究,2009,(8):1246-1254.

大大降低了创客的成本。创客有偿或无偿共享共用资源,提高资源的使用率和产出率。

三、风险防控机制是必要保障

风险是指一定环境、一定时间段内,影响决策目标实现的不确定性或是某种损失发生的可能性。早在20世纪八九十年代,德国社会科学家贝克就提出了"风险社会"的概念,用以描述后工业社会的巨大变迁。贝克将风险界定为"系统地处理现代化自身引致的危险和不安全感的方式"[1]。在风险社会中,存在着各种各样的风险。任何一个组织机构建立并启动后,在运行过程中因为组织的决策、组织、协调和实施等行为失当及偏误,将造成不同程度的风险,这种风险被称为组织风险。创业空间的运营也是如此。创业门槛虽然低,但是创业的难度并不低,创业过程中会面临诸多风险,如项目选择的风险、经营风险、技术风险、规范运作风险、生产风险、营销风险、筹资风险等。常言道,风起于青萍之末。只有在青萍之末着力时,才能把将起之风遏阻消解。从这个朴素的科学认知原理上说,抓风险防控应该关口前移、溯源施治,把工作重心放到源头治理上,在风险欲起未起之时就将其化解,这就需要建立相应的机制并保持其正常运行、发挥作用。为了应对不确定的因素所带来的风险,众创空间建立风险防控机制,规避出现"有店无客"甚至倒闭的风险。构建风险防控机制是众创空间生态系统提高运营安全性和可靠性的重要手段,也是众创空间生态系统可持续发展的重要保障。风险防控机制是众创空间中与风险相关要素的相互联系、相互制约及其运行方式的总和,由风险防控主体、风险防控制度、风险防控教育、风险预测预警、风险防控预案组成。风险防控主体是指众创空间利益相关者,如运营者、创客、中介机构等,都承担一定风险防控的责任。风险防控制度是指旨在防控风险的各类制度,规范众创空间利益相关者的言行。风险防控教育是对众创空间运营管理者、创客、创业导师和中介人员等开展的风险理论知识的普及,引导其增强风险防控意识,自觉遵守风险防控制度。风险预测预警是指对众创空间运行的每一个环节进行信息采集,分析其可能发生的风险,及时预警,力争将损失降到最低。风险防控预案是为了有效预防、及时控制和妥善处理众创空间面临的各类风险而制订的方案,方案包括风险防控原则、风险点、风险表现形式、风险等级、风险防控措施及其责任人,是有效开展风险防控的基础。风险防控机制的建立有利于众创空间增强抗风险能力,最大限度地保护利益相关者的合法权益。

---

[1] 贝克 U. 风险社会[M]. 何博闻译. 南京:译林出版社,2004:19.

四、试错容错机制是重要条件

古语云：人非圣贤，孰能无过？过而能改，善莫大焉。阿里巴巴董事局主席兼首席执行官张勇认为，做前所未有的事情，不可能不走弯路，也不可能一步到位。只有千锤百炼，才能充分创新，才能开创出长三角一体化乃至全国区域经济建设的新范本、新经验[①]。创新就是走进无人区，勇于试错、敢于容错，才能充分创新，不试错永远不会成功。创客在创新创业活动中、在摸索中面临不少不确定因素，导致创业结果多样性，创业失败在所难免。人力资源和社会保障部调查数据显示，中国范围内创业失败率高达 80%；中国技术创业协会研究显示超过 25%的新创企业会在 1 年内失败，68%的新创业企业会在 6 年内失败，只有约 50%的企业能够存活超过 5 年。创业失败为创业活动中一种不愿面对却又无法回避的重要现象[②]。从创客的实践来看，创新为创业过程中的必然。当创客对事后容错有明确预期，就会自然产生甩开膀子干的动力。管理学有一句话：对失败的容忍是激励创新的必要条件。事后容错，才能鼓励事前试错，才能调动敢闯敢试的积极性。构建试错容错机制，有利于消除创客思想和经济的压力，保护试错行为，降低试错的不良影响。试错容错机制是指宽容失败、善待失败的政策、制度、文化的集合及运行方式，也就是说对创客在创新创业中因探索而出现的失误、错误行为进行识别、评估和处理，并予以纠错和激励试错。恩格斯说过："要明确地懂得理论，最好的道路是从本身的错误中，'从痛苦经验中'学习。"[③]恩格斯在这里着重强调了对待错误的科学态度，所谓"失败是成功之母"，同样揭示了错误的积极性一面。创新创业之路并非平坦，是一个不断试错的过程。没有容错纠错，就会让创客产生掣肘之感、后顾之忧，实践起来畏手畏脚。众创空间要破除"成王败寇"的落后思想，营造试错容错的良好氛围，争取政府政策对创新失败的创客给予一定补偿，让创客真正体会到、感受到、受惠于"宽容失败"的大环境，让众创空间成为一个可以失败的地方。

五、绩效评价机制是根本导向

绩效是一种管理学概念，指成绩与成效的综合，是在特定时期内的工作行为、

[①] 景明，顾景云. 阿里：抓住数字化机遇在长三角打造区域发展新样板[EB/OL]. http://js.cnr.cn/2011jsfw/whly/20200303/t20200303_525001631.shtml[2020-03-03].

[②] 王粟. 基于创业失败成本理论谈政府促进创业导向[J]. 中国就业，2021，（1）：50-51.

[③] 中共中央马克思恩格斯列宁斯大林著作编译局. 马克思恩格斯选集（第 4 卷）[M]. 北京：人民出版社，1972：458.

形式、结果及其产生的客观影响。绩效评价有利于挖掘问题、解决问题、达成目标。美国著名的公共管理学家马克·霍哲指出："为了对政策制定者和服务对象强调他们从税款中得到了什么受益。机构需要能够评估，并衡量和报告他们完成了什么。"[①]绩效评价是提高众创空间生态系统运行效率和经营效益的技术手段，具有把脉号诊、科学选择的作用。众创空间生态系统肩负着推进"双创"的历史使命，构建科学的、动态的绩效评价机制，有利于其高质量发展，还可以检查各级各地落实国家"双创"政策的情况。当前，众创空间在发展过程中暴露出一些问题，主要体现在：专业化程度不高，同质化服务比较普遍，管理精细化水平较低，入驻率低，盈利能力提升空间较大等。这些问题的存在，催生出对众创空间生态系统进行绩效评价的迫切要求。从宏观层面来看，科学的绩效评价是对众创空间生态系统进行多侧面信息的采集和排序，考察其发展状况、差异，寻找众创空间生态系统建设的有效途径。从微观层面来看，绩效评价为政府和企事业单位提供众创空间生态系统更详细、全面的信息，有利于政府及企事业单位新一轮的决策咨询。众创空间生态系统绩效评价机制由评价主体、评价指标、评价程序和评价应用组成。评价主体应是专业的第三方，确保公开公平公正。评价指标包括运营能力、入驻公司发展能力、盈利能力。运营能力是指众创空间在技术转移、成果转化、成果评估、资源配置、信息咨询等方面的服务能力。入驻公司发展能力是指入驻公司获得投资额度、发明专利数量和高层次人次数量等。盈利能力包括众创空间的服务收费、投资回报和独立资金运营等。评价程序是指评估过程中的工作次序安排。评价应用是指根据评估结果调整关于众创空间的政策，引导众创空间高质量发展。绩效评价机制有利于众创空间生态系统兼顾经济效益和社会效益，避免步入单纯追求经济效益的极端。

　　众创空间生态系统的新陈代谢机制、共享共用机制、风险防控机制、试错容错机制、绩效评价机制相互影响、相互作用，形成一个有机的整体，这是众创空间创业生态系统运行的内在规律。五大机制各具独特功能，新陈代谢机制是基本前提，共享共用机制是关键核心，风险防控机制是必要保障，试错容错机制是重要条件，绩效评价机制是根本导向。五大机制具有协同演化的特征，演化过程呈现出分布式模块化、属性互嵌和螺旋升级的复合整体。

---

① 霍哲 M，张梦中. 公共部门业绩评估与改善[J]. 中国行政管理，2000，（3）：36-40.

第二章 地区众创空间发展的赋能系统及耦合

本章基于我国众创空间四类统计指标的范式，遵循统计指标前后的一致性与可比较性，参照统计指标变量的分类方式，设计因子分析法中提取因子的标准，对我国创客空间生态系统赋能因素进行研究，并在此基础上借助系统耦合理论，对我国地区众创空间生态系统内部赋能因素系统的耦合机理进行探讨，从而实现从单一子系统及子系统与子系统之间耦合对我国地区众创空间生态系统的影响机理。

第一节 问题的提出

纵观我国众创空间的发展，2016~2019年我国众创空间运行的数量分别是4298家、5739家、6959家、8000家，相对于2016年，2017年、2018年和2019年众创空间数量增速分别为33.53%、61.91%和86.13%。同期，众创空间基本运营情况表现为：总收入分别是150.67亿元、152.93亿元、182.92亿元和203.72亿元；提供工位数分别是77.70万个、105.47万个、129.47万个和148.65万个；创业导师人数分别是8.31万人、12.15万人、14.77万人和16.05万人。相较于数量上的增速，众创空间的收入弹性（即众创空间收入增速与众创空间数量增速的比率）分别为0.045、0.346、0.409，而其提供工位数弹性（即众创空间提供工位数增速与众创空间数量增速的比率）和创业导师弹性（即众创空间创业导师数量增速与众创空间数量增速的比率）分别为1.066、1.076、1.060和1.376、1.255、1.080，也就是说，众创空间的快速扩张，伴随着众创空间的工位数、创业导师等运营基础条件的不断强化。值得注意的是，众创空间这种运营基础强化的过程却伴随着较为缓慢的收入增加。因此，基于众创空间营收的角度，可以判断我国众创空间整体运营效率呈现偏低的现象。那么，我国当前不同地区众创空间发展综合水平是否存在差异？又如何进行评价？影响地区众创空间发展综合水平的主要因素有哪些？这些因素之间的耦合状态如何？弄清楚这些问题，从而厘清我国不同地区众创空间发展的现状、探寻各地区众创空间发展的主要赋能因子，对于推动和维持我国众创空间的可持续发展具有重要的现实意义。

第二节 众创空间发展水平的相关研究

2015年3月,国务院办公厅印发的《关于发展众创空间推进大众创新创业的指导意见》提出,众创空间应成为"具有较强专业化服务能力""满足大众创新创业需求"的新型创业服务平台。作为具有无边界、自组织与客户化等生态系统特征的创业新兴载体[1],众创空间提供了双边或多边互动交流、实现资源集聚与迭代、推动生态网络形成、促进创新能力提升的生态网络[2],开创了资本、市场、技术和专业服务网络[3]共同决定的创业运行模式[4]。鉴于众创空间发展过程中,组织身份同质、文化疏离和结构洞资源塌陷等问题的产生[5],这种集聚区发展模式[6]的运营效率逐渐为人们所关注。

从内外部因素对众创空间运营效率的作用方面来看,众创空间作为一种推动"双创"的平台,同时也是一种新业态的塑造和培育,其初期发展离不开政府政策的导向、产业政策的扶持、市场基础的培育等。在注重外在因素对众创空间运行的作用方面:杜凤娇等[7]强调政策法规、市场环境、融资平台和媒体宣传等外在因素对众创空间健康发展的重要性;戴亦舒等[8]认为众创空间高效运营需要大企业引领、政府政策保障、其他组织机构资源支持等;崔祥民和田剑[9]强调创客空间、创客、政府的协同有利于保障众创空间发展的可持续。在注重内

---

[1] 陈夙, 项丽瑶, 俞荣建. 众创空间创业生态系统:特征、结构、机制与策略——以杭州梦想小镇为例[J]. 商业经济与管理, 2015, (11): 35-43.

[2] 陈武, 李燕萍. 嵌入性视角下的平台组织竞争力培育——基于众创空间的多案例研究[J]. 经济管理, 2018, 40 (3): 74-92.

[3] 王占仁, 刘海滨, 李中原. 众创空间在高校创新创业教育中的作用研究——基于全国6个城市25个众创空间的实地走访调查[J]. 思想理论教育, 2016, (2): 85-91.

[4] 冯海红, 曲婉. 社会网络与众创空间的创新创业——基于创业咖啡馆的案例研究[J]. 科研管理, 2019, 40 (4): 168-178.

[5] 陈武, 李燕萍. 众创空间平台组织模式研究[J]. 科学学研究, 2018, 36 (4): 593-600.

[6] 曹钰华, 王书蓓, 李晶. 创业生态系统视角下众创空间集聚区发展模式研究[J]. 科技和产业, 2019, 19 (3): 64-68.

[7] 杜凤娇, 段万春, 李阳. 基于DEMATEL方法的众创空间外引内联模式的影响因素分析[J]. 科技管理研究, 2018, 38 (10): 220-226.

[8] 戴亦舒, 叶丽莎, 董小英. 创新生态系统的价值共创机制——基于腾讯众创空间的案例研究[J]. 研究与发展管理, 2018, 30 (4): 24-36.

[9] 崔祥民, 田剑. 众创空间利益相关者协同度研究[J]. 科技进步与对策, 2018, 35 (5): 134-139.

在因素对众创空间运行的作用方面：陈奇等[1]强调众创空间的服务能力、创业服务能力及服务管理等是决定其发展水平的关键要素；崔祥民和田剑[2]认为资源集聚、金融机构集聚、网络构建、融资等是影响众创空间核心竞争力的重要因素；陈武和李燕萍[3]强调在众创空间发展基本饱和的条件下，其管理能力和技术水平较低是抑制众创空间发展效率的核心因素。鉴于此，周必彧和邢喻[4]将众创空间创新与创业培育绩效归因于资源赋能（财政支持、技术支撑等）和服务赋能（创业导师、教育培训、国际交流等）。

从众创空间发展水平的评价方面来看，伴随着众创空间快速生长，鉴于这种新业态运行标准的不统一甚至缺失的现状，鉴定、评价众创空间发展水平，有利于厘清众创空间内在的运作机理，并有针对性地提出众创空间可持续发展对策。而目前国内在这个问题上的研究还主要聚焦在众创空间绩效的研究，明确针对地方众创空间发展水平的研究依然并不多见。崔世娟等[5]采用 Al-Mubaraki 和 Schröl[6] 及 Al-Mubaraki 等[7]的做法，将众创空间绩效限定为众创空间的运营绩效与孵化企业绩效，强调众创空间高绩效取决于其社会网络中心性和关系强度；刘彦平和钮康[8]将服务性收入与投资收入作为众创空间绩效的考量指标，分析了本地区与其他地区众创空间要素对本地区众创空间绩效的影响，认为众创空间发展依然处于初级阶段，地区之间众创空间绩效的正向影响关系较弱；王海花等[9]在研究众创空间环境对新创企业绩效影响的研究中，将企业拥有的投融资金额、新创企业吸纳就业人员数及新创企业拥有的有效知识产权数等作为众创空间的资金绩效、人才绩效和创新绩效的衡量指标；温美荣和马若熙[10]则建议应从众创空间的创新金融、创

---

[1] 陈奇，郑玉华，洪珈珈，等. 基于CMM的众创空间服务能力评价研究[J]. 科技管理研究，2018，38（20）：97-102.

[2] 崔祥民，田剑. 众创空间利益相关者协同度研究[J]. 科技进步与对策，2018，35（5）：134-139.

[3] 陈武，李燕萍. 众创空间平台组织模式研究[J]. 科学学研究，2018，36（4）：593-600.

[4] 周必彧，邢喻. 众创空间赋能形式与培育绩效研究——基于浙江省185家众创空间的实证研究[J]. 浙江社会科学，2020，（2）：60-66，59，157.

[5] 崔世娟，陈丽敏，黄凯珊. 网络特征与众创空间绩效关系——基于定性比较分析方法的研究[J]. 科技管理研究，2020，40（18）：165-172.

[6] Al-Mubaraki H, Schröl H. Measuring the effectivenes of business incubators: a four dimensions approach from a gulf cooperation council perspective[J]. Journal of Enterprising Culture, 2011, 19（4）: 435-452.

[7] Al-Mubaraki H M, Muhammad A H, Busler M. Measuring innovation: the use of indicators in developed countries[J]. World Journal of Entrepreneurship, Management and Sustainable Development, 2015, 11（3）: 220-230.

[8] 刘彦平，钮康. 中国城市众创空间绩效影响因素研究——基于空间杜宾模型的分析[J]. 城市发展研究，2020，27（9）：107-114.

[9] 王海花，熊丽君，李玉. 众创空间创业环境对新创企业绩效的影响[J]. 科学学研究，2020，38（4）：673-684.

[10] 温美荣，马若熙. 构建公共政策评估的关键绩效指标体系探析——以X市试行众创空间绩效考评制为例[J]. 行政论坛，2017，24（3）：93-99.

新环境、政策激励、统筹协调、创新人才、创新科技等方面构建其绩效评价体系。可见，在对众创空间绩效的认知上，学界目前并没有达成共识，鉴于众创空间的使命在于满足创新创业者的需求，并且处于一个动态发展过程之中，李燕萍和陈武[1]提出了众创空间发展质量的概念，并从众创空间的社会影响力、服务内容、服务能力、服务成效、服务环境、品牌建设等方面给出了其发展质量评价指标体系；林鹏等[2]基于能力成熟度理论将众创空间发展水平设定为初期创意、体系初建、战略发展、升级发展、最佳成熟等五个层级，并强调众创空间的发展水平取决于其基础能力、服务能力、集聚能力、孵化绩效等。以上研究对众创空间发展水平测度的指标选择或构建呈现出百家争鸣的态势，但是其共性体现在：研究对象落脚于具体众创空间平台的建设和运行状况，从研究的视角来看，这类研究更倾向于微观视角；当然这类微观视角的众创空间运行绩效和发展水平的研究为实现众创空间发展水平的地区性评价奠定了基础。如果说，微观视角众创空间的研究对象聚焦在平台行为及影响平台行为的内外在因素，那么，众创空间发展水平、地区性评价的研究对象应聚焦于地区众创空间总体性绩效的表现及影响这些总体性绩效的内外在因素。因此，本书认为，地区众创空间发展水平，是指地区众创空间的专业化服务综合能力及满足大众创新创业需求的综合能力对地区经济、社会、技术创新等领域的贡献。从2017年起，科技部火炬中心开始对我国31个省区市的众创空间总体发展状况进行规范性统计，这为比较研究地区众创空间发展水平提供了翔实的资料基础。陈章旺和黄惠燕[3]基于因子分析法对我国各地区2016年众创空间发展综合水平评价进行了一个比较好的尝试。但是，其在评价指标变量的选择上有待商榷，比如，在其选择的评价指标体系中，同时使用了"创业团队和企业吸纳就业数量（人）"和"吸纳应届毕业大学生就业数量（人）"这两个变量，这两个变量之间是一种包含和被包含的关系，同时使用显然会夸大或缩小既定众创空间发展的水平；另外，将"众创空间数量（个）"也作为一个考察变量，这个变量相对于"提供工位数（个）""众创空间服务人员数量（人）"等并不能显示地区众创空间的发展水平和实力。鉴于此，本书对我国2016～2019年各地区众创空间基本运营情况、各地区众创空间服务情况、各地区众创空间收入情况、各地区众创空间创业团队和企业情况等指标做全面考察和比较，构建合理的统计指标体系，综合评价我国各地区众创空间发展水平，并揭示其赋能机制及其之间的耦合状态。

---

[1] 李燕萍，陈武. 基于扎根理论的众创空间发展质量评价结构维度与指标体系开发研究[J]. 科技进步与对策，2017，34（24）：137-145.

[2] 林鹏，李丽红，郝生跃. 众创空间发展水平评价研究——基于能力成熟度模型[J]. 科技管理研究，2020，40（17）：61-67.

[3] 陈章旺，黄惠燕. 区域众创空间绩效评价——基于因子分析角度[J]. 科技管理研究，2020，40（2）：73-78.

第三节　地区众创空间发展水平研究设计

一、众创空间发展水平的统计数据整理

《中国火炬统计年鉴》（2017~2020 年）对 2016~2019 年我国 30 个省区市（由于一些关键指标统计数据的不连续性，西藏和新疆生产建设兵团未在研究的范围内）的众创空间运行指标进行了统计，包括众创空间的基本运营情况、服务情况、收入情况、创业团队和企业情况等四大类指标。2016 年与 2017 年的统计指标前后总体上基本一致，2018 年的统计指标有所调整（与 2019 年的统计指标基本一致，下文针对 2018 年的数据表述及调整与 2019 年的一致，故不再明确给出 2019 年数据的调整），具体表现在以下几个方面。

第一，对创业团队人员数量和初创企业人员数量统计合与分的处理。在"各地区众创空间创业团队和企业情况"中，2016 年和 2017 年的统计指标"创业团队和企业吸纳就业情况"到 2018 年及其后被拆分成"创业团队人员数量"和"初创企业吸纳就业人数"两个统计指标。基于前后指标数据的统计口径的一致性，对 2018 年创业团队和初创企业相关统计指标进行合并，形成了"创业团队和企业吸纳就业情况"标识的统计指标，其他类似情况的指标变量也做相应的处理（表 2.1）。

表 2.1　各地区众创空间部分指标统计口径一致性调整

编号	2016 年与 2017 年指标	2018 年与 2019 年指标
1	当年获得投融资的团队及企业数量（个）	当年获得投融资的创业团队数量（个）
		当年获得投融资的初创企业数量（个）
2	团队及企业当年获得投融资总额（千元）	创业团队当年获得投融资总额（千元）
		初创企业当年获得投融资总额（千元）
3	创业团队和企业吸纳就业情况（人）	创业团队人员数量（人）
		初创企业吸纳就业人数（人）
4	吸纳应届毕业大学生就业（人）	创业团队吸纳应届大学毕业生数量（人）
		初创企业吸纳应届大学毕业生数量（人）
5	常驻企业和团队拥有的有效知识产权数量（个）	常驻创业团队拥有有效知识产权数量（个）
		常驻初创企业拥有有效知识产权数量（个）
6	发明专利数量（个）	常驻创业团队发明专利数量（个）
		常驻初创企业发明专利数量（个）

第二，对各地区众创空间创业团队和企业的不同性质主体前后统计不一致的处理。2016~2017年，在"各地区众创空间创业团队和企业情况"中，基于众创空间经营主体性质，提供了大学生创业、留学生归国创业、科技人员创业、大企业高管离职创业、连续创业等企业分布状况数据；2018年，这类指标变量没有再进行统计，鉴于分析问题时间维度指标变量的前后一致性，在问题分析过程中，这类指标变量没有纳入考虑。

第三，对众创空间收入来源中前后统计变量不匹配的处理。2016年的"众创空间总收入"包含三个统计变量"服务收入、投资收入、财政补贴"，2017~2018年增添了"房租及物业收入"。对2017年和2018年不同地区的四类变量加总发现，这四项子指标统计的数据只是反映了众创空间总收入的主要部分，这意味着还有一定的收入没有被统计，为此，将这四项指标没有统计到的众创空间总收入的剩余部分称作"其他收入"。这样一来，众创空间总收入的统计子项指标就包含五项：服务收入、房租及物业收入、投资收入、财政补贴、其他收入。为了实现2016年众创空间总收入与2017年和2018年的一致，加权2017年和2018年房租及物业收入占房租及物业收入与其他收入总和的比重（2017年为60%，2018年为40%），获取2016年二者的比值，从而获得2016年房租及物业收入的估计数据。

通过上述指标统计口径的统一及收入数据的规整，并考虑到指标之间的包容关系，没有将总量指标变量"众创空间总收入"纳入问题的分析，这样共有22个统计指标可以被用于问题的分析。另外，考虑到指标"统计众创空间数量"并不有助于揭示众创空间内在的运行效率，故在分析中不考虑；考虑到指标之间的包容关系，"创业团队和企业吸纳就业情况"的次级指标"吸纳应届毕业大学生就业"与"常驻企业和团队拥有的有效知识产权数量"的次级指标"发明专利数量"也没有纳入到所研究的问题当中。这样，在问题研究中实际采用的指标变量共19个。

二、众创空间发展水平评价方法

在多指标社会经济运行状况或效率的比较和评价中，因子分析法是常常被采用的方法。这种方法有助于将关系错综复杂的变量综合为少数几个因子，并有利于对变量进行分类；同时，对于同一时期不同地区社会经济问题的运行综合状况或水平的比较，可以通过因子综合得分进行评价加以实现。也就是说，对于地区间不同时期的社会经济运行综合水平差异性问题的原因可以通过探究不同时期影响因子构成变量地位的不同加以厘清。

使用因子分析法的一个关键环节在于合理确定因子抽取标准。常规方法之一是基于特征值大于1的标准；另一个方法是基于实际需要，指定提取因子的数目。鉴于我国对众创空间运行状况统计分四大类指标（各地区众创空间基本运营情况、服务情况、收入情况、创业团队和企业情况）的统计方式，所以，在对 2016~2019 年统计年鉴数据进行因子分析时，提取因子的数目确定为 4；这样，有利于比较不同统计指标所包含变量的逻辑性关系在统计视角与客观视角上的一致性。

第四节　众创空间赋能因子分析

一、地区众创空间发展水平的统计特征

2016~2019 年，众创空间发展水平衡量的 19 个变量的 KMO 值[①]和巴特利特球形检验水平分别为 0.8058（显著性水平 0.0000）、0.6837（显著性水平 0.0000）、0.8034（显著性水平 0.0000）和 0.8810（显著性水平 0.0000）。可见，除了 2017 年统计变量之间的 KMO 值接近 0.7 以外，2016 年、2018 年和 2019 年变量的 KMO 值都大于 0.7。因此，可以认定 2016~2019 年众创空间运行状况统计指标的变量之间具有较强的相关性，适宜于做因子分析。

表 2.2 给出了 2016~2019 年这四年众创空间统计指标变量提取的 4 个因子条件下对应的特征值及方差贡献率。显然，如果按照特征值大于 1 的标准来提取因子，2016 年和 2017 年统计指标变量可以综合为 3 个因子，2018 年和 2019 年的统计指标变量可以综合为 2 个因子，这与实际统计指标变量体系设计不一致。这恰恰说明一个问题：在我国众创空间运行中，影响其发展的因素呈现出动态性的变化趋势。结合因子转换矩阵所获得的对应的特征值，我们发现，2016 年和 2018 年的 4 个因子对应的特征值都大于 1，而 2017 年和 2019 年的第 4 个因子对应的特征值（0.786 和 0.681）小于 1。如果基于特征值大于 1 的标准判断众创空间发展影响因子的话，2016 年和 2018 年 4 个因子影响模式比较清晰，2017 年和 2019 年 3 个因子影响模式比较明显。这进一步印证了我国众创空间发展的影响因素在时间维度上的异质性。鉴于事物发展规律的相对稳定性，我们认为影响我国众创空间发展的因素在前后相邻的时间区间总体上应该保持着相对稳定性，当然这种稳定性是处于相对变动的状态：2016 年和 2018 年 4 个因子影响是显著的，2017 年和 2019 年呈现出 3 个显著性的影响因子。因此，揭示这种系统因子的动态演变，对于探究我国众创空间的有效发展对策具有重要的现实意义。

[①] KMO（Kaiser-Meyer-Olkin）检验统计量是用于比较变量间简单相关系数和偏相关系数的指标。KMO 统计量的取值在 0 和 1 之间。

表 2.2 特征值与方差贡献率

年份	成分	初始特征值			提取平方和载入			旋转平方和载入		
		总计	方差百分比	累计方差百分比	总计	方差百分比	累计方差百分比	总计	方差百分比	累计方差百分比
2016	1	13.392	70.482	70.482	13.392	70.482	70.482	7.722	40.643	40.643
	2	1.779	9.362	79.844	1.779	9.362	79.844	5.051	26.587	67.230
	3	1.211	6.375	86.219	1.211	6.375	86.219	2.968	15.623	82.853
	4	0.833	4.383	90.602	0.833	4.383	90.602	1.472	7.750	90.603
2017	1	13.687	72.038	72.038	13.687	72.038	72.038	8.058	42.410	42.410
	2	2.093	11.016	83.054	2.093	11.016	83.054	6.787	35.721	78.131
	3	1.017	5.355	88.409	1.017	5.355	88.409	1.774	9.337	87.468
	4	0.607	3.196	91.605	0.607	3.196	91.605	0.786	4.136	91.604
2018	1	13.787	72.563	72.563	13.787	72.563	72.563	5.864	30.861	30.861
	2	2.267	11.933	84.496	2.267	11.933	84.496	5.460	28.738	59.599
	3	0.835	4.397	88.893	0.835	4.397	88.893	3.395	17.866	77.465
	4	0.678	3.567	92.460	0.678	3.567	92.460	2.849	14.994	92.459
2019	1	14.770	77.738	77.738	14.770	77.738	77.738	9.564	50.336	50.336
	2	2.554	13.444	91.182	2.554	13.444	91.182	6.338	33.356	83.692
	3	0.533	2.803	93.985	0.533	2.803	93.985	1.634	8.601	92.293
	4	0.359	1.891	95.876	0.359	1.891	95.876	0.681	3.583	95.876

注：总计是各因子对应的特征根；方差百分比是各因子的方差贡献率；累计方差百分比是累计方差贡献率

二、地区众创空间发展水平比较

用变量方差贡献率（旋转因子）对每个因子进行加权，获得我国30个地区各自的综合因子得分，并排名（表2.3）。我国众创空间发展综合水平的显著特征是：依照国家统计局对我国东、中、西部和东北地区的划分方法，我国东部和西部大部分地区众创空间发展水平相对较稳定；中部大部分地区众创空间发展水平呈现不断提升态势；东北三省中的黑龙江和吉林众创空间发展综合水平下行趋势相对比较明显。具体表现为以下几个方面。

表 2.3 地区众创空间发展水平综合因子得分及排名

地区	2016年		2017年		2018年		2019年	
	综合因子得分	排名	综合因子得分	排名	综合因子得分	排名	综合因子得分	排名
北京	1.0213	2	1.5571	1	1.1791	1	1.6883	1
天津	0.1666	10	−0.0738	14	−0.2173	21	−0.1540	15

续表

地区	2016年		2017年		2018年		2019年	
	综合因子得分	排名	综合因子得分	排名	综合因子得分	排名	综合因子得分	排名
河北	0.2613	6	0.1035	8	0.1694	7	0.3824	6
山西	−0.0187	15	−0.1558	18	0.0165	11	0.1702	9
内蒙古	−0.2630	19	−0.1817	19	−0.1775	19	−0.3923	21
辽宁	−0.0907	17	−0.0168	12	−0.0562	15	0.1223	10
吉林	0.0617	13	−0.3058	22	−0.3933	23	−0.5439	23
黑龙江	−0.5025	24	−0.5696	27	−0.5527	30	−0.6753	27
上海	0.0064	14	0.1112	6	−0.0030	13	−0.1975	19
江苏	0.6669	4	0.9416	3	0.7670	4	0.9299	4
浙江	0.5056	5	0.8376	4	0.9888	3	0.9328	3
安徽	−0.2819	20	−0.2110	21	−0.1010	17	−0.1678	16
福建	0.1858	9	0.1072	7	−0.0700	16	−0.0255	13
江西	0.1267	11	−0.0956	15	0.0150	12	0.2912	7
山东	0.9786	3	0.7272	5	0.6594	5	0.7646	5
河南	−0.1286	18	0.0759	9	0.0735	8	0.1122	11
湖北	−0.4231	23	−0.0249	13	0.2167	6	0.2812	8
湖南	−0.3301	21	−0.1129	16	−0.0329	14	−0.1731	17
广东	1.3705	1	1.3541	2	1.0378	2	1.5001	2
广西	−0.5754	27	−0.5329	26	−0.4496	25	−0.5484	24
海南	−0.6100	29	−0.6367	28	−0.5472	29	−0.7186	29
重庆	0.2534	8	0.0470	11	0.0273	9	−0.1108	14
四川	−0.0688	16	−0.1834	20	−0.1534	18	−0.1925	18
贵州	−0.5085	25	−0.4595	24	−0.4394	24	−0.5707	25
云南	−0.4163	22	−0.3380	23	−0.2208	22	−0.3980	22
陕西	0.0876	12	0.0537	10	0.0257	10	0.1028	12
甘肃	0.2543	7	−0.1479	17	−0.1942	20	−0.2813	20
青海	−0.6225	30	−0.6841	30	−0.5253	27	−0.6977	28
宁夏	−0.5853	28	−0.6613	29	−0.5463	28	−0.7975	30
新疆	−0.5213	26	−0.5244	25	−0.4962	26	−0.6327	26

第一，东部10个地区中，北京、广东、浙江、江苏、山东、河北等六省市的众创空间发展水平整体上相对较高并保持着较为稳定的发展态势，2016~2019年，

相对发展水平波动性较小。值得注意的是：海南的众创空间发展一直比较滞后，2016~2019年，连续四年的发展水平（综合因子得分）排名分别为29、28、29和29；另外，作为京津冀经济圈重要引领中心之一的天津，2016~2019年，连续四年的发展水平（综合因子得分）排名分别为10、14、21和15，这一状况说明，众创空间这一提供专业化服务、促进大众创新创业新型创业服务的重要平台在推动地区经济、社会发展和技术创新方面的作用有待进一步提升。

第二，西部11个地区中，重庆和陕西的众创空间发展水平相对较高，并且较为稳定，2016~2019年，两个地区连续四年的发展水平排名分别为8、11、9、14和12、10、10、12。与重庆和陕西众创空间发展水平形成鲜明对比的是内蒙古、云南、贵州、广西、新疆、宁夏、青海等7个地区，2016~2019年，其众创空间整体发展水平一直处于较低态势，并且波动性较小，这一方面说明，我国西部省区市的众创空间平台的发展可能正面临着瓶颈因素的制约；另一方面说明，我国其他地区众创空间的发展相对较为迅速。

第三，中部6个地区中，湖北、河南、山西、江西、湖南、安徽的众创空间发展水平整体上都呈现出较为明显的上升趋势，尤其以湖北、河南较为突出，2016~2019年，这两个地区众创空间发展水平排名分别为23、13、6、8和18、9、8、11。与中部地区众创空间强劲的发展势头相比，我国东北三省众创空间，除了辽宁整体发展水平较为稳定（四年的发展水平排名分别为17、12、15、10）外，吉林和黑龙江的众创空间发展水平下行趋势较为明显。

综上，我们可以发现，我国30个省区市中，地区之间的众创空间发展水平呈现出明显的异质性状态：分布于众创空间发展水平高低两端的东西部地区较为稳定；中部地区众创空间发展水平呈现出较为稳定的上行趋势，与我国东部的福建、天津，西部的甘肃，东北的吉林、黑龙江众创空间发展水平较为稳定的下行态势并存。面对我国地区众创空间发展水平所呈现出的不平衡状态，要打破高低端发展水平地区性分布较为稳定的状态，实现地区之间众创空间发展水平在动态化演变中推动众创空间这一新业态在"双创"活动中的纵向深入，必须厘清影响地区众创空间发展水平提升的重要因素，以及各种因素在推动地方众创空间发展水平提升中所发挥作用的状况。

三、地区众创空间发展水平的影响因子

表2.4给出了2016~2019年对我国众创空间关键指标变量进行因子分析所获得的旋转后因子载荷矩阵。2016~2019年每年第一因子和第二因子在19个变量中所呈现出较大载荷的变量分布于众创空间统计数据中的基本运营、服务、收入、创业团队和企业等各类指标变量之中，这意味着，各地区众创空间发展水平是由

表 2.4 旋转后的因子载荷矩阵

变量编号	代号	成分（2016 年）				成分（2017 年）				成分（2018 年）				成分（2019 年）			
		1	2	3	4	1	2	3	4	1	2	3	4	1	2	3	4
1.1	nco	0.758	0.543	0.241	0.063	0.626	0.731	0.233	0.077	0.570	0.649	0.374	0.291	0.756	0.587	0.213	0.140
1.2	ncs	0.880	0.007	0.126	0.111	0.685	0.127	0.643	0.143	0.899	0.092	0.132	0.033	0.912	0.170	0.197	0.218
1.3	nim	0.790	0.313	0.433	0.207	0.906	0.338	0.104	0.076	0.688	0.237	0.459	0.428	0.900	0.228	0.222	0.144
1.4	ffs	0.237	0.177	0.845	−0.018	0.710	0.416	0.337	0.220	0.466	0.265	0.654	0.340	0.542	0.316	0.751	0.125
2.1	neg	0.621	0.665	0.359	0.085	0.532	0.783	0.141	0.125	0.634	0.603	0.196	0.398	0.885	0.410	0.096	0.047
2.2	nss	0.521	0.730	0.393	0.017	0.426	0.872	0.152	0.127	0.566	0.609	0.345	0.416	0.750	0.587	0.238	0.027
2.3	nab	0.795	0.308	0.483	0.087	0.915	0.333	0.130	0.065	0.664	0.254	0.428	0.517	0.924	0.191	0.269	0.071
2.4	ntp	0.878	0.190	0.377	0.118	0.944	0.193	0.114	−0.001	0.759	0.065	0.370	0.440	0.965	0.049	0.146	0.065
2.5	nts	0.761	0.425	0.431	0.062	0.838	0.476	0.151	0.125	0.743	0.343	0.385	0.353	0.878	0.419	0.132	0.076
2.6	nin	0.621	0.593	0.441	0.007	0.753	0.558	0.190	0.005	0.601	0.349	0.601	0.292	0.824	0.279	0.252	0.238
2.7	aic	0.112	0.973	0.115	0.044	0.147	0.924	0.138	−0.027	0.056	0.991	0.015	0.021	0.003	0.969	0.182	−0.007
3.1	ins	0.047	−0.017	0.067	0.975	0.147	0.317	0.916	−0.037	0.172	0.562	0.365	0.517	0.576	0.684	0.295	0.246
3.2	irl	0.184	0.954	0.111	0.058	0.187	0.956	0.173	0.057	0.122	0.968	0.148	0.119	0.289	0.929	0.145	0.065
3.3	iin	0.632	0.318	−0.090	0.502	0.719	0.108	0.202	−0.505	0.308	0.195	0.860	0.160	0.661	0.331	0.233	0.624
3.4	fsb	0.580	0.272	0.573	0.384	0.699	0.612	0.028	0.120	0.234	0.168	0.149	0.881	0.647	0.445	0.570	0.111
3.5	iot	0.858	0.322	0.144	−0.046	0.791	0.347	0.190	0.165	0.717	0.269	0.587	0.067	0.245	0.911	0.001	0.160

续表

变量		成分（2016年）				成分（2017年）				成分（2018年）				成分（2019年）			
编号	代号	1	2	3	4	1	2	3	4	1	2	3	4	1	2	3	4
4.1	egs	0.700	0.561	0.362	-0.031	0.396	0.501	0.123	0.573	0.537	0.692	0.301	0.352	0.673	0.695	0.195	-0.007
4.2	ibt	0.562	0.486	0.530	0.124	0.321	0.877	0.225	0.135	0.246	0.864	0.352	0.211	0.318	0.912	0.199	0.103
4.3	nrc	0.585	0.552	0.394	0.083	0.664	0.703	0.133	0.073	0.573	0.512	0.369	0.453	0.768	0.534	0.311	0.018

注：1.1～1.4是各地区众创空间基本运营情况的变量编号，其中，nco、ncs、nim、ffs分别表示提供工位数（个）、创业导师人数（人）、享受财政资金支持额（千元）；2.1～2.7是各地区众创空间服务情况的变量编号，其中，neg、nss、nab、ntp、nts、nin、aic分别表示当年服务的初创企业数量（个）、举办创新创业活动（场次）、开展创业教育培训（场次）、当年获得技术支撑服务的创业团队及企业数量（个）、当年服务的团队及企业当年获得投融资的团队及企业数量（个）、当年获得投融资服务的团队及企业数量（个）、房租及物业收入（千元）、投资收入（千元）、财政补贴（千元）、其他收入（千元），egs、ibt、nrc分别表示创业团队和企业吸纳就业情况（人）、常驻企业和团队拥有的有效知识产权数量（个）、新注册企业数量（家）。

以上四类指标对应变量综合运行作用的结果。根据第一至第四个因子的方差贡献率，我们可以确定四个因子对地区众创空间发展水平的影响处于不同的地位；根据每个因子下变量的载荷，我们可以确定每个变量在对地区众创空间发展水平的影响中是相对重要的。

比较四年（2016~2019年）的第一因子较大载荷变量分布，发现四年中共同存在的因子较大载荷变量包括创业导师人数、举办创新创业活动、开展创业教育培训、当年获得技术支撑服务的团队和企业数量、当年获得投融资的团队及企业数量、其他收入，在这六个变量中，无论是反映众创空间的基本运营情况、众创空间服务情况，还是反映众创空间收入情况，其共同特征都是指向众创空间综合发展水平服务能力的体现，为此，将第一类因子称为众创空间发展的服务赋能因子。

比较四年（2016~2019年）的第二因子较大载荷变量分布，发现2016年的第二因子较大载荷变量分布于各地区众创空间的服务情况与收入情况两类指标下，而2017年和2018年的较大载荷变量则分布于四类统计指标之下，2019年的较大载荷变量主要分布于众创空间的收入及其创业团队和企业情况，其中一个共同特征就是"当年服务的初创企业数量、团队及企业当年获得投融资总额、房租及物业收入"共同成为第二因子较大载荷的变量，同时结合四个年份其他第二因子较大载荷变量，可以发现它们的共同特征都是指向众创空间综合发展水平的市场接受及拓展能力，为此，将第二类因子称为众创空间发展的市场赋能因子。

比较四年（2016~2019年）的第三因子较大载荷变量分布，发现这类变量明显很少，2016年、2018年和2019年都是变量"享受财政资金支持额"，2017年的变量是"服务收入"；另外，2018年的第三因子变量还包括"投资收入"。虽然变量形式不同，但是这四个年度的变量都与众创空间的资金来源有关，而且，更多的是凸显外部财政手段对众创空间发展的支持及接受支持的收入，在当前众创空间发展的市场融入能力依然有待提升的条件下，将第三类因子称为众创空间发展的政策赋能因子。

比较四年（2016~2019年）的第四因子较大载荷变量分布，发现第四因子较大载荷变量分布和第三因子较大载荷变量分布相似，因子的较大载荷变量较为单一。2016年的较大载荷因子变量是"服务收入"，2017年的较大载荷因子变量是"创业团队和企业吸纳就业情况"，2018年的较大载荷因子变量是"财政补贴"，2019年，除变量"投资收入"以外，其他变量的因子载荷都相对较小，虽然四个年份变量呈现态势不同，但是其共同特征都是指向众创空间综合发展水平的经济或社会效益来源，为此，将第四类因子称为众创空间发展的效益赋能因子。

综上，众创空间服务赋能因子、市场赋能因子、政策赋能因子、效益赋能因子直接影响甚至决定了众创空间整体发展水平。在众创空间的实践运行中，每个因子都是众创空间基本运营、服务、收入、创业团队和企业情况等指标体系所涉及的19

个变量共同作用的结果,由此可见,服务赋能因子、市场赋能因子、政策赋能因子、效益赋能因子等四个因子之间是你中有我、我中有你的相互依赖、相互促进的关系,其不同之处只是表现在不同因子所受到每个变量影响的力度不同而已,从这个角度来看,这四类因子的运行及其之间的相互影响关系构成了我国地区众创空间运行的内在赋能机制,即服务赋能机制、市场赋能机制、政策赋能机制及效益赋能机制。鉴于因子的方差贡献率和因子中变量载荷的大小,我们可以判断,在2016~2019年,服务赋能因子(机制)和市场赋能因子(机制)对我国地区众创空间发展发挥着主导作用,其对应的高载荷变量就是提升地区众创空间发展水平的着力点。

第五节 众创空间赋能系统的耦合特征

一、众创空间生态系统赋能子系统

在社会科学相关研究中,耦合常常被理解为系统中两种制度(或措施)功效之间的弥补[1]、系统要素(特征)之间的匹配性[2]。为了深入剖析我国众创空间生态系统整体发展水平及内在的赋能子系统运行状态,下面借助耦合理论对这个问题展开分析。

以上研究将我国众创空间生态系统运行界定为众创空间的服务赋能子系统、市场赋能子系统、政策赋能子系统和效益赋能子系统,在遵循上述研究结论的基础上,并结合统计指标变量的内在意涵,形成我国众创空间生态系统赋能子系统(表2.5)。由于我国的众创空间尚处于发展初期,对于各个指标变量都视为正向指标。

表2.5 众创空间生态系统赋能子系统

赋能子系统	变量	单位	特征
服务	众创空间服务人员数量	人	正向
	创业导师人数	人	正向
	举办创新创业活动	场次	正向
	开展创业教育培训	场次	正向
	当年获得技术支撑服务的团队和企业数量	个	正向
	当年获得投融资的团队及企业数量	个	正向
	其他收入	千元	正向

---

[1] 赵杰. 企业监督激励耦合机制研究[M]. 北京:新华出版社,2002.
[2] 林仁惠. 空龄生态位开发与生产要素配置的优化耦合[M]. 北京:中国农业科技出版社,2001.

续表

赋能子系统	变量	单位	特征
市场	提供工位数	个	正向
	当年服务的创业团队数量	个	正向
	当年服务的初创企业数量	个	正向
	团队及企业当年获得投融资总额	千元	正向
	房租及物业收入	千元	正向
政策	享受财政资金支持额	千元	正向
	服务收入	千元	正向
	投资收入	千元	正向
	财政补贴	千元	正向
效益	创业团队和企业吸纳就业情况	人	正向
	常驻企业和团队拥有的有效知识产权数量	个	正向
	新注册企业数量	家	正向

二、研究方法

源于物理学的系统耦合理论已经被广泛地应用于社会学、经济学、管理学领域问题的研究。比如，史宝娟和郑祖婷[1]在分析京津冀生态产业链问题时，构建了由上下游企业、科技服务机构、当地监管部门为主体的六类共生耦合关系，其实质落脚在产业主体之间的利益（纽带）耦合；单子丹等[2]在研究虚拟产业集群时，将知识转移耦合体系划分为高技术知识网络的结构耦合、知识市场的角色耦合与转移主体的能力耦合。

本书借助于廖重斌[3]、汤铃等[4]及逯进和周惠民[5]的做法，给出以下多系统耦合的协调度（C）、发展度（T）和耦合度（D）的计算方法：

---

[1] 史宝娟，郑祖婷. 京津冀生态产业链共生耦合机制构建研究[J]. 现代财经（天津财经大学学报），2017，37（11）：3-13.

[2] 单子丹，高长元，李小雯. 高技术知识转移的耦合体系与网络变迁：基于虚拟产业集群的仿真分析[J]. 管理评论，2015，（9）：29-39.

[3] 廖重斌. 环境与经济协调发展的定量评判及其分类体系——以珠江三角洲城市群为例[J]. 热带地理，1999，（2）：76-82.

[4] 汤铃，李建平，余乐安，等. 基于距离协调度模型的系统协调发展定量评价方法[J]. 系统工程理论与实践，2010，（4）：594-602.

[5] 逯进，周惠民. 中国省域人力资本与经济增长耦合关系的实证分析[J]. 数量经济技术经济研究，2013，（9）：3-19.

$$C = \frac{1}{m(m-1)} \sum_{i \neq k} X_i X_k \Big/ \left(\sum_{i=1}^{m} X_i \Big/ m \right)^2 \quad (i=1,2,\cdots,4) \quad (2.1)$$

$$T = \sum_{i=1}^{m} \beta_i X_i \quad (i=1,2,\cdots,4) \quad (2.2)$$

$$D = \sqrt{C \times T} \quad (2.3)$$

其中，$i \in I = \{1,2,\cdots,4\}$ 为子系统下标；m 为子系统数目；X_i 为系统 i 的综合指数，表示为 $\sum_{j=1}^{n} \omega_{ij} x'_{ij}$，其中，$\omega_{ij}$ 为待定权重，x_{ij} 为系统 i 第 j 个指标变量值，这时 x'_{ij} 的取值由 $\frac{x_{ij} - \min x_{ij}}{\max x_{ij} - \min x_{ij}}$（$x_{ij}$ 为正向指标）和 $\frac{\max x_{ij} - x_{ij}}{\max x_{ij} - \min x_{ij}}$（$x_{ij}$ 为负向指标）给出；β_i 为系统 i 重要程度的权重；ω_{ij} 与 β_i 的确定方法参见唐晓华等[1]及张虎和韩爱华[2]的做法。当然，当式（2.1）～式（2.3）中的 m 取值为 2 时，该模型就是针对两个子系统的耦合理论模型。子系统的耦合级别可借助廖重斌[3]的做法予以判断，见表 2.6。

表 2.6 子系统耦合级别

失调衰退类		协调发展类	
耦合度	类型	耦合度	类型
[0, 0.10)	极度失调衰退类	[0.50, 0.60)	勉强协调发展类
[0.10, 0.20)	严重失调衰退类	[0.60, 0.70)	初级协调发展类
[0.20, 0.30)	中度失调衰退类	[0.70, 0.80)	中级协调发展类
[0.30, 0.40)	轻度失调衰退类	[0.80, 0.90)	良好协调发展类
[0.40, 0.50)	濒临失调衰退类	[0.90, 1.00]	优质协调发展类

三、众创空间生态系统的协调度、发展度和耦合度

表 2.7 给出了由众创空间生态系统服务赋能子系统、市场赋能子系统、政策赋能子系统和效益赋能子系统彼此之间 2016～2019 年的协调度（C）、发展度（T）和耦合度（D）。

---

[1] 唐晓华, 张欣珏, 李阳. 中国制造业与生产性服务业动态协调发展实证研究[J]. 经济研究, 2018, (3): 79-93.

[2] 张虎, 韩爱华. 制造业与生产性服务业耦合能否促进空间协调——基于 285 个城市数据的检验[J]. 统计研究, 2019, (1): 39-50.

[3] 廖重斌. 环境与经济协调发展的定量评判及其分类体系——以珠江三角洲城市群为例[J]. 热带地理, 1999, (2): 76-82.

表 2.7 赋能子系统耦合特征

省区市	协调度（C）				发展度（T）				耦合度（D）			
	2016年	2017年	2018年	2019年	2016年	2017年	2018年	2019年	2016年	2017年	2018年	2019年
北京	0.953	0.956	0.930	0.972	0.632	0.747	0.685	0.814	0.776	0.845	0.798	0.889
天津	0.815	0.931	0.905	0.941	0.423	0.139	0.116	0.122	0.587	0.360	0.324	0.338
河北	0.949	0.897	0.882	0.861	0.264	0.191	0.240	0.197	0.500	0.414	0.460	0.412
山西	0.988	0.890	0.880	0.935	0.184	0.133	0.179	0.184	0.427	0.345	0.397	0.415
内蒙古	0.987	0.870	0.932	0.952	0.128	0.155	0.123	0.078	0.355	0.367	0.339	0.272
辽宁	0.912	0.937	0.921	0.935	0.158	0.166	0.167	0.164	0.380	0.394	0.392	0.392
吉林	0.981	0.912	0.949	0.902	0.206	0.103	0.064	0.054	0.450	0.307	0.246	0.221
黑龙江	0.960	0.911	0.839	0.930	0.051	0.030	0.008	0.021	0.221	0.164	0.081	0.139
上海	0.938	0.932	0.986	0.994	0.225	0.266	0.224	0.211	0.460	0.498	0.470	0.458
江苏	0.984	0.970	0.978	0.969	0.479	0.436	0.515	0.450	0.687	0.650	0.710	0.660
浙江	0.967	0.949	0.961	0.966	0.404	0.389	0.588	0.414	0.625	0.608	0.752	0.632
安徽	0.959	0.934	0.965	0.923	0.118	0.119	0.197	0.130	0.336	0.333	0.436	0.346
福建	0.983	0.953	0.956	0.956	0.252	0.200	0.182	0.177	0.497	0.437	0.417	0.411
江西	0.966	0.932	0.908	0.902	0.294	0.243	0.178	0.220	0.533	0.476	0.402	0.445
山东	0.940	0.912	0.954	0.930	0.479	0.360	0.421	0.326	0.671	0.573	0.634	0.551
河南	0.954	0.909	0.932	0.923	0.181	0.183	0.217	0.178	0.415	0.408	0.449	0.405
湖北	0.969	0.929	0.988	0.969	0.129	0.179	0.325	0.232	0.354	0.408	0.566	0.474
湖南	0.953	0.939	0.938	0.949	0.093	0.146	0.180	0.141	0.298	0.370	0.411	0.366
广东	0.968	0.928	0.941	0.967	0.654	0.568	0.540	0.493	0.796	0.726	0.713	0.691
广西	0.952	0.896	0.850	0.899	0.014	0.036	0.039	0.055	0.115	0.181	0.181	0.223
海南	0.937	0.912	0.882	0.952	0.005	0.011	0.010	0.015	0.068	0.100	0.094	0.120
重庆	0.982	0.950	0.923	0.955	0.301	0.194	0.194	0.137	0.543	0.430	0.424	0.362
四川	0.922	0.948	0.936	0.939	0.178	0.129	0.148	0.117	0.406	0.350	0.372	0.331
贵州	0.976	0.917	0.967	0.896	0.050	0.058	0.047	0.043	0.221	0.231	0.213	0.196
云南	0.937	0.871	0.913	0.911	0.066	0.087	0.105	0.074	0.248	0.276	0.309	0.259
陕西	0.940	0.921	0.958	0.970	0.205	0.177	0.219	0.237	0.438	0.404	0.459	0.479
甘肃	0.975	0.882	0.903	0.911	0.287	0.139	0.132	0.115	0.529	0.351	0.346	0.323
青海	0.767	0.646	0.867	0.827	0.001	0.000	0.020	0.018	0.023	0.007	0.132	0.122
宁夏	0.840	0.817	0.870	0.000	0.010	0.006	0.009	0.000	0.091	0.070	0.090	0.000
新疆	0.933	0.898	0.906	0.953	0.033	0.038	0.025	0.028	0.176	0.184	0.149	0.164

我们知道系统协调度（C）反映的是综合系统内部子系统之间运行的协调程度，系统发展度（T）反映的是综合系统发展（运行）从初级到高级不断提升的水平，系统耦合度（D）则是综合反映系统协调与发展的总体状况。

地方众创空间生态系统的协调度高。从表2.7可以看出，我国30个省区市众创空间生态系统2016~2019年的运行，维持着较高的协调度（每个地区的创客空间生态系统运行的协调度主体上都大于0.85）是其典型的特征，协调度小于0.85发生在青海和宁夏的2016年、2017年和2019年，黑龙江的2018年及天津的2016年，其他地方不同时期的众创空间生态系统的四个子系统协调度都大于（甚至远远大于）0.85，除了天津、河北、山西、内蒙古、黑龙江、广西、海南、贵州、云南、甘肃、青海、宁夏、新疆等地区以外，其他地方系统协调度连续四年都大于0.90。

地方众创空间生态系统的发展度较低。2016~2019年众创空间生态系统的发展度相对较低，除了江苏、浙江、山东、广东和北京等五个省和直辖市外，其余地区的众创空间生态系统的发展度主体上都呈现出小于0.30的态势。综合我国地方众创空间生态系统的协调度和发展度来看，除了上述五个地区以外，其他省区市的众创空间生态系统都是在低发展水平上的协调。

地方众创空间生态系统的耦合度普遍较低。地方众创空间生态系统普遍发展度较低，自然协调度较高，也没有保证其内部子系统运行较高的耦合程度。2016~2019年，连续四年保持着系统内部较高耦合度的有：①北京分别处于中级协调发展、良好协调发展、中级协调发展、良好协调发展的状态；②江苏和浙江分别处于初级协调发展、初级协调发展、中级协调发展、初级协调发展的状态；③山东分别处于初级协调发展、勉强协调发展、初级协调发展、勉强协调发展的状态；④广东分别处于中级协调发展、中级协调发展、中级协调发展、初级协调发展的状态。除了上述五个地区以外，其他地区众创空间生态系统的内在耦合程度大都处于勉强协调发展及以下水平，黑龙江、广西、海南、贵州、青海、新疆、宁夏七个地区众创空间生态系统，连续四年都处于中度失调衰退、严重失调衰退甚至极度失调衰退的状态。

为了验证上述耦合分析的准确性，结合众创空间的基本运营、服务、收入、创业团队和企业情况等统计数据系统构成进行类似分析（表2.8），可以发现，统计口径下系统耦合分析结果与因子分析结合实际情况探究构建的赋能子系统的耦合分析结果的整体特征相近。这也进一步佐证了我国众创空间生态系统存在着低发展水平上的协调，系统内部的耦合程度不高。其中的原因值得进一步深究。

表 2.8　统计口径下的众创空间生态系统耦合统计特征

省区市	协调度（C）				发展度（T）				耦合度（D）			
	2016年	2017年	2018年	2019年	2016年	2017年	2018年	2019年	2016年	2017年	2018年	2019年
北京	0.977	0.992	0.979	0.995	0.625	0.795	0.721	0.893	0.781	0.888	0.840	0.942
天津	0.923	0.948	0.952	0.958	0.406	0.153	0.121	0.135	0.612	0.381	0.339	0.359
河北	0.964	0.946	0.960	0.930	0.261	0.204	0.250	0.211	0.502	0.439	0.490	0.443
山西	0.996	0.995	0.969	0.976	0.181	0.143	0.187	0.205	0.424	0.377	0.425	0.447
内蒙古	0.970	0.915	0.964	0.928	0.126	0.165	0.131	0.088	0.349	0.388	0.355	0.286
辽宁	0.917	0.988	0.945	0.970	0.157	0.180	0.174	0.179	0.379	0.421	0.406	0.417
吉林	0.967	0.935	0.986	0.962	0.202	0.124	0.070	0.063	0.442	0.341	0.262	0.246
黑龙江	0.921	0.975	0.855	0.952	0.050	0.031	0.008	0.023	0.215	0.175	0.084	0.148
上海	0.938	0.949	0.987	0.954	0.224	0.281	0.241	0.243	0.458	0.516	0.488	0.482
江苏	0.977	0.982	0.990	0.966	0.470	0.486	0.571	0.535	0.678	0.691	0.752	0.719
浙江	0.969	0.987	0.995	0.968	0.398	0.432	0.640	0.480	0.621	0.653	0.798	0.682
安徽	0.960	0.964	0.991	0.969	0.116	0.130	0.227	0.144	0.334	0.354	0.474	0.374
福建	0.984	0.968	0.992	0.978	0.248	0.221	0.196	0.204	0.494	0.463	0.441	0.446
江西	0.985	0.943	0.958	0.992	0.287	0.295	0.189	0.241	0.532	0.527	0.425	0.489
山东	0.965	0.982	0.989	0.968	0.474	0.390	0.452	0.372	0.676	0.619	0.669	0.600
河南	0.936	0.973	0.979	0.979	0.178	0.197	0.229	0.196	0.408	0.438	0.473	0.438
湖北	0.867	0.957	0.997	0.982	0.126	0.192	0.361	0.266	0.331	0.429	0.600	0.511
湖南	0.973	0.931	0.971	0.964	0.092	0.163	0.192	0.160	0.300	0.389	0.432	0.393
广东	0.979	0.975	0.983	0.993	0.647	0.609	0.569	0.548	0.796	0.770	0.748	0.738
广西	0.938	0.913	0.942	0.949	0.014	0.039	0.041	0.064	0.114	0.190	0.196	0.247
海南	0.906	0.859	0.922	0.943	0.005	0.014	0.011	0.017	0.067	0.108	0.100	0.126
重庆	0.979	0.971	0.940	0.968	0.295	0.215	0.207	0.153	0.538	0.457	0.441	0.385
四川	0.935	0.968	0.983	0.965	0.177	0.139	0.157	0.131	0.407	0.367	0.393	0.356
贵州	0.917	0.948	0.995	0.980	0.049	0.066	0.051	0.047	0.212	0.249	0.225	0.215
云南	0.927	0.947	0.938	0.967	0.065	0.093	0.111	0.081	0.245	0.297	0.323	0.281
陕西	0.953	0.960	0.981	0.984	0.202	0.196	0.235	0.285	0.439	0.434	0.480	0.530
甘肃	0.997	0.978	0.996	0.983	0.281	0.154	0.143	0.134	0.530	0.387	0.377	0.362
青海	0.674	0.565	0.705	0.959	0.001	0.000	0.024	0.019	0.021	0.008	0.131	0.135
宁夏	0.896	0.967	0.951	0.000	0.010	0.006	0.010	0.000	0.094	0.078	0.098	0.000
新疆	0.948	0.983	0.951	0.969	0.033	0.041	0.026	0.031	0.176	0.200	0.156	0.174

注：本表是基于我国众创空间的基本运营、服务、收入、创业团队和企业情况进行的耦合分析结果

四、子系统之间耦合对众创空间生态系统耦合的贡献

上述分析表明,我国众创空间虽然经过了五年多的政府倡导、政策激励,但是其系统总体发展水平依然较低,在这种情况下,探究子系统两两之间的耦合态势,对于揭示众创空间生态系统耦合度提升是一个较有效的突破口。

表 2.9 给出了 2016~2019 年连续四年不同地区众创空间生态系统的耦合度与同期系统内部服务、市场、政策、效益赋能子系统之间的耦合状况。其中,耦合度表示的是子系统之间的关联程度。对比市场—服务、政策—服务、效益—服务、市场—政策、市场—效益、政策—效益六种两两子系统之间的耦合度和众创空间生态系统总体运行的耦合度接近程度,有助于发现子系统之间有待强化的因素。

(一)与众创空间生态系统内在耦合度相比,子系统之间的耦合度呈现较为稳定的特征

计算 2016~2019 年这四年间每年的市场—服务、政策—服务、效益—服务、市场—政策、市场—效益、政策—效益等六种子系统之间的耦合度与众创空间生态系统耦合度均值的差,可以发现:连续四年,只有效益赋能与服务赋能两子系统的耦合度在平均值上高于众创空间生态系统的耦合度,其他五种子系统的耦合度在平均值上都小于整体系统的耦合度。也就是说,在众创空间生态系统中,两两子系统之间的耦合状态只有效益赋能与服务赋能两子系统的关联度高于母系统序参量之间的关联度;其他子系统之间的关联度都不及母系统序参量之间的关联度,并且每年与母系统耦合度的差距由大到小的次序比较一致,分别是市场—政策、政策—效益、市场—效益和政策—服务(市场—服务),其中,在 2016 年和 2018 年,市场—服务与政策—服务的耦合度与母系统耦合度差距相比,市场—服务的耦合度与母系统耦合度差距较小、政策—服务的耦合度与母系统耦合度差距较大;2017 年和 2019 年恰好相反。

由此,可得出结论:我国众创空间生态系统运行机制较为稳定,其中,效益—服务子系统序参量的关联度强于母系统序参量的关联度,其他子系统序参量的关联度较低,尤其是市场—政策、政策—效益、市场—效益等子系统。

鉴于我国众创空间运行效益与服务保持着较强的关联度,在提升我国众创空间生态系统耦合水平方面,应将重点由强化政府规制转向政策的市场融入,以加强政府与市场在推动众创空间发展上的协调与互助功能,并弱化政策对众创空间运行效益的人为影响;同时注重众创空间需求市场的开拓,提高市场需求与众创空间效益的关联度。

表 2.9 众创空间生态系统市场赋能、政策赋能及效益赋能与服务赋能系统的耦合度比较

省区市	2016 年						2017 年					
	生态系统	市场—服务	政策—服务	效益—服务	市场—政策	市场—效益	政策—效益	生态系统	市场—服务	政策—服务	效益—服务	市场—政策	市场—效益	政策—效益
北京	0.776	0.809	0.642	0.742	0.721	0.963	0.645	0.845	0.887	0.676	0.839	0.763	0.993	0.691
天津	0.587	0.428	0.664	0.523	0.492	0.395	0.700	0.360	0.339	0.386	0.435	0.299	0.306	0.337
河北	0.500	0.535	0.438	0.627	0.406	0.505	0.392	0.414	0.410	0.396	0.521	0.331	0.368	0.345
山西	0.427	0.404	0.450	0.469	0.394	0.383	0.443	0.345	0.334	0.340	0.434	0.275	0.299	0.293
内蒙古	0.355	0.357	0.351	0.393	0.331	0.352	0.343	0.367	0.323	0.339	0.503	0.275	0.307	0.329
辽宁	0.380	0.410	0.312	0.466	0.303	0.417	0.282	0.394	0.370	0.396	0.500	0.319	0.343	0.363
吉林	0.450	0.435	0.494	0.450	0.435	0.389	0.449	0.307	0.263	0.399	0.300	0.257	0.225	0.293
黑龙江	0.221	0.207	0.225	0.248	0.202	0.204	0.232	0.164	0.156	0.150	0.218	0.126	0.145	0.137
上海	0.460	0.533	0.342	0.488	0.359	0.564	0.308	0.498	0.580	0.408	0.472	0.446	0.521	0.361
江苏	0.687	0.647	0.720	0.764	0.629	0.617	0.715	0.650	0.626	0.693	0.756	0.570	0.582	0.633
浙江	0.625	0.613	0.621	0.728	0.560	0.594	0.606	0.608	0.596	0.661	0.689	0.534	0.534	0.567
安徽	0.336	0.316	0.346	0.413	0.285	0.288	0.324	0.333	0.319	0.348	0.407	0.277	0.290	0.307
福建	0.497	0.519	0.484	0.567	0.449	0.490	0.450	0.437	0.441	0.466	0.485	0.391	0.393	0.398
江西	0.533	0.444	0.588	0.576	0.461	0.414	0.618	0.476	0.384	0.605	0.510	0.378	0.345	0.512
山东	0.671	0.667	0.639	0.862	0.546	0.602	0.573	0.573	0.538	0.590	0.719	0.461	0.486	0.517

续表

省区市	2016年							2017年						
	生态系统	市场—服务	政策—服务	效益—服务	市场—政策	市场—效益	政策—效益	生态系统	市场—服务	政策—服务	效益—服务	市场—政策	市场—效益	政策—效益
河南	0.415	0.402	0.412	0.501	0.361	0.382	0.396	0.408	0.382	0.407	0.525	0.322	0.347	0.361
湖北	0.354	0.304	0.370	0.342	0.340	0.306	0.418	0.408	0.396	0.375	0.517	0.333	0.386	0.363
湖南	0.298	0.295	0.290	0.372	0.251	0.274	0.268	0.370	0.331	0.415	0.447	0.302	0.300	0.366
广东	0.796	0.846	0.732	0.951	0.683	0.806	0.670	0.726	0.764	0.694	0.851	0.615	0.683	0.601
广西	0.115	0.129	0.094	0.140	0.091	0.127	0.083	0.181	0.176	0.187	0.217	0.149	0.156	0.158
海南	0.068	0.074	0.064	0.081	0.057	0.064	0.056	0.100	0.070	0.130	0.110	0.069	0.063	0.115
重庆	0.543	0.527	0.553	0.610	0.499	0.511	0.547	0.430	0.398	0.462	0.522	0.359	0.366	0.418
四川	0.406	0.425	0.355	0.503	0.335	0.421	0.326	0.350	0.361	0.336	0.417	0.298	0.332	0.301
贵州	0.221	0.195	0.242	0.246	0.195	0.180	0.241	0.231	0.196	0.273	0.278	0.181	0.175	0.232
云南	0.248	0.243	0.236	0.320	0.202	0.222	0.214	0.276	0.256	0.274	0.357	0.213	0.229	0.236
陕西	0.438	0.440	0.424	0.552	0.361	0.392	0.377	0.404	0.367	0.454	0.483	0.330	0.328	0.387
甘肃	0.529	0.507	0.579	0.573	0.484	0.451	0.525	0.351	0.330	0.398	0.401	0.292	0.285	0.318
青海	0.023	0.009	0.027	0.027	0.009	0.007	0.031	0.007	0.000	0.012	0.000	0.000	—	0.000
宁夏	0.091	0.098	0.083	0.111	0.071	0.080	0.069	0.070	0.070	0.062	0.090	0.053	0.061	0.053
新疆	0.176	0.177	0.163	0.222	0.146	0.168	0.150	0.184	0.164	0.190	0.240	0.142	0.148	0.167

续表

省区市	2018年							2019年						
	生态系统	市场—服务	政策—服务	效益—服务	市场—政策	市场—效益	政策—效益	生态系统	市场—服务	政策—服务	效益—服务	市场—政策	市场—效益	政策—效益
北京	0.798	0.797	0.607	0.731	0.726	1.000	0.647	0.889	0.932	0.755	0.903	0.823	0.997	0.755
天津	0.324	0.331	0.271	0.427	0.242	0.303	0.239	0.338	0.334	0.335	0.416	0.281	0.306	0.297
河北	0.460	0.466	0.402	0.598	0.348	0.415	0.347	0.412	0.408	0.378	0.527	0.315	0.360	0.318
山西	0.397	0.393	0.350	0.524	0.297	0.350	0.303	0.415	0.396	0.426	0.515	0.340	0.360	0.376
内蒙古	0.339	0.342	0.327	0.415	0.279	0.309	0.287	0.272	0.259	0.291	0.325	0.230	0.236	0.257
辽宁	0.392	0.406	0.319	0.503	0.300	0.393	0.293	0.392	0.384	0.366	0.500	0.316	0.360	0.335
吉林	0.246	0.242	0.264	0.282	0.215	0.216	0.228	0.221	0.204	0.260	0.252	0.182	0.177	0.205
黑龙江	0.081	0.083	0.065	0.099	0.064	0.087	0.063	0.139	0.131	0.135	0.181	0.111	0.122	0.125
上海	0.470	0.504	0.429	0.487	0.444	0.502	0.409	0.458	0.474	0.437	0.442	0.465	0.473	0.425
江苏	0.710	0.664	0.769	0.817	0.623	0.620	0.725	0.660	0.598	0.753	0.768	0.559	0.549	0.688
浙江	0.752	0.711	0.787	0.910	0.637	0.657	0.726	0.632	0.599	0.697	0.733	0.548	0.548	0.622
安徽	0.436	0.364	0.510	0.489	0.359	0.336	0.493	0.346	0.324	0.357	0.437	0.278	0.293	0.313
福建	0.417	0.409	0.426	0.499	0.356	0.375	0.383	0.411	0.393	0.453	0.478	0.354	0.355	0.394
江西	0.402	0.414	0.388	0.487	0.330	0.364	0.330	0.445	0.438	0.447	0.547	0.362	0.389	0.377
山东	0.634	0.629	0.631	0.770	0.536	0.579	0.570	0.551	0.506	0.611	0.667	0.450	0.453	0.523
河南	0.449	0.449	0.416	0.572	0.360	0.413	0.373	0.405	0.396	0.404	0.503	0.331	0.358	0.350

续表

省区市	2018年							2019年						
	生态系统	市场—服务	政策—服务	效益—服务	市场—政策	市场—效益	政策—效益	生态系统	市场—服务	政策—服务	效益—服务	市场—政策	市场—效益	政策—效益
湖北	0.566	0.538	0.595	0.626	0.520	0.523	0.594	0.474	0.447	0.495	0.567	0.408	0.423	0.474
湖南	0.411	0.405	0.397	0.517	0.336	0.372	0.357	0.366	0.339	0.388	0.454	0.301	0.312	0.352
广东	0.713	0.748	0.644	0.870	0.583	0.688	0.572	0.691	0.707	0.673	0.803	0.604	0.663	0.609
广西	0.181	0.194	0.172	0.210	0.148	0.162	0.139	0.223	0.200	0.269	0.253	0.181	0.173	0.210
海南	0.094	0.073	0.100	0.126	0.068	0.066	0.100	0.120	0.115	0.120	0.149	0.100	0.108	0.111
重庆	0.424	0.413	0.422	0.529	0.345	0.371	0.370	0.362	0.348	0.366	0.444	0.303	0.324	0.336
四川	0.372	0.360	0.360	0.475	0.300	0.331	0.327	0.331	0.316	0.345	0.408	0.274	0.287	0.304
贵州	0.213	0.208	0.219	0.255	0.184	0.194	0.202	0.196	0.182	0.206	0.245	0.155	0.161	0.174
云南	0.309	0.308	0.300	0.386	0.250	0.274	0.260	0.259	0.256	0.265	0.313	0.214	0.227	0.223
陕西	0.459	0.459	0.450	0.554	0.390	0.427	0.410	0.479	0.434	0.555	0.545	0.410	0.397	0.502
甘肃	0.346	0.322	0.372	0.423	0.279	0.282	0.315	0.323	0.284	0.385	0.380	0.257	0.249	0.313
青海	0.132	0.085	0.180	0.138	0.083	0.073	0.142	0.122	0.125	0.108	0.153	0.092	0.108	0.089
宁夏	0.090	0.092	0.104	0.088	0.080	0.072	0.074	0.000	—	0.000	—	0.000	—	0.000
新疆	0.149	0.149	0.124	0.197	0.113	0.143	0.115	0.164	0.163	0.157	0.201	0.137	0.154	0.144

（二）地区之间子系统之间的耦合呈现异质性

为说明这一问题，选择母系统耦合水平较高的北京、江苏、浙江、山东和广东为例加以阐述。如果说子系统之间的耦合有助于提高母系统的耦合水平的话，那么上述五个地区又可以分为两类：在2016～2019年，北京市场—效益赋能子系统耦合主导了母系统的耦合水平，同期的政策—服务赋能子系统、政策—效益赋能子系统则是阻碍母系统耦合水平提升的主要因素；和北京不同，江苏、浙江、山东和广东的效益—服务赋能子系统主导地方众创空间生态系统的耦合水平，而阻碍上述地方众创空间生态系统耦合水平提升的除了市场—政策赋能子系统耦合状况以外，还有一个主要阻碍母系统耦合的因素，此因素因地而异，江苏、浙江、山东是在市场—效益赋能子系统、政策—效益赋能子系统之间波动，而广东的第二个主要阻碍母系统耦合的因素是政策—效益赋能子系统。

综上，北京地区的众创空间发展已经脱离了强化众创空间生态系统平台服务功能的环节，市场拓展及效益的高度关联主导了众创空间生态系统整体的运行质量，这是我国目前和今后一段时间在众创空间生态系统培育和发展方面的主攻方向。当然，一段时间以来我国大部分地区众创空间的耦合度在一定程度上还是依赖于系统运行效益的支撑，这是我国众创空间生态系统在初步完善过程中所呈现出的主要形态。值得注意的是，在这一过程中依然有靠政策扶持来打造众创空间生态系统服务基础的地区，比如，2016年的吉林、甘肃，2017年的海南、江西、吉林，2018年的安徽、青海、宁夏，2019年的吉林、广西、陕西、甘肃等。因此，在强化地区众创空间生态系统推动地方经济、社会发展方面，应结合地区众创空间生态系统所处的发展阶段，合理掌握其运行特点，以便有针对性地做出合理安排。

基于我国众创空间四类统计指标的范式，遵循统计指标前后的一致性、可比性，参照统计指标变量的分类方式，设计因子分析法中提取因子的标准，研究表明，我国30个省区市的众创空间发展水平呈现出明显异质性分布特征：东部、西部大部分地区众创空间发展分别处于高、低位水平，并且相对稳定；中部地区众创空间发展水平呈现出较为稳定的上行趋势，这种趋势与我国东部的福建、天津，西部的甘肃，东北的吉林、黑龙江众创空间发展水平较为稳定的下行态势并行；这种地区众创空间发展水平所呈现出的"东高西低、中部突起、局地放缓"态势主要源于众创空间发展的服务赋能因子、市场赋能因子、政策赋能因子及效益赋能因子功能的发挥；实现四类赋能因子的协同运作是实现地区众创空间发展水平提升的保证，2016～2019年，服务赋能因子、市场赋能因子是推动地区众创空间水平提升的主导因素。

借助耦合理论对我国众创空间生态系统及其内在四类赋能因子系统间的耦合关系进行研究发现，我国众创空间生态系统总体耦合度不及两两赋能因子系统间的耦合度稳定和有效；在四类赋能因子两两耦合中，服务赋能和效益赋能的耦合正向作用于众创空间生态系统耦合的程度最强，而包含政策赋能因子在内的两个子系统之间的耦合度往往滞后于众创空间生态系统的耦合度。

综上，从单一赋能因子来看，服务赋能因子、市场赋能因子是推动地区众创空间水平提升的主导因素；从两两因子耦合度与众创空间生态系统耦合度的关系来看，效益赋能因子和服务赋能因子耦合度与众创空间生态系统耦合度关系同步性更高。因此，推动我国地方众创空间生态系统的合理、可持续性发展，不能仅强调单一影响因素，而要从系统视角合理分析、科学决断；在当前服务赋能、市场赋能单一促进众创空间生态系统作用能力较强的条件下，同时还要强化效益赋能和服务赋能的耦合功效；在正确理顺推动地方众创空间发展机理的过程中，要合理发挥政策赋能因子功效向市场赋能因子功效的转化，以规避政策赋能因子与其他赋能因子在推动地方众创空间生态系统发展方面功效的不协同。

鉴于此，从战略和战术层面提出如下提升地区众创空间发展水平的对策和建议。第一，关于地区众创空间发展水平提升的战略层面措施。众创空间高效运行建立在创业团队和初创企业对众创空间需求的基础上，创业团队、初创企业的健康运行是我国地方社会、地方经济可持续发展的根本体现。因此，鉴于我国地区众创空间发展水平所呈现出的"东高西低、中部突起、局地放缓"的不平衡异质性特征，地方政府应合理运用财政、税收等手段，加强本地区众创空间自身实力的培养，并出台相应（服务）产业政策，推动地方创新创业客体成长、壮大，培育众创空间发展必备的市场需求主体，从而健全地区众创空间发展的市场体系。第二，关于地区众创空间发展水平提升的战术层面措施。在我国众创空间发展比较迅猛的条件下，强化众创空间自身赋能潜力、完善众创空间市场运营机制是当务之急。从众创空间发展内在实力提升角度来看，优化众创空间服务人员结构，加强服务人员梯队培育和建设，同时，借助各种科研机构、企业创新平台、猎头公司等各类渠道吸引、培育，以建设行业缺口的众创空间导师人才队伍；同时，完善常态化众创空间的创新创业活动、创业教育培训等运行机制，提升地区众创空间孵化的团队或企业在获取技术支撑、融资便利等方面所应拥有的优势地位。

第三章 众创空间生态系统自组织机制研究

众创空间生态系统运行及发展水平受其内在的服务赋能、市场赋能、政策赋能及效益赋能等因子（系统）的影响，并且单一子系统、子系统和子系统之间的耦合对其作用呈现出不同的形态。本章从众创空间生态系统赋能子系统主体的视角，构建包含政府（政策的市场机制转换）、创客空间（众创空间生态系统的平台）和创客三个主体的众创空间生态系统，在充分分析和界定众创空间生态系统的基础上，采用结构方程的分析手段对众创空间运行的自组织作用机制进行研究。

第一节 众创空间生态系统的进一步解读

一、众创空间生态系统运行生态模式的相关研究

对创业生态系统及其运行机制的理解建立在对自然生态系统认识的基础之上。自然生态系统由生物和非生物两大部分构成，生物是指生物界的生产者、消费者及分解者，非生物是指与生物相关的无机环境，这两部分内部及彼此之间通过物质、能量、信息的循环、流动和传递形成了生物与生物之间、生物与非生物之间、非生物与非生物之间彼此依赖同时又相克相生的动态体系，这就是所谓的自然生态系统。

基于对自然生态系统的认知，Valdez[1]首次提出创业生态系统的概念，认为创业生态系统由创业者及创业环境两个动态要素构成（表3.1）；Spilling[2]则强调创业生态系统的地域性，他认为创业生态系统是由一个地理区域内的所有经济行为者和环境因素（商业结构、社会文化结构、经济循环）组成的，并且强调创业生态系统产生的外在诱发机制的重要性；随后，学者开始从生态系统的视角对创业活动展开研究。其中，以MIT创业生态系统的研究和执行较为典型。Dunn[3]提出MIT

---

[1] Valdez J. The entrepreneurial ecosystem: toward a theory of new business formation[C]. SBI.Small Business Institute Directors' Association. Clinton: SBI, 1988: 102-113.

[2] Spilling O R.The entrepreneurial system: on entrepreneurship in the context of a mega-event[J]. Journal of Business Research, 1996, 36（1）: 91-103.

[3] Dunn K. The entrepreneurship ecosystem[J]. MIT Technology Review, 2005, （9）: 23-35.

创业生态系统项目中存在着创业者角色定位不准确等问题,因此,他认为创业生态系统有待进一步完善;Cohen[①]开始重视创业生态系统发展的可持续性,强调系统内在运行主体[非正式网络(informal networks)、正式网络(formal networks)、大学、政府、专业支持服务、资本服务、人力资本等]彼此之间的依存性,从打造特定区域产业生态的视角提出区域闭环式的可持续创业生态系统;Isenberg[②][③]在2010年和2011年从政府角度对创业企业生态系统的要素构成进行研究,将创业生态系统视为创业企业的外部环境,并强调创业生态系统的运行效果取决于其聚集的市场(早期消费者、关系网)、政策(领导、政府)、资金、人才(劳动力、教育机构)、文化(成功故事、社会道义)、专业支持(基础设施、支持行业、非政府机构)等六大要素。

表3.1 创业生态系统及运行机制

名称	界定	运行机制
创业生态系统	由想要成为创业者的人及创业环境两个动态要素构成	创业活动随着都市建筑许可的增加、失业率的上升、公司破产的减少、银行存款的增加及税收的增加而增加
	创业生态系统由一个地理区域内的所有经济行为者和环境因素(商业结构、社会文化结构、经济循环)组成	创业生态系统的品质和能力是由具有创新创业经验和潜力行动者的规模、感知和开发新业务机会的能力所决定
可持续性创业生态系统	由当地社区中致力于支持和促进可持续发展的相互联系的行动者团体(非正式网络、正式网络、大学、政府、专业支持服务、资本服务、人力资本)形成的闭环系统	创业社区内正式和非正式网络、有形基础设施和文化构成有助于建立可持续的创业生态系统
创业生态系统	创业生态系统是由领导力、文化、资本市场和开放的客户等单一要素以复杂方式结合并由政府推动的体系	停止模仿、根据当地条件形成生态系统、一开始就让私营部门参与、倾向于高潜力的企业、获胜、文化变革、探寻压力根源、不倡导集群战略、变革法治(官僚、规制)架构
创业生态系统	由新创企业及其赖以生存和发展的创业生态环境所构成的,彼此依存、相互影响、共同发展的动态平衡系统	资源汇聚机制、价值交换机制、平衡调节机制
众创空间生态系统	众创空间是众多创业活动在特定地理空间集聚所形成的复杂创业生态系统,促进"双创"的新兴载体;由众创精神、创客生态圈、资源生态圈以及基础平台与众创政策等四个维度构成	生态系统代谢、多层次创业网络嵌套、异构创业资源整合、创业能力建构及用户价值创造

---

① Cohen B. Sustainable valley entrepreneurial ecosystems[J]. Business Strategy and the Environment, 2006, 15(1): 1-14.

② Isenberg D J. How to start an entrepreneurial revolution[J]. Harvard Business Review, 2010, (6): 88.

③ Isenberg D J. Introducing the entrepreneurship ecosystem: four defining characteristics[J]. Forbes, 2011, (5): 25-31.

续表

名称	界定	运行机制
众创空间生态系统	众创空间生态系统是指在某个地理区域内，以创客为中心，众多围绕创新创业紧密联系的组织及相关环境支撑要素在特定地理空间上的集聚，由创客生态圈、资源生态圈和创客文化三个维度构成	生态系统代谢机制、成果共享—容错试错动力机制、资源汇聚与整合机制、创客—资源协同共生网络机制

综上，对创业生态系统研究的逻辑脉络遵循：对创业生态系统的认知、区域创业生态系统、创业生态系统发展的可持续性、创业生态系统运行效果的决定性因素。从创业生态系统主体构成来看，创新主体（创客）、平台主体（如 MIT）及引导主体是创业生态系统的基本构成要素。

（1）创新主体是创业生态系统的核心，包括富有创意的个体或群体，其拥有的符合市场潜在需求的创意是其能够享有创新平台并将创意转化为现实的必要条件；同时，这类主体缺乏推动创意由不清晰向清晰转变、清晰创意向现实的转变以及创意变现后的市场实现等实体场所、资源、服务等的必备条件。

（2）平台主体是培育创业孵化、推动创意变现的复合型功能机构。创意主体（创客）与平台主体（创新平台）的基础设施、资源、信息、功能等互补，共同促进创意变现；平台主体（创新平台）存续源于其相对于创客（或创客团队）具有市场性融通资源、即时性政策传导、综合性协调辅助机构的能力，从而弥补了创新主体所欠缺的创意变现先天条件的不足，也就是说，通过两个主体之间创意与基础设施、资源、信息、服务等之间的互补，实现无缝对接，从而促成创意的变现。因此，创客（或创客团队）自身所拥有变现创意的条件决定了平台主体所应存续的状态和功能，其运行的状态表现为：专业服务型、培训辅导型、媒体延伸型、投资驱动型、联合办公（地产思维）型、综合生态型[1][2]。

（3）引导主体因客观条件不同会呈现出不同形态。每个创业生态系统都在众多要素错综复杂又各具特征的方式下运行，都有其独特性。比如，20 世纪 70 年代以色列的创业生态系统是在资源、军需短缺及产品缺乏市场的条件下发展的，20 世纪 80 年代冰岛的创业生态系统是在免费教育、母语为英语、外国跨国公司及依赖欧洲市场的背景下发展的，在人们关注和社会接受的背景下，创业生态系统开始形成，此时，政府意识到一些积极的事情正在发生，听取有影响力的企业家的意见，并发起改革。

所以，创业生态系统源于市场机制无形之手引导下的企业趋利行为，并伴随

---

[1] 贾天明，雷良海. 众创空间的内涵、类型及盈利模式研究[J]. 当代经济管理，2017，（6）：13-18.
[2] 郝君超，张瑜. 国内外众创空间现状及模式分析[J]. 科技管理研究，2016，（18）：21-24.

着政府的援助之手。不同于以上国家的创业生态系统，中国目前创业生态系统的发展在很大程度上受到当地政府政策的引导，也就是说，在不同地区的创业生态系统的发展中，政府的角色是不同的，但中国创业生态系统发展的政府角色是不能被忽视的。

二、"政府—创客空间—创客"的运行生态模式

（一）相关研究

国内学者对于创业生态系统多称之为众创空间生态系统，林嵩[1]、Vogel[2]、Mason 和 Brown[3]则强调创业生态系统是由创业主体和所处的外部环境共同构成的统一整体，这种较早的众创空间生态系统界定，聚焦于创业主体，在缩小了众创空间主体范围的条件下，无形中放宽了外部环境的范围，显然这种界定会放大外部环境对众创空间主体的影响作用。崔祥民和田剑[4]认为众创空间生态系统是由创客空间、创客、政府三个子系统复合而成的生态系统，并强调创客空间、创客、政府三者之间的协同度直接影响了众创空间的发展的可持续性；在此基础上，提出创客资源集聚、金融机构集聚、网络构建、融资等基础性资源是影响众创空间核心竞争力重要因素[5]，并可以通过大企业带动小企业模式、产业链模式、开放互动模式、发掘培育模式、融资对接模式、联合办公空间模式、高端系统孵化模式等运行[6]。

鉴于众创空间生态系统的多样性、网络性、共生性、竞争性、自我维持性及区域性等特征[7]，众多学者从众创空间生态系统运行机制角度对其进行研究。比如，陈夙等[8]认为众创空间由众创精神、创客生态圈、资源生态圈以及基础平台

---

[1] 林嵩. 创业生态系统：概念发展与运行机制[J]. 中央财经大学学报，2011，（4）：58-62.

[2] Vogel P. The employment outlook for youth: building entrepreneurship ecosystems as a way forward[R]. Saint Petersburg: the G20 Youth Forum, 2013.

[3] Mason C, Brown R. Entrepreneurial ecosystems and growth-oriented entrepreneurship[M]. Paris: Final Report to OECD, 2014.

[4] 崔祥民，田剑. 众创空间利益相关者协同度研究[J]. 科技进步与对策，2018，（5）：134-139.

[5] 崔祥民. 基于改进型灰色关联度模型的众创空间核心竞争力评价[J]. 统计与决策，2019，（7）：177-180.

[6] 刘海明. 实施双创战略促进区域科技进步：以温州众创空间的发展为例[J]. 科技管理研究，2019，（8）：55-60.

[7] 蔡莉，彭秀青，Nambisan S，等. 创业生态系统研究回顾与展望[J]. 吉林大学（社会科学学报），2016，（1）：5-16，187.

[8] 陈夙，项丽瑶，俞荣建. 众创空间创业生态系统：特征、结构、机制与策略——以杭州梦想小镇为例[J]. 商业经济与管理，2015，（11）：35-43.

与众创政策等四个维度构成；而贾天明等①则认为众创空间由创客生态圈、资源生态圈和创客文化三个维度构成；雷良海和贾天明②把众创空间内的创新创业所需要的因素概括为人才、资本、服务和文化四个要素；马虎兆和陈金梅③强调众创空间以其资源禀赋与网络能力为基础，在特定的制度环境下，通过信息、信任、承诺等网络嵌入，实现利用式创新或探索式创新；裴蕾和王金杰④强调众创空间在区域创新生态系统中的创新功能的发挥依赖于众创空间的自组织演化、开放式协同和跨层级交互；郑秀梅和游玎怡⑤强调，一个高效运行的孵化器或众创空间应该完善其入驻筛选机制、利益分配机制、退出机制、盈利机制、主体（政府、孵化器与被孵企业）之间的协同机制。

（二）"政府—创客空间—创客"生态链主体关系

创客空间与创客对众创空间生态系统构成要素的影响、管控及协调程度决定了创客空间生态圈与创客生态圈彼此的特征与各自的运行状态。社会网络在支持和推动地方性创新创业方面发挥着重要作用⑥⑦；社会网络又可以分为非正式网络和正式网络⑧，非正式网络一般由朋友、家庭、同事、同类型企业等成分构成，这些非正式网络往往是创新创业主体业务发展所需要的重要建议、指导和道义支撑的来源⑨；正式网络包括研究型大学、地方政府部门、专业和支持性服务机构（如律师、会计师、顾问、供应商等）、投资机构（如风险资本家、天使投资者和银行）、人才库、大型公司等，充分发挥研究型大学、专业和支持性服务机构及大型公司的功能，在推动创新创业发展方面尤为重要。

---

① 贾天明，雷良海，王茂南. 众创空间生态系统：内涵、特点、结构及运行机制[J]. 科技管理研究，2017，（11）：13-18.

② 雷良海，贾天明. 上海市众创空间扶持政策研究[J]. 上海经济研究，2017，（3）：32-39.

③ 马虎兆，陈金梅. 基于创业生态系统视角的大众创业万众创新实证研究——以天津市为例[R]. 重庆：第十二届中国科技政策与管理学术年会，2016.

④ 裴蕾，王金杰. 众创空间嵌入的多层次创新生态系统：概念模型与创新机制[J]. 科技进步与对策，2018，（6）：1-6.

⑤ 郑秀梅，游玎怡. 以色列孵化器建设经验对我国发展众创空间的启示[J]. 全球科技经济瞭望，2017，（6）：52-57.

⑥ Birley S. The role of networks in the entrepreneurial process[J]. Journal of Business Venturing, 1985, 1（1）：107-117.

⑦ Prevezer M. Ingredients in the early development of the U.S. biotechnology industry[J]. Small Business Economics, 2001, 17（1）：17-29.

⑧ Neck H M, Meyer G D, Cohen B. An entrepreneurial system view of new venture creation[J]. Journal of Small Business Management, 2004, 42（2）：190-208.

⑨ Cohen B. Sustainable valley entrepreneurial ecosystems[J]. Business Strategy and the Environment, 2006, 15（1）：1-14.

结合目前我国创客空间运行的实际状况，并参照 Cohen 对非正式网络与正式网络的归纳，可以将我国众创空间生态系统涉及的生态链主体概括为：高校（科研机构）、政府部门、专门服务机构、投资机构、人才培训机构、企业等[①]。其中，高校（尤其是研究型高校）通过提供基础研究成果和技术性人员的教育，对创客空间的发展产生深远影响；政府部门（包括中央政府、地方政府）基于地区经济社会发展需要，通过财政、税收等补助方式以及消除地方官僚作风等方式推动众创空间的发展；专门服务机构一般会涉及律师、会计师、顾问、供应商等利益相关者群体，在众创空间的发展中主要为创客提供税收、法律、咨询及产业链等方面的服务；投资机构的投资是创意变现的关键环节，投资创客创意的机构一般是风险资本、天使资本投资主体等；人才培训机构的主要职能之一是向众创空间源源不断地提供具有一定素质的成员；企业作为地方经济社会发展、产业链的节点，既是创客的重要发源地，也是众创空间的培育和发展的摇篮。

在 2020 年 3 月初获得的江苏境内众创空间运行状况的问卷显示，众创空间的源主体是企业的占 71.8%、源主体是政府机构的占 13.7%、源主体是高校的占 13.7%、其他的源主体只占 0.9%；由此可见，我国目前的众创空间的主要经营者以企业为主。创客空间的创客是大学生、留学归国人员、科技人员、离职高管、连续创业者及其他的占比分别为 23.1%、9.6%、21.6%、13.9%、22.8%、8.9%。结合众创空间源主体与创客类型交叉列联表（表 3.2）可以推断，创客与众创空间的关系表现为依附和从属关系：前者表现为创客与众创空间在所有权关系上是彼此独立的，众创空间只发挥推动窗口创意变现的平台功能和作用，创客对众创空间的依附存续于创意变现的过程，如大学生、留学归国人员、离职高管等，其中不乏以源主体是企业的众创空间为平台来推动创意变现，尤其是那些仅仅提供单项服务的众创空间（表 3.3），这种短期的依附关系应该相当明显；后者表现为众创空间拥有部分或全部所有权或控制权，这种情形下的众创空间会对创客的创意变现提供全面的服务，如高校的大学生、留学归国人员、科技人员等，他们大多是以高校为母体。对于这类依附于高校、科研机构、政府部门、企业的创客，由于和原来单位存在的宗属关系，原单位会基于自身发展需要，凭借自身实力提供给创客创意变现的投资及其他相关的专门性服务。因此，目前的创客可以有两种类型，其一是独立于众创空间的创客，其二是从属于众创空间的创客。众创空间可以分为三类，其一是对内服务的众创空间，其二是对外服务的众创空间，其三是兼具对内、对外服务的众创空间。由此看来，创客空间生态圈子系统的自组织关注的是创客空间为创客提供功能性服务的自组织；而创客生态圈子系统的自

[①] Cohen B. Sustainable valley entrepreneurial ecosystems[J]. Business Strategy and the Environment, 2006, 15（1）: 1-14.

组织关注的是创客功能性创意变现的自组织。

表 3.2　众创空间源主体与创客类型交叉列联表

创客	企业	政府	高校	其他	总计
大学生	71	11	15	1	98
留学归国人员	33	4	4	0	41
科技人员	71	9	11	1	92
离职高管	49	6	4	0	59
连续创业者	73	13	11	0	97
其他	71	11	15	1	38
总计	84	16	16	1	117

表 3.3　众创空间类型与众创空间源主体交叉表

空间类型	企业	政府	高校	其他	总计
综合型服务	69（82.1%）	12（75.0%）	12（75.0%）	1（100.0%）	94（80.3%）
专业型（单项）服务	15（17.9%）	4（25.0%）	4（25.0%）	0（0）	23（19.7%）
总计	84	16	16	1	117

综上，对于国内众创空间生态系统的界定及其运行机制，目前社会各界及学界依然没有达成共识，鉴于国内众创空间生态系统与国外创业生态系统引导主体的差异，以及《关于发展众创空间推送大众创新创业的指导意见》对众创空间的解读，我们认为，国内众创空间生态系统的主体应包括创客（创新主体）、众创空间（平台主体）和政府（引导主体），三类主体之间相互作用及影响主体行为的外在因素共同构成了众创空间生态系统的环境。

三、"政府—创客空间—创客"的生态圈子系统

众创空间生态系统主体之间呈现出与自然生态系统类似的彼此依存关系，这种依存关系表现为生态链中两两主体之间的信息和能量流的传输关系，但有别于自然生态系统主体之间简单的生产、消费、分解。图 3.1 中箭头虚线表示信息流的实现，箭头实线表示能量流、物质流的实现，伴随着三类主体信息流、能量流、物质流传输和实现，政府生态圈、创客空间生态圈和创客生态圈三类生态圈彼此之间的依赖及耦合运转，保证了众创空间生态系统的可持续性发展。

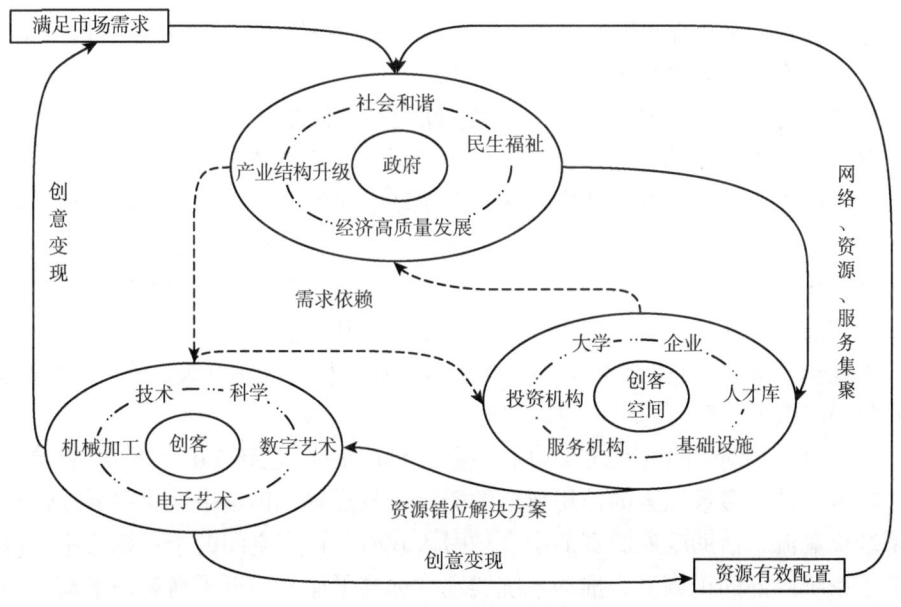

图 3.1 众创空间生态系统

（一）政府生态圈子系统的自组织

不同于其他地区和国家的创业生态系统的自生性，我国众创空间生态系统建立的人工设计特性尤为明显[1]，这就更凸显了各级政府在地区众创空间生态系统形成和发展中的独特作用[2]。资源、人口红利的不断消失，倒逼我国经济结构的调整和优化、经济增长驱动力的转型，同时，伴随着"互联网+"、创新2.0时代的不断深入，与资本、劳动力、自然资源等传统生产要素相比，创新管理、创新理念、技术创新等创新型要素对地区产业发展、经济增长的作用逐渐凸显出来。显然，实现传统型生产要素与创新型生产要素等资源间的有效匹配（人力资源及非人力资源的有效配置），推动产业结构的优化升级，满足人民日益增长的美好生活需要（满足市场需求），是当下各级政府面临的重要挑战，也是各级政府职责所在，也就是说，产业结构升级、社会和谐、民生福祉、经济高质量发展等共同决定了地方或中央政府的生态圈。政府生态圈子系统的自组织形态内在表现为社会、经济系统的协调和高质量运转；外在表现为政府向创客传递需求依赖信息，创客创意变现推动政府机构资源有效配置，满足市场需求职责达成的政府与创客之间的双向互动；同时，还表现为政府接受来自众创空间发展的需求依赖信息，并通过政

---

[1] 张玉利，白峰. 基于耗散理论的众创空间演进与优化研究[J]. 科学学与科学技术管理，2017，（1）：22-29.

[2] Isenberg D.The entrepreneurship ecosystem strategy as a new paradigm for economic policy[J]. Institute of International and European Affairs，2011，781（1）：1-13.

策导向、税收、财政等手段,推动众创空间实现网络集聚、资源集聚、服务集聚,从而实现政府与众创空间之间的双向互动。

在政府与创客的双向互动中,受"互联网+"、创新2.0的推动,社会、经济、技术等外部多重因素的作用,这种外界的较强负熵流被政府、创客内部子系统不断引入,以克服内部系统所产生的正熵,推动系统实现"远离平衡态→近平衡态→平衡态→远离平衡态"周而复始的系统升级。这种系统的自组织达成了政府、创客对传统生产要素与创新型要素在提升人民生活质量中地位相对重要的更新式认知与实践的不断变现。在诸多生产要素中,创新型生产要素地位的凸显,彰显了地方社会经济发展驱动力的转型,伴随着产业结构的优化升级,消费的个性化、差异化得以满足,政府的职责得以实现。

在政府与众创空间的双向互动中,受"互联网+"、创新2.0的推动,社会、经济、技术等外部多重因素的作用形成的资源有效配置、市场个性化差异性需求等强系统负熵流,借助政府职责的中介被引入政府、创客空间的子系统之中,以克服该子系统内部的正熵流,推动系统实现"远离平衡态→近平衡态→平衡态→远离平衡态"周而复始的系统升级,这种系统的自组织达成了众创空间网络、资源、服务集聚效应、功能升级等信息的政策性转变,政府职责得以实现。

(二)创客空间生态圈子系统的自组织

创客空间生态圈子系统由众创空间内外双循环构成。创客空间生态圈子系统内部循环建立在众创空间凭借能够给创客提供创意变现的基础设施、网络、资源、服务集聚综合实力的基础之上;创客空间生态圈子系统外部循环表现为众创空间与政府和创客之间需求诉求信息的传输,以及由此带来的众创空间在网络、资源、服务集聚和资源错位解决等方面综合能力的提升。

创客空间往往是以孵化器+政府、大型企业、中小型企业、创投机构、高校科研机构或中介机构等形式存在[①],不论是政府主导、企业主导,抑或是独立实体,其运行都离不开内部服务机构、投资机构、大学、企业、人才库及基础设施等共同营造的开放实验室、工作空间、社交空间、网络空间、资源共享空间和交互硬件加工条件等[②],这是众创空间生态圈子系统持续运行的基础。各类主体的功能协同程度取决于创客的创意变现需求。因此,创客与创客空间之间是需求和供给的关系,只有创客空间生态圈子系统所提供的法律、知识产权、财务、咨询、检验检测认证和技术转移等服务的低成本程度足以匹配创客的创意资源时,众创空间生态系统的资源错位化解机制才能够真正实现。

---

① 刘春晓. 创新2.0时代:众创空间的现状、类型和模式[J]. 互联网经济, 2015, (8):38-43.
② 李泽众. "众创空间"发展的浙江路径[J]. 浙江经济, 2015, (16):25-26.

所谓资源错位是指创客的创意与传统资源和服务方式之间在实现产品或服务变现的过程中所表现出的高风险而导致的创客创意不能被高效利用的现象。创客创意的存在形式可以是独立形式或融入形式。所谓独立形式的创意是指在产品或服务的转化过程中，创意和其他传统生产要素处于同等地位，产出具有创意特征的产品或服务；所谓融入形式的创意是指将创业融入传统的生产要素之中，通过提高产出的产品或服务的质量、效率等呈现出创意的功能。无论是独立形式的创意还是融入形式的创意，与传统要素结合的变现都会因为创意的首创性而导致变现呈现出较高的风险性甚至不确定性，从而导致创意与传统要素匹配的期望收益（E_{inn}）和单纯传统要素匹配的期望收益（E_{tra}）之间会有差异。显然在 E_{inn} 小于 E_{tra} 的条件下，创意被作为生产要素投入生产的概率是很低的，这意味着创客空间生态圈子系统处于自组织的初期，需要借助外力来推动创客空间生态圈子系统的构建。只有 E_{inn} 等于或大于 E_{tra} 时，也就是说，创客空间生态圈子系统处于自组织的中期和成熟期时，理论上可以实现创意性生产要素和传统生产要素的匹配。此时，众创空间经营者对经营风险的承担程度直接影响创意的变现。为了克服众创空间经营者营收顾虑，在推动众创空间促进创新创业初期，实现资源高效匹配需要加大资金投入、政策支持和条件保障力度，从而实现众创空间降低经营风险需求信息向政府传导，以及政府出于自我生态圈子系统健康发展需要，同时也凭借高效的组织领导、示范引导和协调推进能力，增强了市场机制在创客空间生态圈子系统的网络、资源、服务等方面集聚功能。众创空间的企业性质是保证其可持续发展的基础，这也是以社会力量为主构建市场化的众创空间，推动众创空间市场化发展进程的重要标志。

（三）创客生态圈子系统的自组织

（1）创客是众创空间生态系统的核心。在创新 2.0 时代，伴随着互联网、开源软硬件、3D 打印等新技术的不断推出，创新的门槛正在逐渐降低，越来越多的企业、个人、群体正在以不同的方式壮大我国创客群体的规模，提升创客群体的总体水平。创客主体往往以大学生、留学归国人员、科技人员、离职高管、连续创业者等为主，其经营机构表现为创新型小微企业、大型企业或政府机构的相关部门等，涉及我国社会、民生、经济等领域，如机械加工、技术、科学、数字艺术、电子艺术等[①]，这些领域的和谐运转直接外化为市场供求状况、资源有效配置进程等，构成了众创空间生态系统的外部环境。显然，创客生态圈子系统由创客内外双循环组成。

---

① 解学芳，刘芹良. 创新 2.0 时代众创空间的生态模式——国内外比较及启示[J]. 科学学研究，2018，（4）：577-585.

（2）创客生态圈子系统内循环。创客生态圈子系统内循环的结构状态一方面取决于市场需求的原动力[①]；另一方面取决于创业者理想变现所依赖的创新资源与传统资源之间融入或匹配的程度。前者决定了当前创客可能进入的创新创业的产业（领域），如前述行业，作用在于弥补当前行业市场需求的空白，或者提高相关行业的协调发展程度，从而推动产业链的结构升级；后者决定了生产要素间匹配变革的升级进程，从而推动产业链运行效率的提升。创客生态圈子系统内部功能性选择和匹配模式的内在循环与演进直接影响和作用于外部市场需求、资源配置以及政府和创客空间生态圈子系统的运行。

（3）创客生态圈子系统外循环。创客生态圈子系统外循环表现为创客与政府生态圈子系统之间、创客与创客空间生态圈子系统之间信息流、物质流的循环。创客的创意是众创空间生态系统的核心要素，是实现产业链创新，创新型要素与传统型要素匹配，满足市场需求，从而不断增强民生福祉的关键环节。创客作为这类要素的垄断性拥有者，政府作为推动社会和谐、提升民生福祉的倡导者和促进者，创客会通过政府颁布的一系列政策、规划等了解相关诉求，在自身缺乏将创意变现的资金、人才、技术、设备及服务等条件下，会将这种诉求借助市场手段向众创空间传递需求信息。众创空间凭借自身的综合实力借助市场机制促成创客的创意资源与众创空间的传统资源匹配升级，促成创意变现，从而满足外部环境市场需求、资源再配置的需要，达成了创客与政府之间的信息流、物质流循环的实现。

综上，众创空间生态系统由创客、创客空间、政府等生态主体及市场需求、资源配置升级的环境共同构成。

第二节　理论假设及模型构建

上述分析表明，我国创客生态系统的一个典型特征是：基于市场、民生的诉求，政府通过政策的不断完善，借助激励、规范、规制等管控措施，推动着该创客空间自组织形式从初期到中期再到成熟期的逐级嬗变。因此，政府是该系统运行的发起者、推动者和维护者；创客通过自身的创意变现来践行政府诉求，二者的统一取决于创客对政府在市场、民生等领域诉求的关系嵌入；创客空间是推动创客创意变现的关键平台，是连接政府和创客的重要纽带，政府对创客生态系统的推动力，需要借助该纽带的传导作用，这种传导作用强度取决于平台自身经营实力及市场化程度。

---

① 刘春晓. 创新2.0时代：众创空间的现状、类型和模式[J]. 互联网经济，2015，(8)：38-43.

一、众创空间生态系统主体行为的选择和演变

众创空间是充分运用互联网和开源技术，通过市场化机制、专业化服务和资本化途径构建的低成本、便利化、全要素、开放式的新型创新创业服务平台[①]。我国众创空间发展经历的过程应该是国家政策调节机制由强到弱，市场调节机制由弱到强，最终实现市场调节机制主导的过程。开放的众创空间必然要接受来自政府规制、市场机制等因素的选择性影响，这种影响表现为政府规制主导、政府规制与市场机制相辅相成并举、市场机制主导等市场化程度不断提升的过程；伴随着激励、约束机制的演变，众创空间对创客的创意变现所需要的空间场所、活动集聚、培训辅导、媒体驱动、投资驱动、产业链融入及综合创业生态体等服务能力也处于不断提升的过程，实现了从自组织初期、自组织中期，再到自组织后期的升华。

哈肯指出，系统自组织演化的动力来源于系统内各个子系统之间的竞争与协同，共同形成自组织过程，推动整个系统走向有序。政府在推动创客空间发展方面的财政补贴、税收优惠及相关金融政策扶持等，可以理解为政府政策的市场化过程。政府政策的市场化过程与创客空间的阶段性升级的耦合，营造出了创客创意变现的信息及动力环境氛围，同时，创客在的行业选择（如机械加工、技术、科学、数字艺术、电子艺术等）结构布局、外部产业关系嵌入合理性程度的提高，实现了创客生态圈子系统的成熟度由 M1 向 M3 的过渡。三个子系统之间的竞争与协同推动了众创空间生态系统走向有序的状态（图 3.2）。

		创客空间	
	自组织初期	自组织中期	自组织后期
政府规制主导	Ⅰ		
政 府 政府规制与市场机制相辅相成并举		Ⅱ	
市场机制主导			Ⅲ
创客	M1	M2	M3

图 3.2　过程性耦合形态

二、理论假设

为了发挥众创空间在创新驱动发展战略、有效整合资源、打造经济发展新引

[①] 王占仁，刘海滨，李中原. 众创空间在高校创新创业教育中的作用研究——基于全国 6 个城市 25 个众创空间的实地走访调查[J]. 思想理论教育，2016，（2）：85-91.

擎等领域的作用,必须要厘清众创空间内子系统之间的运行机制。

(一)政府规制的市场传导与创客空间的自我效能

《关于发展众创空间推进大众创新创业的指导意见》提出:基于坚持市场导向、加强政策集成、强化开放共享、创新服务模式等基本原则,从创客空间、创客及政府在众创空间生态系统建设中的角度地位,强调了重点推进"加快构建众创空间、降低创新创业门槛、鼓励科技人员和大学生创业、支持创新创业公共服务、加强财政资金引导、完善创业投融资机制、丰富创新创业活动、营造创新创业文化氛围"等工作,以建成具有较强专业化服务能力、满足大众创新创业需求的新型创业服务平台。该意见的出台,既凸显我国政府在"营造良好的创新创业生态环境、激发亿万群众创造活力、营造我国经济社会发展新引擎"方面的紧迫性,更凸显了政策在推进众创空间培育形成方面的引导力。

政府对创客空间进行补贴更有利于促进创客空间提供优质创业服务、促进创业企业接受孵化,而不应直接对创业企业补贴。因此,财政及税收政策通过平台的传导,政策效果更直接、激励作用更显著。创客空间作为"双创"环境中的平台组织,广泛嵌入于经济、制度、文化、产业结构中,作为一种催生创新创业企业诞生的一个平台,其自身的运行本来就属于机会驱动型(opportunity-driven)行为。创客空间的布局演化机制最初是政策驱动下的城市产业转型需求,进一步表现为地区创新能力的提升、创新产业链的形成,是典型的"政府引导+市场运作"众创空间布局的发展模式[1]。抢先分享政府优惠政策利益[2],从而实现众创空间管理建设、能力培育、品牌塑造等的能力提升[3]。也就是说,创客空间在系统性、适时的地区政策牵引[4]、需求拉动、资源集聚、功能聚合、系统优化等机理的连续作用下产生并发展[5]。

创客空间在经过以提供空间载体和提供增值服务为主的两代模式演化后,已进入以构建网络化资源集成平台为主的第三代阶段[6]。创客空间入驻企业主要聚焦于互联网、教育、医疗、智能硬件、金融、文化创意等行业,提供的服务包括公司注册、法律咨询、财务服务、人力资源、媒体推广、创业培训、融资服务、举

---

[1] 唐凯,翟国方,何仲禹,等.南京市众创空间时空分布格局及演化机制研究[J].现代城市研究,2019,(4):52-59.
[2] 李燕萍,陈武,陈建安.创客导向型平台组织的生态网络要素及能力生成研究[J].经济管理,2017,(6):101-115.
[3] 陈武.基于CCR模型的中国众创空间培育进程研究[J].调研世界,2020,(1):51-57.
[4] 徐示波.基于政策工具视角下众创空间发展政策研究[J].中国科技论坛,2019,(6):29-39.
[5] 刘芹良,解学芳.创新生态系统理论下众创空间生成机理研究[J].科技管理研究,2018,(12):240-247.
[6] 众创空间研究课题组.众创空间的"前世今生"[J].科技智囊,2017,(11):62-79.

办沙龙、创业大赛等,其运营模式可以归纳为产业服务型、地产思维型、综合创业生态体系型等[①]。当然,随着众创空间快速的发展,其规模基本趋于饱和,也有大量的创客空间能够提供投融资服务,但是提供创业大赛、创意传媒等具有较高管理水平和技术要求的平台类服务较少[②],管理能力和技术水平正在逐渐成为创客空间发展面临的瓶颈[③];创客资源集聚、金融机构集聚、网络构建、融资等因素是影响创客空间核心竞争力的重要因素;资本网络、市场网络、技术网络和专业服务网络对创业模式选择起决定性作用。

综上,正因为创业生态系统产生的外在诱发机制的重要性:政府政策提供了创新平台发展机会、市场供求个性化赋予了创新平台生存机会、互联网技术加速了创新平台市场化进程,所以政策推动创客空间形成和发展的过程,也是政策的市场化过程。在这一过程中,创客空间的市场管控、创新行为、财务状况自我效能的发挥直接决定了其市场机会的把握、运行绩效的实现。结合以上分析,提出以下假设。

H3.1a:政府对创客空间激励的市场传导对创客空间的市场管控具有正向影响。

H3.1b:政府对创客空间激励的市场传导对创客空间的创新行为具有推动作用。

H3.1c:政府对创客空间激励的市场传导对创客空间的财务状况提升具有正向影响。

(二)创客空间的自我效能与创客的网络嵌入

中国独特情境下出现的一种为创客(小微创新企业或个人)创新创业提供低成本、便利化、全要素的开放式综合服务平台的创客空间[④⑤],是一个以创新创业为中心,涵盖网络、社交和资源共享空间的生态系统[⑥],其本质在于通过提供服务将创业创新创客(企业)的创意转变为市场价值,从而实现其自身价值[⑦],也就是说,创客空间发展质量衡量的基点在于其服务对象市场价值的实现程度,这也是创客空间产生和发展的根本原因,所以,创客空间创造的直接价值是创客创意的价值,而自身价值的实现则是创客空间的间接价值。创客空间的综合评价可以概

---

① 投中研究院. 众创空间在中国:模式与案例[J]. 国际融资, 2015, (6):47-51.
② 刘志阳. 优化创新创业生态环境——全国众创空间发展状况调查报告[N]. 光明日报, 2016-12-07 (11).
③ 陈武. 基于CCR模型的中国众创空间培育进程研究[J]. 调研世界, 2020, (1):51-57.
④ 安宇宏. 众创空间[J]. 宏观经济管理, 2015, (4):85.
⑤ 张玉利, 白峰. 基于耗散理论的众创空间演进与优化研究[J]. 科学学与科学技术管理, 2017, (1):22-29.
⑥ 曹钰华, 王书蓓, 李晶. 创业生态系统视角下众创空间集聚区发展模式研究[J]. 科技和产业, 2019, (3):64-68.
⑦ 陈奇, 郑玉华, 洪珈珈, 等. 基于CMM的众创空间服务能力评价研究[J]. 科技管理研究, 2018, 38(20):97-102.

括为评价指标体系开发①②、发展效率评价③、政策实施效果④⑤⑥、培育进程⑦等。陈奇等从发展服务能力、创业服务能力及服务管理三个方面对众创空间服务能力成熟度进行全面综合评价⑧。

创客空间生态圈子系统的市场管控能力、创新能力及财务控制能力直接作用于其成果商业化、知识专业化、资源集成化的水平⑨，推动了工作空间、社交空间、网络空间、资源共享空间功能的发挥⑩；加速了创客（小微创新企业或个人）在业务上创新与创业的结合、线上与线下的结合、孵化与投资功能的结合⑪；同时，创客空间的常规活动有举办创业讲座交流、项目路演、培训、沙龙、创业竞赛、论坛等，其功能的发挥主要体现在为创客提供：①创业服务；②培训、孵化、咨询服务；③成果展示、学习指导、创客办公等服务⑫。这种创客空间与创客生态圈子系统之间的自组织往往表现为系统资源的自发缔结网络、优胜劣汰的动态演化⑬；达成创客生态圈子系统内在入驻企业的多样性和适度规模，带动创客对创客空间生态系统的结构性嵌入⑭⑮⑯。

---

① 李燕萍，陈武. 基于扎根理论的众创空间发展质量评价结构维度与指标体系开发研究[J]. 科技进步与对策，2017，（24）：137-145.

② 温美荣，马若熙. 构建公共政策评估的关键绩效指标体系探析——以 X 市试行众创空间绩效考评制为例[J]. 行政论坛，2017，（3）：93-99.

③ 陈章旺，柯玉珍，孙湘湘. 我国众创空间产业政策评价与改进策略[J]. 科技管理研究，2018，（6）：18-24.

④ 张丹宁，付小赟，易平涛. 沈阳市众创空间产业集群发展路径研究——基于运营效率测度[J]. 东北大学学报（社会科学版），2017，（1）：34-40.

⑤ 雷良海，贾天明. 上海市众创空间扶持政策研究[J]. 上海经济研究，2017，（3）：32-39.

⑥ 苏瑞波，何悦. 基于统计数据的广东省众创空间现状分析[J]. 科技管理研究，2017，（15）：89-96.

⑦ 陈武. 基于 CCR 模型的中国众创空间培育进程研究[J]. 调研世界，2020，（1）：51-57.

⑧ 陈奇，郑玉华，洪珈珈，等. 基于 CMM 的众创空间服务能力评价研究[J]. 科技管理研究，2018，38（20）：97-102.

⑨ 杨艳娟，应向伟，叶灵杰. 众创空间生态体系：理论检视、系统建构与发展策略——以浙江省为研究视域[J]. 科技通报，2017，33（1）：254-258.

⑩ 李泽众. "众创空间"发展的浙江路径[J]. 浙江经济，2015，（16）：25-26.

⑪ 桂晓璟，张巍巍，王有志. 苏州"众创空间"的发展现状与对策研究[J]. 甘肃科技，2016，（22）：8-11.

⑫ 肖志雄，王冉. 国内"双一流"高校众创空间的发展现状调查研究[J]. 新世纪图书馆，2019，（6）：93-96.

⑬ 陈凤，项丽瑶，俞荣建. 众创空间创业生态系统：特征、结构、机制与策略——以杭州梦想小镇为例[J]. 商业经济与管理，2015，（11）：35-43.

⑭ 张春雨，郭韬，刘洪德. 网络嵌入对技术创业企业商业模式创新的影响[J]. 科学学研究，2018，（1）：167-175.

⑮ Granovetter M. Economic action and social structure: the problem of embeddedness[J]. American Journal of Sociology, 1985, 91（3）：481-510.

⑯ 王庆金，李如珂. 众创空间网络嵌入与商业模式创新：共生行为的中介作用[J]. 广东财经大学学报，2019，（3）：34-42.

另外，区域创客空间集群有助于推动产业集群与创客群体的良性互动、区域产业结构的转型升级[1]，区域创新能力、生态环境对众创空间的地理集聚的促进作用[2]，推动了入驻企业的多样性和产业的参与度以及硬性规则与软性文化的结合，带动了创客深度参与地方经济系统和产业链的嵌入[3]。

鉴于创客空间与创客生态圈子系统之间的多元交互生态网络组织模式，创客空间生态系统运行绩效的综合评价集中体现在其为创客结构网络及关系网络的构建上。为此，提出了如下系列假设。

H3.2a：创客空间市场管控有助于提升创客结构嵌入能力。

H3.2b：创客空间市场管控有助于提升创客关系嵌入能力。

H3.2c：创客空间创新行为有助于提升创客结构嵌入能力。

H3.2d：创客空间创新行为有助于提升创客关系嵌入能力。

H3.2e：创客空间财务状况有助于提升创客结构嵌入能力。

H3.2f：创客空间财务状况有助于提升创客关系嵌入能力。

（三）创客的网络嵌入与众创空间生态系统的社会效益

创业空间业态的完善会推动我国经济从材料加工向无形产品、观念、知识和服务转变[4]，只有让更多的企业、群体和个人成为创新主体，才能更有助于实现中国经济的可持续发展[5]。创客承接政府、市场的相关诉求，借助创客空间网络化综合服务的推动，营造我国经济发展、民生水平提升的新引擎。

由于网络嵌入在孵化器资源支持和创业绩效之间发挥着部分中介作用[6]，创业企业的网络嵌入与商业模式创新之间呈现显著的正相关关系[7]；另外，创业团队的心理相容会正向显著影响团队公平感知、团队内聚力与绩效[8]。所以，在众创空间生态系统中，创客是最具有革命性的因素，其网络嵌入（结构嵌入、关系嵌入）受众创空间生态系统的环境因素（经济、民生、市场、技术、文化等）、政府诉求

---

[1] 刘亮，吴笙. 众创空间集群与区域产业结构转型升级[J]. 科研管理，2017，（8）：19-26.

[2] 陈锦其，徐蔼婷，李金昌. 众创空间集聚的连续距离测度及影响因素分析[J]. 商业经济与管理，2019，（3）：89-97.

[3] 娄淑珍，项国鹏，王节祥. 平台视角下众创空间竞争力评价模型构建[J]. 科技进步与对策，2019，（6）：19-25.

[4] 史明纯. 上海市众创空间的发展现状与模式探究[D]. 华东师范大学硕士学位论文，2016.

[5] 刘春晓. 创新2.0时代：众创空间的现状、类型和模式[J]. 互联网经济，2015，（8）：38-43.

[6] 刘成梅，蔡建峰. 孵化网络影响高层次人才创业绩效的机理研究[J]. 科学学研究，2016，（11）：1672-1679.

[7] 王庆金，李如玮. 众创空间网络嵌入与商业模式创新：共生行为的中介作用[J]. 广东财经大学学报，2019，（3）：34-42.

[8] 邓丽芳，傅星雅. 创业团队心理相容性对绩效的影响机制[J]. 管理学报，2016，（1）：85-92.

以及自身专业结构的影响[①],其网络嵌入(结构嵌入、关系嵌入)程度直接影响其获取稀缺资源和信任的能力[②],进而影响新创企业的商业模型、成长及绩效[③]。

鉴于众创空间生态系统三类主体之间、主体与环境之间信息流、物质流的交换,共同形成了该系统的社会效益产出,当前,这种社会效益主要表现众创空间生态系统的不断完善。由此,我们给出以下研究假设。

H3.3a:创客的结构嵌入保证了众创空间生态系统社会效益的实现。

H3.3b:创客的关系嵌入促进了创客空间生态系统社会效益的实现。

三、模型构建

鉴于以上的分析,我们可以发现,我国众创空间生态系统呈现出鲜明的政府主导性、创客主体性、创客空间能动性、经济民生目标导向性等特征(图3.3)。

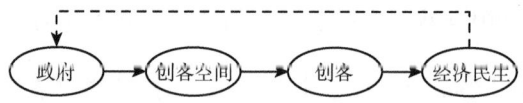

图3.3 众创空间生态系统动力信息传导机制

创客之所以选择创客空间的过渡环节,原因在于其在未来的经营策略、路径、企业战略规划、资金获取等企业经营过程中必须面对信息的不对称;接受了政府扶持及管控的创客空间有能力克服创客由信息不对称所导致经营面临的风险。一旦创客空间给创客所提供的这些环节的支付费用超出了其直接进入市场的预期成本,这一创新平台也就失去了存在的意义。因此,创客空间存在的意义及必要条件就是:与市场比较,创客空间经营者所提供的系列孵化措施给创客所造成的成本支付要低于创客的直接市场行为,而要实现孵化低成本必然依赖创客空间的非市场化程度,非市场化表现在创客空间硬件设施及服务设施的非市场化程度,前者表现为硬件设施的完备性,后者表现为服务的低成本性。实现创客空间非市场化下的市场化经营,其主要方式表现为:第一,创客空间的规模化经营;第二,政府对创客空间经营者的经济扶持。

众创空间生态系统自组织运行的作用,微观层面上在于推动个人、群体、企业的创新;中观层面上在于推动产业结构优化;宏观层面上在于推动地区、国家经济

---

① 刘志迎,曹淑平,廖素琴.众创空间创客集聚的影响因素研究——基于调查问卷和深度访谈分析[J].华南理工大学学报(社会科学版),2018,(4):56-64.

② Badi S, Wang L, Pryke S. Relationship marketing in Guanxi networks: a social network analysis study of Chinese construction small and medium-sized enterprises[J]. Industrial Marketing Management, 2017, 60: 204-218.

③ Leyden D P, Link A N, Siegel D S. A theoretical analysis of the role of social networks in entrepreneurship [J]. Research Policy, 2014, 43(7): 1157-1163.

的可持续发展。经济、民生、技术发展和进步的需求导向融合政府科学引导,转化为支持创客空间、创客行为选择的市场信息,推动了众创空间生态系统持续性发展[①]。因此,基于众创空间生态系统的主体,其运行机制可以概括为以下几个方面。

(1)基于经济、民生发展和技术进步的目标导向机制:经济、民生发展和技术进步→产业集聚→要素协同度提升→要素生产效率提升→政策市场导向。

(2)基于政府角色发挥的系统风险控制机制[②]:经济、民生发展需求→完善市场运行制度[③]→众创空间升级发展进程→创客的创意变现。

(3)基于创客空间可持续运行的系统动力机制:政府经济民生政策→创客空间平台网络集聚功能完善(人力、技术、资金、管理等)→创客集聚→成果转化。

(4)基于创客创意实现的系统升华机制:创客空间平台网络集聚功能达成→克服了创客创意资源禀赋的错配→创意变现→经济、民生、技术升华。

综上,为了揭示众创空间生态系统机制的运转状态,故设计以下模型,如图3.4所示。

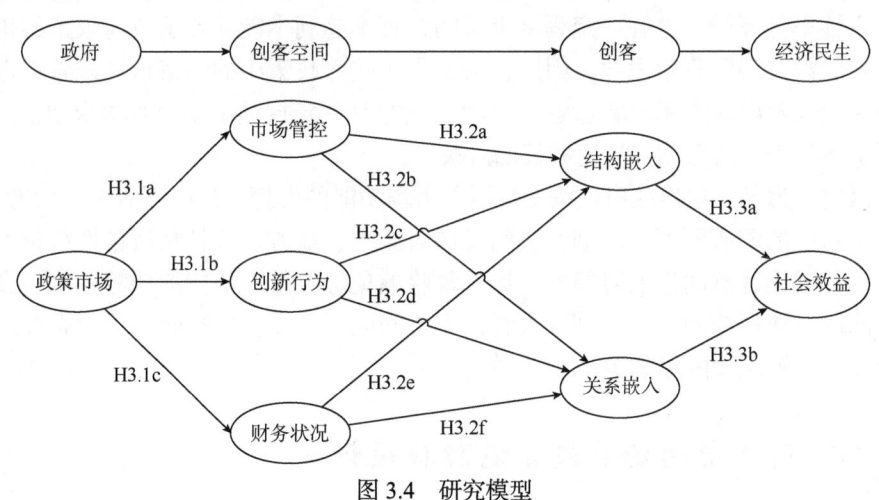

图 3.4 研究模型

第三节 量表设计

为了揭示当前众创空间内在运行机制的耦合机理,在量表设计上,兼顾众创

---

① Han S, Yoo J, Zo H. Understanding makerspace continuance: a self-determination perspective[J]. Telematics and Informatics, 2017, 34(4): 184-195.

② Hart D M. The Emergence of Entrepreneurship Policy: Governance, Start-ups, and Growth in the U.S. Knowledge Economy[M]. Cambridge: Cambridge University Press, 2003.

③ 史明纯. 上海市众创空间的发展现状与模式探究[D]. 华东师范大学硕士学位论文, 2016.

空间内在运行、创客行为、政府与市场的调节机制等方面，从政府的市场调节、创客空间的自我效能、创客的网络嵌入及众创空间运行的社会绩效等四个维度设计指标体系。

一、政府的市场调节指标

自 2014 年的达沃斯论坛以来，尤其是在国务院《关于发展众创空间推进大众创新创业的指导意见》和财政部、国家税务总局《关于科技企业孵化器税收政策的通知》（财税〔2016〕89 号）等政策颁布条件下，创客空间通过提供职业化的创业导师，引入种子基金、天使基金、风险投资基金等服务[1]，来吸引创客（企业）参与，形成创新思维网络、降低创业成本，从而影响创业主体的创业成功率与质量[2]。也应该看到，在我国创客空间井喷式发展的形势下，一些问题不断暴露出来，如众创空间缺乏科技含量的投机骗补、服务水平滞后于规模的扩张、缺乏地方特色、入驻率低等[3][4]。这在一定程度上说明，资本趋利本能导致了政府政策的市场调节功能没有得到有效发挥，因此，需要强化政府政策中的约束机制来管控创客空间目前表现出的无序发展态势[5]。当然，这也从一定层面上说明我国众创空间的发展依然处于不断探索并快速成长的阶段。

因此，为了体现出政府政策（规制）市场功能的发挥，从以下五个层面考虑，设计了对应的调研题项：①创客空间发展对国家、地方财政补贴政策性扶持的依赖程度；②创客空间发展对国家、地方税收减免等政策性扶持的依赖程度；③创客空间的过快增速问题；④创客入驻创客空间问题；⑤创客空间发展对企业经营多元化、化解风险的影响等。

二、创客空间的自我效能指标设计

自我效能（self-efficacy）常被用来作为创业者创业意向、创业行为的影响因

---

[1] 陈奇，郑玉华，洪珈珈，等. 基于 CMM 的众创空间服务能力评价研究[J]. 科技管理研究，2018，(20)：97-102.

[2] Holm E J V. Makerspaces and contributions to entrepreneurship[J]. Procedia-Social and Behavioral Sciences, 2015, 195: 24-31.

[3] 娄淑珍，项国鹏，王节祥. 平台视角下众创空间竞争力评价模型构建[J]. 科技进步与对策，2019，(6)：19-25.

[4] 王炼钢. "井喷式"增长的众创空间发展路径研究[J]. 企业改革与管理，2017，(2)：3-5.

[5] 何慧芳，周振江. 众创空间的创业孵化模式研究——来自广州的调查与分析[J]. 科技管理研究，2019，(4)：159-165.

素,创业自我效能会影响到创业的职业选择和发展[1];自我效能关注的是行动的执行,而不是行动的结果;自我效能是最有效的绩效预测指标,自我效能感高的人对任务更有内在的兴趣,更愿意付出努力,在面对障碍和挫折时更有毅力,自我效能感通过兴趣、动机和毅力影响绩效,而绩效提供反馈信息,在此基础上进一步评估和修正自我效能感,自我效能也被用来作为区分创业者和管理者的手段[2],并且 Chen 等[2]从市场营销、创新、管理、风险处置及财务控制等五种行为方式设计了自我效能的评价指标体系。鉴于自我效能关注的是创业者行为本质的视角,这与我国倡导的创客空间创新创业属性及行为方式一致。所以,参照 Chen 等[2]的做法,将自我效能的个人属性转化为创客空间运行方式及属性,将市场营销、创新、管理、风险处置及财务控制等五种行为方式概括为创客空间的市场管控、创新行为、财务状况等三种行为模式,并设计具体指标。

在市场管控方面,从创客空间在年度市场服务份额总体目标的制定和完成、为创客提供服务的年度计划及实施、利润目标的达成、市场影响力较强等四个方面设计了题项。

在创新行为方面,从创客空间作为一个整体的视角,针对创客在服务渠道、拓展服务对象、服务区域等三个方面设计了题项。

在财务状况方面,从创客空间运行的财务整体状况、财务内部管理制度、财务管控策略、财务潜力等四个方面设计了题项。

三、创客的网络嵌入指标设计

创客是以用户为中心、以社会实践为舞台,由共同创新和开放创新共同催生的新的创新实体。不论创客是以(小微)企业、个人、群体的形态出现,还是创客涉及机械加工、技术、科学、数字艺术、电子艺术等不同领域,这类行为个体都无法脱离社会关系网络而独立存在,他们需要从外部网络中获取稀缺和关键的资源,也需要与当下的社会经济网络相融合,融合的程度决定了这种新业态主体发展的潜力及可持续性。社会关系网络如何影响主体(企业、个人、群体)行为选择一直是社会学理论领域的一个经典问题,Granovetter[3]将这种机体融入社会关系网络的行为称作网络嵌入,结构嵌入和关系嵌入是网络嵌入的两种方式。结构嵌入更多关注主

---

[1] Boyd N G, Vozikis G S. The influence of self-efficacy on the development of entrepreneurial intentions and actions[J]. Entrepreneurship Theory and Practice, 1994, 18(4): 63-77.

[2] Chen C C, Greene P G, Crick A. Does entrepreneurial self-efficacy distinguish entrepreneurs from managers?[J]. Journal of Business Venturing, 1998, 13(4): 295-316.

[3] Granovetter M. Economic action and social structure: the problem of embeddedness[J]. American Journal of Sociology, 1985, 91(3): 481-510.

体所处网络中能够与其建立关系的主体数量和网络位置[1];关系嵌入强调主体与网络中其他主体之间的紧密度和信任度[2]。

鉴于创客运作的主体性及网络关系的依赖性,在创客结构嵌入方面参照张春雨等[3]、王庆金和李如玮[4]的做法,题项设计主要侧重于创客空间这一平台中创客的规模及彼此之间的网络结构关系;在创客关系嵌入方面,考虑到我国众创空间生态系统建设和运行的经济发展引擎的目的性,题项设计注重创客在创客空间、产业结构等方面的关系嵌入。

在创客的结构嵌入方面,从创客空间的创客成员数量、创客成员之间交流、创客合作状况等三个方面设计题项。

在创客的关系嵌入方面,从创客空间创客的融入产业进度、融入市场潜力、融入市场内在能力、融入产业市场的外力、融入产业综合能力等五个方面设计题项。

四、众创空间运行的社会绩效指标设计

众创空间生态系统运行的社会绩效是政府、创客空间及创客等子系统在特定的经济、民生与外在科技环境作用下系统运转的对地方经济社会发展的贡献程度。其运行依赖于众创空间生态系统多种机制协同运作,通过创客这一中心环节的成员间知识交流学习、借助空间技术资源推动创新、激发参与者的创造力、借助隐性和显性知识的转换来达成。针对实际问题,基于成员的想象力开发出可持续服务于地方经济的创新解决方案[5],其最直接的表现可以通过创客空间的运行对(国家或)地区社会、经济、民生等水平提升的影响指标加以衡量。为此,在众创空间生态系统运行的社会绩效衡量指标设计上,参照苏晓华等[6]的做法,侧重于对反映众创空间生态系统可持续性的社会效益进行题项的设计。具体有三项指标对众创空间运行绩效加以衡量:①揭示创客空间创新进展(新

---

[1] Baum J R, Locke E A, Smith K G. A multidimensional model of venture growth[J]. Academy of Management Journal, 2001, 44 (2): 292-303.

[2] Watson J. Modeling the relationship between networking and firm performance[J]. Journal of Business Venturing, 2007, 22 (6): 852-874.

[3] 张春雨, 郭韬, 刘洪德. 网络嵌入对技术创业企业商业模式创新的影响[J]. 科学学研究, 2018, (1): 167-175.

[4] 王庆金, 李如玮. 众创空间网络嵌入与商业模式创新: 共生行为的中介作用[J]. 广东财经大学学报, 2019, (3): 34-42.

[5] Maravilhas S, Martins J. Strategic knowledge management in a digital environment: tacit and explicit knowledge in Fab Labs[J]. Journal of Business Research, 2019, 94: 353-359.

[6] 苏晓华, 杨赛楠, 吴琼珠, 等. 企业创业自我效能感、决策逻辑与创业绩效关系研究[J]. 南方经济, 2018, (10): 113-131.

产品或服务更替频率较快);②反映创客空间利用率(入驻率持续稳定在高位);③反映创客空间地区影响力(市场占有率增长较快)等。

以上指标体系的具体题项参见表 3.4。对于表中的每个题项采用五级利克特量表的方式予以衡量,从 1 到 5 分别表示很不赞同、不赞同、普通、赞同、非常赞同。

表 3.4 众创空间生态系统运行状况调查问卷

一级题项	二级题项	三级题项	代码	题项来源
政府	政府规制的市场传导（代码：gmm）	A1.1 创客空间发展需要政府财政补贴的持续投入	gmm1	研究设计
		A1.2 创客空间发展状况依赖于税收减免力度	gmm2	
		A1.3 政府应适度控制众创空间的拓展速度	gmm3	
		A1.4 创客进入众创空间基本上没有门槛	gmm4	
		A1.5 众创空间是企业多渠道发展的一个较好选择	gmm5	
创客空间	市场管控（代码：mkt）	B1.1 制定了年度市场服务份额总体目标并完成	mkt1	脚注①
		B1.2 制订了创客接受服务的年度计划并付诸实施	mkt2	
		B1.3 年度利润目标有望实现	mkt3	
		B1.4 市场影响力较强	mkt4	
	创新行为（代码：inv）	B2.1 正在不断拓展新的服务渠道	inv1	
		B2.2 正在不断拓展新的服务群体	inv2	
		B2.3 正在不断拓展新的服务区域	inv3	
	财务状况（代码：fin）	B3.1 整体财务状况良好	fin1	
		B3.2 有完整的财务及内部控制制度	fin2	
		B3.3 成本控制体系、策略合理	fin3	
		B3.4 没有政府财政支持,能够照常运营	fin4	
创客	结构嵌入（代码：str）	C1.1 创客成员数量更多	str1	脚注②、③、④
		C1.2 创客成员之间交流更为常态化	str2	
		C1.3 平台间创客合作动作比较频繁	str3	

---

① Chen C C, Greene P G, Crick A. Does entrepreneurial self-efficacy distinguish entrepreneurs from managers?[J]. Journal of Business Venturing, 1998, 13（4）: 295-316.

② 张春雨, 郭韬, 刘洪德. 网络嵌入对技术创业企业商业模式创新的影响[J]. 科学学研究, 2018,（1）: 167-175.

③ Granovetter M. Economic action and social structure: the problem of embeddedness[J]. American Journal of Sociology, 1985, 91（3）: 481-510.

④ 王庆金, 李如玮. 众创空间网络嵌入与商业模式创新: 共生行为的中介作用[J]. 广东财经大学学报, 2019,（3）: 34-42.

续表

一级题项	二级题项	三级题项	代码	题项来源
创客	关系嵌入（代码：rel）	C2.1 孵化阶段性目标明确	rel1	研究设计
		C2.2 创意的市场受众清晰	rel2	
		C2.3 创意的科技创新性强	rel3	
		C2.4 创意的平台支持度高	rel4	
		C2.5 创意孵化成功率高	rel5	
众创空间	社会效益（代码：soc）	D1.1 新产品或服务更替频率较快	soc1	脚注①
		D1.2 入驻率持续稳定在高位	soc2	
		D1.3 市场占有率增长较快	soc3	

第四节 统计资料的基本特征

一、数据来源

为了研究政府、创客空间、创客等主体共同决定的众创空间生态系统自组织形态，于2019年10月至12月通过直接访问和问卷调查等方式对江苏境内部分地级市的众创空间运营状况进行了调查。前后共发放问卷460份，共收集问卷143份，问卷回收率为31.09%。经过问卷的初步鉴定，排除无效问卷（一定数量的问题没有回答或回答不完整等），最终确定用于分析的有效问卷共117份。

二、基本信息的统计特征

创客空间运行问卷的基本信息项共设计了九项内容，分别是创客空间受访者性别、创客空间受访者年龄、受访者在创客空间的职位、创客空间源主体、创客空间已经运营的时间、创客空间服务类型、创客空间等级、创客空间入驻率、创客性质等。

（一）基本信息的频率分析

基本信息频率分布的统计特征见表3.5。

---

① 苏晓华，杨赛楠，吴琼珠，等. 企业创业自我效能感、决策逻辑与创业绩效关系研究[J]. 南方经济，2018，(10)：113-131.

表 3.5　问卷基本信息统计

基本信息	信息内容	频率	百分比
创客空间受访者性别	男	62	52.99
	女	55	47.01
创客空间受访者年龄	20~30 岁	36	30.77
	31~40 岁	59	50.43
	41~50 岁	17	14.53
	51~60 岁	5	4.27
受访者在创客空间的职位	总经理	31	26.50
	部门经理	62	52.99
	工程师（或高级技术人员）	15	12.82
	顾问	9	7.69
创客空间源主体	企业	84	71.79
	政府	16	13.68
	高校	16	13.68
	其他	1	0.85
创客空间已经运营的时间/年	(0, 1)	1	0.85
	[1, 2)	12	10.26
	[2, 3)	32	27.35
	[3, 4)	27	23.08
	4 年及以上	45	38.46
创客空间服务类型	综合型	94	80.34
	专业型	23	19.66
创客空间等级	市级	17	14.53
	省级	74	63.25
	国家级	26	22.22
创客空间入驻率	[10%, 25%)	5	4.27
	[25%, 50%)	13	11.11
	[50%, 75%)	33	28.21
	[75%, 100%]	66	56.41
创客性质	大学生	98	83.76
	留学归国人员	41	35.04
	科技人员	92	78.63
	离职高管	59	50.43
	连续创业者	97	82.91
	其他	38	32.48

从受访者的性别结构看，男性受访者（52.99%）略高于女性受访者（47.01%），这有利于兼顾性别差异因素来合理认识和分析我国众创空间发展状况。

从受访者的年龄结构看，31~40岁的受访者占到一半以上，这部分受访者占主体地位，其社会生活阅历的完整性有利于保证问卷内容回答的可信度，其次20~30岁的受访者也占有相对重要份额（30.77%），这部分受访者的较大比例显示了地方创客空间发展主体的特征。

从受访者的职位看，体现出了受访者的层次性，这有利于客观揭示创客空间发展状况，同时，经理层人员占有主体地位（总经理占26.50%，部门经理占52.99%），这有利于从整体战略高度揭示创客空间的发展信息。

从创客空间经营的源主体结构看，企业是创客空间经营的主要源主体，占到受访对象的71.79%，其次是政府和高校，各占13.68%，其他经营主体只有1家，仅占0.85%，这也符合企业经营多元化战略选择的趋势。

从创客空间运营的年限结构看，多数受访创客空间的经营年限较长，在有效的117份问卷中，只有一家创客空间的经营年限在1年以内；4年以上（也就是2015年就开始运行）的创客空间占比为38.46%，2~3年和3~4年的创客空间占比分别为27.35%和23.08%，2年以下的创客空间比例只有11.11%，这说明江苏部分地区的创客空间起步较早，这也保证了采用一手问卷资料来研究众创空间生态系统自组织运行状况的可行性。

从创客空间为创客提供服务类型的结构看（仅分为单项服务与综合服务两类），综合型（非单项）服务占主导地位（80.34%），这说明江苏部分地区创客空间的整体发展态势比较迅速；同时我们也发现，依然有19.66%的创客空间只是为创客提供单项服务，这说明众创空间发展依然具有先后的层次性及领域优势的差异性。

从受访创客空间的等级结构看，其中省级的众创空间占到63.25%，国家级和市级的创客空间占比分别为22.22%和14.53%，这说明在创客空间的等级布局上，省级创客空间占据主导地位，地级众创空间的等级结构还有待升级优化。

从受访创客空间的入驻率结构看，56.41%（一半以上）的受访创客空间入驻率达到75%以上，28.21%的创客空间入驻率占到50%到75%之间，也就是说，近85%的受访创客空间经营的效果（入驻率占50%以上）还是比较理想的，但是不容乐观的是15.38%的创客空间入驻率低于50%（其中，入驻率占25%~50%和0~25%的分别为11.11%和4.27%），仅从创客空间的入驻率来看，受访创客空间整体的经营绩效有待提高。

从受访创客空间的创客结构分布看，大学生、连续创业者和科技人员是受访创客空间主要的创客成员，在117个调查对象中各自的占比分别是83.76%、82.91%和78.63%，这几类人员与当前我国所倡导和鼓励创客群体是相吻合的；另外，从创客空间中的留学归国人员来看,江苏创客空间发展依然具有较强的吸引力。

(二) 创客空间运行绩效的交叉列联表分析

表3.6给出了受访创客空间入驻率与其他相关因素的列联表,如果将入驻率作为创客空间运行绩效(效率)的一项衡量指标的话,那么从表3.6就可以初步看出创客空间源主体、创客空间已经运营的时间、创客空间服务类型及创客空间等级等变量与创客空间运行绩效的关系。

表3.6 创客空间入驻率的相关交叉列联表

变量	项目	结果类型	创客空间入驻率				
			10%~25%	25%~50%	50%~75%	75%~100%	总计
创客空间源主体	企业	计数	4	8	26	46	84
		百分比	4.8	9.5	31.0	54.8	100.0
	政府	计数	1	4	3	8	16
		百分比	6.3	25.0	18.8	50.0	100.0
	高校	计数	0	0	4	12	16
		百分比	0	0	25.0	75.0	100.0
	其他	计数	0	1	0	0	1
		百分比	0	100.0	0	0	100.0
	总计	计数	5	13	33	66	117
		百分比	4.3	11.1	28.2	56.4	100.0
创客空间已经运营的时间	0~1年	计数	0	0	1	0	1
		百分比	0.0	0.0	100.0	0.0	100.0
	1~2年	计数	0	2	5	5	12
		百分比	0.0	16.7	41.7	41.7	100.0
	2~3年	计数	3	6	10	13	32
		百分比	9.4	18.8	31.3	40.6	100.0
	3~4年	计数	2	3	6	16	27
		百分比	7.4	11.1	22.2	59.3	100.0
	4年及以上	计数	0	2	11	32	45
		百分比	0.0	4.4	24.4	71.1	100.0
	总计	计数	5	13	33	66	117
		百分比	4.3	11.1	28.2	56.4	100.0

续表

变量	项目	结果类型	创客空间入驻率				
			10%~25%	25%~50%	50%~75%	75%~100%	总计
创客空间服务类型	综合型	计数	4	11	25	54	94
		百分比	4.3	11.7	26.6	57.4	100.0
	专业型	计数	1	2	8	12	23
		百分比	4.3	8.7	34.8	52.2	100.0
	总计	计数	5	13	33	66	117
		百分比	4.3	11.1	28.2	56.4	100.0
创客空间等级	市级	计数	1	3	8	5	17
		百分比	5.9	17.6	47.1	29.4	100.0
	省级	计数	4	10	18	42	74
		百分比	5.4	13.5	24.3	56.8	100.0
	国家级	计数	0	0	7	19	26
		百分比	0	0	26.9	73.1	100.0
	总计	计数	5	13	33	66	117
		百分比	4.3	11.1	28.2	56.4	100.0

1. 运营时间与创客空间运行绩效的关系

在五个时间段（0~1年、1~2年、2~3年、3~4年、4年及以上）受访的创客空间分布状况分为0.85%、10.26%、27.35%、23.08%和38.46%，这与地方创客空间快速成长的趋势基本一致。如果创客空间经营在时间维度上的绩效具有延续可比性的话，对比不同时间段创客空间的入驻率，我们可以发现：刚起步的创客空间入驻率在中等水平（50%~75%）之上；第二年和第三年是创客空间经营的探索期，这个时期的创客空间比较容易出现绩效下行的境况，如果说创客空间在第二年（1~2年）依然还有前期的市场蜜月期的话（这个时期创客空间入驻率超过50%的概率达到83.4%），到了第三年（2~3年），创客空间进入到了创新、管理、服务等综合功能变革提升关键时期，一旦创客空间不能综合协调其与众创空间的政府、创客、经济、民生的诉求等主体和环境的关系，其运行绩效（入驻率）会显著受到影响（入驻率低于50%的概率会达到28.2%）；经过第三年的阵痛期，第四年（3~4年）和第五年及后来（4年及以上），创客空间运行绩效会因为其经营理念、策略的成熟，使得其高入驻率（75%~100%）的实现概率显著提升，分别是59.3%和71.1%。

综上，可以得出预测性的结论，近年来我国地区创客空间的发展不断趋于理性，伴随着其成长历程，会因为众创空间生态系统运行机制协同等问题而出现创客空间发展的分化。

2. 服务类型与创客空间运行绩效的关系

从创客空间服务的类型分布来看，综合型服务的创客空间与专业型服务的创客空间在运行的绩效（入驻率）上差异并不显著，前者高入驻率（75%~100%）的概率较高（57.4%），相对于后者高出 5.2 个百分点；后者较高入驻率（50%~75%）的概率则较高（34.8%），相对于前者高出 8.2 个百分点；在较低入驻率（25%~50%）上，前者比后者高出 3.0 个百分点，在低入驻率（0~25%）方面，二者基本没有差异，都为 4.3%。

以上分析说明，我国地方创客空间，无论是综合型的还是专业型的，目前都依然存在着市场的需求，但是综合型创客空间由于经营管理上的复杂性，其较低绩效发生的概率稍高，这与当前的创客空间市场运行的实际情况是相吻合的。

3. 等级与创客空间运行绩效的关系

从创客空间等级的分布来看，受访对象的省级创客空间占据主导地位（63.25%），其次是国家级创客空间（22.22%），再次是市级创客空间（14.53%），这说明受访区域的创客空间发展质量较高。从创客空间的入驻率来看，三个等级创客空间的运行绩效呈现出显著的差异性，从市级、省级到国家级创客空间的高入驻率（75%~100%）依次是由低到高变化的，分别是 29.4%、56.8%和 73.1%；较高入驻率（50%~75%）没有明显规律性，分别是 47.1%、24.3%和 26.9%；较低入驻率（0~50%）数据偏下，分别是 23.5%、18.9%和 0。可见，地区创客空间的级别越高，其运行绩效往往也就越好，这与我们对创客空间的常规认识是相符合的。

第五节 模 型 分 析

PLS 回归（partial least squares regression，偏最小二乘回归）方法由于在测度尺度、样本大小和残差分布等方面的限制性较小，对于样本数量受限的问题研究具有较为明显的优势，为此，拟采用 PLS-SEM[1]来揭示地方众创空间生态系统内在自组织机理，设计了包括 11 条结构路径的众创空间生态系统模型，以此来对我国目前众创空间生态系统运行状况进行评价，并适当给出众创空间发展的对策建议。基于 Hair 等[2]的经验法则，为了确保 PLS 模型的稳健性，在设计研究的结构

---

[1] SEM 表示 structure equation model，结构方程模型。

[2] Hair J F, Ringle C M, Sarstedt M. PLS-SEM: indeed a silver bullet[J].Journal of Marketing Theory and Practice，2014，19（2）：139-152.

路径既定的情况下，至少需要依赖于潜变量构成的结构路径十倍的样本数据，这也保证了所建立的模型在理论上的可行性。

一、模型初步运行

对结构方程模型进行 PLS 运算，可以发现，从显变量的载荷来看，潜变量 "政府规制的市场传导（gmm）" 的五个显变量的载荷有三个（创客空间发展需要政府财政补贴的持续投入（gmm1）的载荷为 0.469，创客空间发展状况依赖于税收减免力度（gmm2）的载荷为 0.374，政府应适度控制创客空间的拓展速度（gmm3）的载荷为 0.639）都小于 0.700，此时，结构模型信度和效度指标中的 Cronbach's α 的值是 0.694（小于基准 0.70），平均方差提取值（average variance extracted，AVE）是 0.426（小于基准 0.50）。为此，采取从载荷由小到大次序逐步剔除的方式运行模型：删除 gmm2 后，模型显示 gmm1 的载荷为 0.442，gmm3 的载荷为 0.625，此时，Cronbach's α 的值是 0.674（小于基准 0.70），AVE 值是 0.497（小于基准 0.50）；删除 gmm1 后，模型显示 gmm3 的载荷是 0.608，此时的结构模型信度和效度指标中的 Cronbach's α 的值是 0.673（小于基准 0.70）；删除 gmm3 后，模型运行结果如图 3.5 所示，所有显变量载荷满足大于或等于 0.70 的基准。

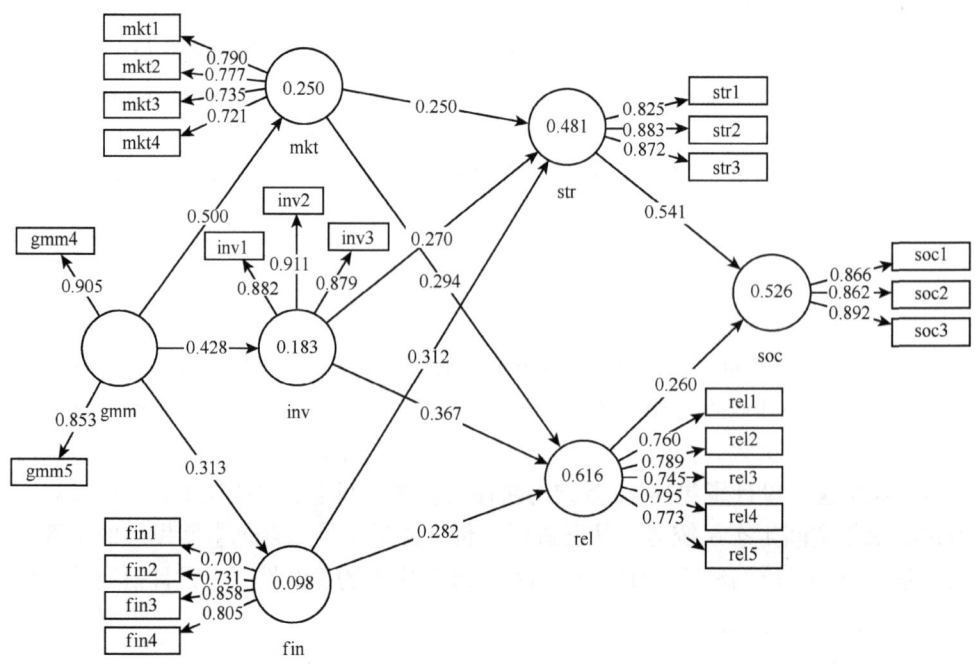

图 3.5 基于 PLS 的众创空间生态系统模型

二、模型评估

借助 SmartPLS 3 软件对问卷的内部一致性信度、收敛效度和区别效度进行了测试;同时,借助 bootstrapping 技术,在 117 个原始样本数据集中通过抽出放回的方式随机抽取 5000 次[①],创建子样本,对模型的显著性进行验证。结构方程外模型的评价可以通过对题项信度(indicator reliability)、内部一致性信度(internal consistency reliability)、收敛效度(convergent validity)与区别效度(discriminant validity)等进行检验而确定。

(一)模型的题项信度、内部一致性信度、收敛效度检验

表 3.7 给出了结构方程中每个潜变量涉及的显变量(题项)内部一致性和收敛性的鉴定结果。

表 3.7 变量测度

潜变量	Cronbach's α (>0.70)	ρ_A (>0.70)	组合信度 (CR>0.70)	收敛效度 (AVE>0.50)
fin	0.777	0.784	0.857	0.602
gmm	0.710	0.731	0.872	0.773
inv	0.870	0.872	0.920	0.794
mkt	0.753	0.758	0.842	0.572
rel	0.832	0.836	0.881	0.597
soc	0.844	0.845	0.906	0.763
str	0.824	0.824	0.895	0.740

(1)内部一致性信度。Cronbach's α、ρ_A 以及 CR(composite reliability,组合信度)等作为检验模型内部一致性信度的统计量,其对应的最小值分别是 0.710、0.731 和 0.842,每个统计量的最小值都大于传统阈值 0.70[②],说明各潜变量对应的显变量符合做因子分析的要求,标志着模型具有良好的可靠性。

(2)收敛效度。收敛效度通常是借助 AVE 和因子分析来进行检验:AVE 的值一

[①] Hair J F, Ringle C M, Sarstedt M. PLS-SEM: indeed a silver bullet[J]. Journal of Marketing Theory and Practice, 2011, 19(2): 139-151.

[②] Henseler J, Hubona G, Ray P A. Using PLS path modeling in new technology research: updated guidelines[J]. Industrial Management & Data Systems, 2016, 116(1): 2-20.

一般要求不能低于 0.50[①]、每个潜变量的因子载荷要求大于或等于 0.70，满足这两个条件就意味着模型的收敛效度满足要求。七个潜变量对应的 AVE 的最小值是 0.572，依然大于 0.50 的门槛阈值（表 3.7）；表 3.8 给出了每个潜变量在对应显变量上的因子载荷，其值都大于门槛阈值 0.70，同时，每个显变量在各自对应的潜变量上的载荷都大于其在其他潜变量上的载荷。可见，模型中潜变量满足收敛条件。

表 3.8 交叉载荷量

显变量	fin	gmm	inv	mkt	rel	soc	str
fin1	0.700	0.300	0.367	0.488	0.458	0.536	0.415
fin2	0.731	0.259	0.435	0.473	0.428	0.511	0.459
fin3	0.858	0.206	0.533	0.328	0.542	0.411	0.492
fin4	0.805	0.219	0.479	0.405	0.592	0.339	0.507
gmm4	0.311	0.905	0.436	0.454	0.479	0.421	0.445
gmm5	0.233	0.853	0.305	0.424	0.350	0.516	0.314
inv1	0.544	0.394	0.882	0.476	0.585	0.442	0.472
inv2	0.497	0.435	0.911	0.431	0.606	0.506	0.550
inv3	0.533	0.310	0.879	0.393	0.614	0.426	0.511
mkt1	0.326	0.302	0.276	0.790	0.443	0.348	0.312
mkt2	0.494	0.383	0.452	0.777	0.594	0.428	0.450
mkt3	0.443	0.351	0.230	0.735	0.362	0.436	0.295
mkt4	0.358	0.446	0.447	0.721	0.446	0.599	0.540
rel1	0.455	0.385	0.628	0.483	0.760	0.472	0.438
rel2	0.558	0.254	0.486	0.416	0.789	0.314	0.409
rel3	0.450	0.372	0.447	0.454	0.745	0.352	0.346
rel4	0.499	0.404	0.530	0.584	0.795	0.510	0.467
rel5	0.571	0.410	0.500	0.456	0.773	0.541	0.582
soc1	0.550	0.481	0.519	0.518	0.519	0.866	0.627
soc2	0.449	0.393	0.369	0.464	0.461	0.862	0.592
soc3	0.493	0.500	0.458	0.617	0.532	0.892	0.598
str1	0.467	0.377	0.448	0.498	0.425	0.644	0.825
str2	0.575	0.334	0.490	0.475	0.537	0.578	0.883
str3	0.520	0.421	0.545	0.444	0.556	0.566	0.872

---

① Bagozzi R P. Evaluating structural equation models with unobservable variables and measurement error: a comment[J].Journal of Marketing Research, 1981, 18（3）: 375-381.

(二）区别效度检验

区别效度。区别效度的功能在于评估变量是否清晰可识别，当一个变量 AVE 的平方根大于该变量与其他变量之间的相关性，就可以认定该变量具有区别效度[①]，这就是判断潜变量之间区别效度的 Fornell-Larcker（弗奈尔和拉克）准则；另外，HTMT（heterotrait-monotrait ratio，异质–单质比率）也是判断潜变量间区别效度的一个标准，这个标准要求所有两两潜变量之间 HTMT 值上限不应超过 0.85 的门槛阈值[②]。结果显示，模型中每个潜变量的 AVE 平方根都大于这个变量与其他潜变量之间的相关性（表 3.9）；表 3.10 给出了模型中两两潜变量之间的 HTMT 值，其值都在 0.85 以下。模型对目标变量（社会效益）的解释力（$R2$）是 0.526（图 3.5）。

表 3.9 弗奈尔–拉克准则

潜变量	fin	gmm	inv	mkt	rel	soc	str
fin	0.776						
gmm	0.313	0.879					
inv	0.588	0.428	0.891				
mkt	0.540	0.500	0.486	0.756			
rel	0.656	0.478	0.675	0.624	0.773		
soc	0.571	0.526	0.516	0.612	0.578	0.873	
str	0.605	0.438	0.575	0.549	0.588	0.694	0.860

表 3.10 HTMT 标准

潜变量	fin	gmm	inv	mkt	rel	soc	str
fin							
gmm	0.422						
inv	0.714	0.533					
mkt	0.707	0.668	0.573				
rel	0.810	0.605	0.788	0.762			
soc	0.715	0.686	0.598	0.748	0.675		
str	0.755	0.564	0.678	0.668	0.701	0.831	

综上，基于 PLS 的众创空间生态系统的外模型在题项信度、内部一致性信度、收敛效度检验及区别效度上都达到了基准以上的要求。

[①] Fornell C, Larcker D F. Evaluating structural equation models with unobservable variables and measurement error[J]. Journal of Marketing Research, 1981, 18（1）: 39-50.

[②] Henseler J, Ringle C M, Sarstedt M. A new criterion for assessing discriminant validity in variance-based structural equation modeling[J].Journal of the Academy of Marketing Science, 2015, 43（1）: 115-135.

三、研究假设的验证

图 3.5 显示了上述 11 项理论假设所指出的潜变量之间的影响系数及模型对每个潜变量的解释能力,相关指标的统计值见表 3.11。在 11 项理论假设中:创客空间财务状况在显著性水平 0.001 上(显著性水平 p 依然小于 0.01)有助于提升创客结构嵌入能力(H3.2e);创客空间财务状况在显著性水平 0.006 上(显著水平 p 依然小于 0.01)有助于提升创客关系嵌入能力(H3.2f);另外,H3.2a 和 H3.2c 分别在显著性水平 0.002 和 0.003 上成立。总之,11 项假设都是在显著性水平 0.01 上得到支持。同时,从两两潜变量之间影响系数的 97.5%置信区间分布来看,也确保了理论假设中变量之间影响的(正)方向性。

表 3.11 内模型路径系数有效性检验

路径	初始样本系数	样本系数均值	系数标准差	t 值	p 值	系数区间估计 2.5%	97.5%
gmm→mkt	0.500	0.508	0.075	6.677	0.000	0.345	0.645
gmm→inv	0.428	0.430	0.101	4.239	0.000	0.218	0.611
gmm→fin	0.313	0.320	0.090	3.498	0.000	0.138	0.486
mkt→str	0.250	0.255	0.082	3.058	0.002	0.096	0.412
mkt→rel	0.294	0.297	0.084	3.508	0.000	0.138	0.464
inv→str	0.270	0.266	0.091	2.968	0.003	0.078	0.434
inv→rel	0.367	0.363	0.084	4.368	0.000	0.193	0.526
fin→str	0.312	0.311	0.097	3.211	0.001	0.111	0.494
fin→rel	0.282	0.283	0.103	2.725	0.006	0.081	0.480
str→soc	0.541	0.538	0.079	6.842	0.000	0.373	0.686
rel→soc	0.260	0.262	0.072	3.608	0.000	0.112	0.398

从模型运行变量之间的总效应来看(表 3.12),政府规制的市场传导通过创客空间对创客结构嵌入、关系嵌入的影响都是在显著水平 0.01 上发挥着作用;政府规制的市场传导通过创客空间、创客对众创空间生态系统的社会效益的影响也是在显著水平 0.01 上发挥着作用。创客空间的每种自我效能(市场管控、创新行为、财务状况)都会通过创客(结构嵌入、关系嵌入)在显著水平 0.01 上对众创空间生态系统的社会效益发挥着影响。同时,以上这些变量之间综合性影响关系的 97.5%的置信区间都是在大于 0 的区间内,说明这种总效应是在发挥作用的。总效应的存在意味着,我国地方众创空间生态系统主体行为之间存在着影响的传导机制。

表 3.12 总效应

路径	初始样本系数	样本系数均值	系数标准差	t 值	p 值	系数区间估计	
						2.5%	97.5%
gmm→str	0.338	0.347	0.078	4.349	0.000	0.193	0.496
gmm→rel	0.392	0.401	0.083	4.733	0.000	0.231	0.556
gmm→soc	0.285	0.294	0.074	3.846	0.000	0.151	0.440
mkt→soc	0.211	0.217	0.058	3.639	0.000	0.106	0.329
inv→soc	0.241	0.239	0.062	3.875	0.000	0.117	0.358
fin→soc	0.242	0.241	0.056	4.327	0.000	0.124	0.347

四、中介变量验证

结构方程模型中中介变量的确定也是判断模型设定是否合理的一项重要指标。中介变量一般可以分为五种类型：互补中介（complementary mediation）、竞争中介（competitive mediation）、完全中介（indirect-only mediation）、只有直接影响（无中介）（direct-only mediation）和没有直接影响（无中介）（no-effect mediation）[1]。上述五种中介变量类型的具体含义可以借助图 3.6 加以解释，潜变量 X、M、Y 之间的影响关系如图 3.6 所示，彼此之间的影响程度分别为 a、b、c：①当 $a \times b$ 显著时，表示 X 与 Y 之间具有中介效应；当 $a \times b$ 不显著时，表示 X 与 Y 之间不具有中介效应。②当 $a \times b$ 显著时，如果此时 c 不显著，表示 X 与 Y 之间只有间接中介，即完全中介；如果此时 c 显著，并且 $a \times b \times c$ 是正值，表示 X 与 Y 之间具有互补中介效应，如果 $a \times b \times c$ 是负值，表示 X 与 Y 之间具有竞争中介效应。③当 $a \times b$ 不显著时，如果此时 c 显著，表示 X 与 Y 之间只具有直接影响（无中介）效应；如果此时 c 不显著，表示 X 与 Y 之间没有直接影响（无中介），也就是说，此时 X 与 Y 之间既无直接影响效应也无中介影响效应[2]。

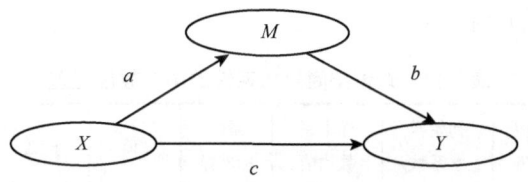

图 3.6 中介变量效应

---

[1] Zhao X, Lynch J G, Chen Q. Reconsidering baron and kenny: myths and truths about mediation analysis[J]. Journal of Consumer Research, 2010, 37（2）: 197-206.

[2] 萧文龙. 统计分析入门与应用：SPSS 中文版+SmartPLS 3 [M]. 台北：碁峰信息股份有限公司, 2018.

表 3.13 给出了基于 PLS 的众创空间生态系统模型中中介变量的统计特征。在显著性水平 0.05 的条件下，无论是创客空间的市场管控、创新行为、财务状况等行为，还是创客结构嵌入、关系嵌入等举措都表现出显著的中介效应。这也进一步验证了模型设定的合理性。

表 3.13 中介效应

中介变量	路径	初始样本系数	样本系数均值	系数标准差	t 值	p 值	系数区间估计	
							2.5%	97.5%
mkt	gmm→str	0.125	0.131	0.048	2.572	0.010	0.043	0.233
	gmm→rel	0.147	0.153	0.053	2.782	0.005	0.059	0.264
inv	gmm→str	0.115	0.117	0.054	2.128	0.033	0.023	0.234
	gmm→rel	0.157	0.157	0.055	2.844	0.004	0.059	0.272
fin	gmm→str	0.098	0.099	0.042	2.323	0.020	0.027	0.189
	gmm→rel	0.088	0.091	0.043	2.043	0.041	0.019	0.188
str	mkt→soc	0.135	0.138	0.050	2.712	0.007	0.045	0.239
	inv→soc	0.146	0.144	0.056	2.627	0.009	0.036	0.256
	fin→soc	0.169	0.167	0.057	2.946	0.003	0.057	0.281
rel	mkt→soc	0.076	0.079	0.033	2.300	0.021	0.023	0.152
	inv→soc	0.095	0.094	0.033	2.881	0.004	0.034	0.164
	fin→soc	0.073	0.074	0.035	2.122	0.034	0.017	0.152

为了准确了解模型中不同变量中介效应的类型，分别对上述 12 条路径的中介效应进行检验（表 3.14）。显然，在众创空间生态系统的中介效应路径中，创客空间的市场管控在政府规制的市场传导与创客的结构嵌入之间发挥着完全中介的作用；创客的结构嵌入与关系嵌入在创客空间的创新行为与众创空间生态系统的社会效益之间发挥着完全中介作用；除此以外，其他的所有呈现中介形式的路径中，都表现出互补中介的特征。

表 3.14 众创空间生态系统的中介效应类型

路径	效应类型	初始样本系数	样本系数均值	系数标准差	t 值	p 值	显著性水平 0.05	中介类型
gmm→mkt→str	a	0.505	0.514	0.074	6.869	0.000	yes	完全中介
	b	0.451	0.454	0.090	5.011	0.000	yes	
	c	0.211	0.212	0.126	1.670	0.095	no	

续表

路径	效应类型	初始样本系数	样本系数均值	系数标准差	t值	p值	显著性水平 0.05	中介类型
gmm→mkt→rel	a	0.495	0.502	0.074	6.645	0.000	yes	互补中介
	b	0.516	0.522	0.084	6.174	0.000	yes	
	c	0.223	0.220	0.089	2.509	0.012	yes	
gmm→inv→str	a	0.434	0.439	0.094	4.609	0.000	yes	互补中介
	b	0.474	0.468	0.095	4.982	0.000	yes	
	c	0.239	0.244	0.119	2.006	0.045	yes	
gmm→inv→rel	a	0.432	0.436	0.095	4.525	0.000	yes	互补中介
	b	0.579	0.579	0.079	7.363	0.000	yes	
	c	0.230	0.235	0.070	3.282	0.001	yes	
gmm→fin→str	a	0.318	0.324	0.089	3.562	0.000	yes	互补中介
	b	0.519	0.519	0.077	6.716	0.000	yes	
	c	0.277	0.279	0.112	2.471	0.013	yes	
gmm→fin→rel	a	0.315	0.323	0.093	3.403	0.001	yes	互补中介
	b	0.566	0.570	0.082	6.946	0.000	yes	
	c	0.298	0.299	0.078	3.822	0.000	yes	
mkt→str→soc	a	0.559	0.566	0.060	9.280	0.000	yes	互补中介
	b	0.502	0.498	0.082	6.143	0.000	yes	
	c	0.347	0.351	0.074	4.657	0.000	yes	
mkt→rel→soc	a	0.624	0.630	0.064	9.776	0.000	yes	互补中介
	b	0.326	0.324	0.075	4.330	0.000	yes	
	c	0.412	0.416	0.073	5.620	0.000	yes	
inv→str→soc	a	0.576	0.576	0.070	8.245	0.000	yes	完全中介
	b	0.593	0.597	0.085	6.993	0.000	yes	
	c	0.176	0.167	0.106	1.664	0.096	no	
inv→rel→soc	a	0.679	0.683	0.064	10.536	0.000	yes	完全中介
	b	0.426	0.438	0.097	4.395	0.000	yes	
	c	0.229	0.215	0.134	1.705	0.088	no	
fin→str→soc	a	0.604	0.608	0.063	9.656	0.000	yes	互补中介
	b	0.535	0.530	0.087	6.131	0.000	yes	
	c	0.264	0.271	0.088	2.979	0.003	yes	
fin→rel→soc	a	0.655	0.662	0.070	9.312	0.000	yes	互补中介
	b	0.345	0.344	0.078	4.422	0.000	yes	
	c	0.356	0.362	0.094	3.809	0.000	yes	

第六节 讨 论

一、众创空间生态系统运作的政策市场传导机制

中央或地方政府在推动创客空间生态系统建立和运行上，必须考虑针对性政策的市场传导机制及强度。在我们设计的五个关于政策及政策的市场效应题项中，其中，"创客空间发展需要政府财政补贴的持续投入""创客空间发展状况依赖税收减免力度""政府应适度控制众创空间的拓展速度"等三个题项的政策导向型含义较明确，而"创客进入众创空间基本上没有门槛""众创空间是企业多渠道发展的一个较好选择"是在政府推行相关政策之下形成的影响创客空间发展的因素，其市场机制作用的成分更为明显。之所以政策意味较浓的激励或规制众创空间发展的对策在众创空间生态系统的发展中发挥不了应有的作用，其根源在于地方众创空间生态系统的运行机制基本成型，对相关政策激励的依赖度在下降或对政府规制具有一定的抵触。可见，此处的研究结论佐证了前面（第二章）"政策赋能子系统与市场赋能子系统、服务赋能子系统之间的较低耦合度"的研究结论。众创空间生态系统形成初期，为了克服创新2.0背景下创新资源充分融入社会发展、推动地方经济发展、提高民生水平所面临的资源错配问题，创客空间的形成与发展需要政府财政、税收等非市场激励的方式推动。但是伴随着我国不同地区众创空间生态系统运行的逐步常态化，"创客进入众创空间基本上没有门槛""众创空间是企业多渠道发展的一个较好选择"等政策所营造的市场手段的作用逐步增强，以至于替代了政府直接的财政或税收政策激励。当然，应该看到，之所以"政府应适度控制众创空间的拓展速度"的对策并没有在当前受访众创空间生态系统运行中发挥作用，其原因在于，我国部分地区的众创空间生态系统依然处于成长期，政府的适度控制依然需要等待时机。

综上，我们认为，我国部分地区创客空间生态系统已经处于较为成熟的成长期，但是还没有达到成熟期，在这样一个发展阶段，创客空间生态系统更加需要增强自我组织、运行的能力，市场机制是这个时期更为恰当的调节机制，政府的政策激励可以适度放缓，政府的政策约束性规制有待探究适当时机。政府作为众创空间生态系统的一个重要主体，其当前的主要作用在于准确把握众创空间生态系统所处的发展阶段，并及时有针对性地推出市场机制作用显著的政策措施，比如，结合地区经济、民生的需要，针对特定产业、特定领域众创空间生态系统培育和发展，结合地区性市场运行特点出台对应的政策。

二、众创空间生态系统主体行为之间的直接影响

(一)政府规制的市场传导行为对众创空间主体行为的影响

政府规制的市场传导行为在对众创空间市场管控、创新行为、财务状况的影响中,众创空间的市场管控接受政府政策、规制等的市场传导影响程度最大($\beta=0.500$, $t=6.677$, $p<0.01$),其次是对其创新行为的影响程度($\beta=0.428$, $t=4.239$, $p<0.01$),再次是对其财务状况的影响程度($\beta=0.313$, $t=3.498$, $p<0.01$),这与创客空间的实际运行规律是相吻合的。创客空间作为推动我国众创空间生态系统运行重要的策源地和动力来源,在其形成和发展初期,对政府扶持和激励具有一定的依赖性,但是市场主体性是其必须面对并且要克服的迫切问题,因此,市场运作的系列行为是其持续发展的根本;创客空间在服务策略(或手段)、服务群体及服务区域的系列创新是提高其面向创客的综合实力的体现,这种实力的达成依赖于创客空间自身的市场运作、管控水平,因此,来自政府激励、规制等策略的市场传导行为的更强的影响力会体现在创客空间的市场管控行为。因此,我们可以得到一个认识:完善自身的市场运作机制和功能、尽快融入市场是保证创客空间在众创空间生态系统中功能发挥的基础。

(二)众创空间主体行为对创客行为的影响

创客空间的市场管控行为对创客的结构嵌入行为影响程度($\beta=0.250$, $t=3.058$, $p<0.01$)不及对关系嵌入行为的影响程度($\beta=0.294$, $t=3.508$, $p<0.01$);创客空间的创新行为对创客的结构嵌入($\beta=0.270$, $t=2.968$, $p<0.01$)和关系嵌入($\beta=0.367$, $t=4.368$, $p<0.01$)的影响也具有相似的特征;创客空间财务状况对创客网络嵌入的影响则相反,对创客结构嵌入影响的效果为$\beta=0.312$, $t=3.211$, $p<0.01$,对创客空间关系嵌入影响的效果为 $\beta=0.282$, $t=2.725$, $p<0.01$。我们知道,创客的结构嵌入更多地侧重于创客空间平台及平台之间微观客体或行为彼此之间的融合、合作等,而创客关系嵌入则侧重于创客对地方产业、市场的关系融合。比较创客空间每种行为在推动创客结构嵌入和关系嵌入功能的影响,我们发现:创客空间市场管控与创新行为在强化和推动创客(赋有远期特征的)关系嵌入类对策的实施上的功效更强;创客空间财务状况类因素推动创客(赋有近期特征)结构嵌入类举措实行的功效更强。比较创客空间三种行为分别作用于创客网络嵌入的功能,我们发现:在对创客结构嵌入影响上,创客空间财务状况的影响强度最高,其次是创客空间的创新行为,最后是创客空间的市场管控;在对创客关系嵌入影响上,创客空间创新行为的影响强度最高,其次是创客空间的市场管控,最后是创客空间的财务状况。简言之,创客空间创新行为助推创客关系嵌入功能保证了

众创空间生态系统运行的可持续性，创客空间财务状况助推创客结构嵌入功能保证了众创空间生态系统运行的稳健性。

（三）创客行为对众创空间生态系统的社会绩效的影响

从模型运行结果来看，创客结构嵌入对众创空间生态系统社会绩效的影响效应是 $\beta=0.541$（$t=6.842$，$p<0.01$），创客关系嵌入对众创空间生态系统社会绩效的影响效应是 $\beta=0.260$（$t=3.608$，$p<0.01$）。从系统对创客结构嵌入、创客关系嵌入的影响（总效应）来看，前者的效应是 $\beta=0.338$（$t=4.349$，$p<0.01$）、后者的效应是 $\beta=0.392$（$t=4.733$，$p<0.01$），也就是说系统对创客的关系嵌入作用更强，但是，创客的结构嵌入却更有利于提高地方当前众创空间生态系统整体的社会效益。这看似矛盾的结论正揭示了我国目前众创空间生态系统运行具有较强的系统矫正功能，创客空间通过强化创客的关系嵌入，提升了创客融入我国地方产业、市场的能力，同时，创客结构嵌入的短期社会效应增强了我国地方众创空间生态系统整体的运行能力。

三、众创空间生态系统主体行为之间的间接影响

纵观众创空间生态系统中介效应，包括以创客空间主体行为和创客主体行为为中介的两类效应，基于阐述的便利性和效应之间的关联性，称由创客空间主体行为变量所引发的效应为一级中介效应，称由创客主体行为变量所引发的效应为二级中介效应。

（1）一级中介效应的特点。创客空间的主体行为在衔接政府规制的市场传导效应与创客网络嵌入方面，互补中介是其主要衔接方式（除了创客空间的市场管控在政府规制的市场传导与创客结构嵌入之间是完全中介以外），也就是说，政府规制的市场传导不仅可以通过创客空间主体行为的媒介影响到创客的网络嵌入行为，还可以直接对后者产生作用。

（2）二级中介效应的特点。创客的网络嵌入在衔接创客空间主体行为与众创空间生态系统社会效益方面，创客空间的创新类举措主要通过创客的网络嵌入而间接实现社会效益；创客空间的市场管控、财务状况的维持既可以通过创客网络嵌入间接实现社会效益，还可以直接为众创空间生态系统带来社会效益。

我们知道，众创空间生态系统中，作为保障众创空间生态系统能够持续性发展的重要因素，在众创空间生态系统的社会效益形成方面，创客空间创新举措主要是通过对创客结构嵌入和关系嵌入的影响而产生，这是各级各类众创空间在其发展过程中值得关注的问题。一方面，创客空间的创新举动需要借助平台创客成员规模的集聚、创客成员富有成效的交流、创客之间频繁的合作等结构性融合，以及创客服务产业、市场、民生等关系融合来达成其社会功效，可见其形成的社会效益具有滞后性和间接性。

另一方面，创客空间的市场管控措施、财务状况的维护等举措不仅可以通过创客的两类网络嵌入实现众创空间生态系统社会效益的实现，同时，还可以直接形成社会效益，可见创客空间的这两类举措形成社会效益的即时性和直接性。因此，鉴于创客空间创新举措的社会效益形成的相对滞后性，在推动地方众创空间生态系统合理化运行方面，必须强化政府在创客空间的创新领域的激励机制，并合理规制，防止有些创客空间为了一时的利益而过分通过市场规制或强化自身财务实力等措施片面强化众创空间生态系统近期的稳健性，而忽略众创空间生态系统长期的可持续性。

  基于自然生态系统意涵，剖析了我国众创空间生态系统的研究现状，兼顾生态系统存续的主体和环境两类要件，针对众创空间要承担"激发亿万群众创造活力、打造经济发展新引擎"的功能，基于社会经济、民生福利不断提升的环境背景，分析了政府、创客空间、创客之间信息、物质流循环机制，阐述了包含政府生态圈子系统、创客空间生态圈子系统、创客生态圈子系统自组织及协同机制。为了充分揭示地方众创空间生态圈子系统主体间行为影响机理，构建了包含政府、创客空间、创客、创客空间生态系统运行效益的结构方程模型；基于有效的调查问卷信息，揭示了众创空间生态系统运行的近期效应（稳定性）和长期效应（持续性）的形成机理。

  研究表明：首先，鉴于我国大部分部分地区创客空间生态系统依然处于成长期，政府作为众创空间生态系统的一个重要主体，当前主要职能在于准确把握众创空间生态系统所处的发展阶段，强化政策的市场激励和约束性功能的转化，以市场为纽带，嫁接政府与众创空间及创客之间的激励、约束机制，提升政府在推动地方众创空间生态系统合理运行功能发挥上的积极作用。

  其次，创客空间作为推动我国众创空间生态系统运行的重要的策源地和动力来源，形成和发展初期，对政府扶持和激励具有一定的依赖性，但是完善其自身的市场运作机制和功能、尽快融入市场是保证创客空间在众创空间生态系统中功能发挥的基础。

  最后，创客空间不同的举措或特征在推动创客的关系嵌入和结构嵌入的强度不同。创客空间创新行为助推创客关系嵌入功能保证了众创空间生态系统运行的可持续性，创客空间财务状况助推创客结构嵌入功能保证了众创空间生态系统运行的稳健性。另外，创客的关系嵌入提升了创客融入我国地方产业、市场的能力；创客结构嵌入的短期社会效应增强了我国地方众创空间生态系统整体的运行能力。

  综合来看，我国地方众创空间生态系统目前存在的问题主要是我国创客的关系嵌入（创客融入产业、市场等实力）推动系统社会效益能力不足，而对创客的关系嵌入推动作用较为明显的是创客空间创新行为，其接受政府政策的市场化激励和约束效能与市场管制相比并不是最强，因此，在当前的地方众创空间生态系统的建设和发展中，政府决策的目标导向性依然有待改进，强化政策对创客空间的创新行为激励是目前政府政策有待改进的主导方向。

第四章 我国众创空间的发展现状

以 2386 家国家级众创空间为对象,综合采用网络调研、电话询问、专家访谈及个案研究等方法,主要从我国国家级众创空间在各省区市、产业、主体源分布情况及经营模式等方面进行研究。研究表明,从地区分布来看,众创空间主要分布在我国东部地区,东部地区众创空间数量约占我国众创空间总数的 55%,享受财政资金支持额也相对较高,占我国财政资金支持总额的 58%[①]。从省区市分布来看,广东、江苏、山东、北京、上海等地的众创活动较为活跃,无论是绝对数量还是经营情况均优于其他省区市,涌现出诸多极具代表性和中国特色的孵化载体,为众创活动中国经验的推广做出了突出贡献,这与第二章得出的"东高西低、中部突起、局地放缓"的分布特征相吻合。当然,我国众创空间也存在一些不容忽视的问题:区域分布不平衡、盈利模式单一、产业结合不紧密、服务能力有待提升、高校作用发挥不充分、众创文化氛围不浓厚等,亟须积极借鉴国外众创空间发展经验,建立起中国特色的众创空间生态体系。

第一节 我国众创空间发展模式

不同众创空间的发展定位、体量大小、运行机制、创客来源等不尽相同,呈现出多样化的类型。对众创空间的类型进行合理划分,有利于创客偏向性选择、营运主体科学评估绩效、政府部门开展精准性扶持、理论界进行针对性探究。

一、依据不同主导者的划分方式

基于众创空间主导者身份的不同,可划分为政府主导型众创空间、企业主导型众创空间、投资机构主导型众创空间、高校主导型众创空间、科研机构主导型众创空间。

(1)政府主导型众创空间是指科技主管部门或人力资源和社会保障部门代表政府投资兴建并管理的众创空间。这类众创空间具有显著的公益性,不以营利为目的。

---

① 科技部、前瞻产业研究院 2020 年《中国众创空间发展模式与投资战略规划分析报告》。

2014年经镇江市政府批准建立的金港创客工场就是政府主导型众创空间。

（2）企业主导型众创空间是指企业立足市场需求，顺应产业结构调整和发展的趋势兴办的众创空间。这类众创空间旨在降低创新成本，增强企业核心竞争力，具有明显的营利性，如百度创新中心、腾讯众创空间。

（3）投资机构主导型众创空间是指金融投资机构为吸引优质的创业项目所搭建的融资平台，以投资和孵化为主，助力早期阶段的创业公司快速成长，如李开复的创新工场等。

（4）高校主导型众创空间一般由高校管理部门牵头建立，高校本身作为运营主体，负责众创空间日常的运行和管理，运行和管理人员由学校行政人员担任。众创空间的运作经费来自政府的专项资金和高校的划拨款项，高校提供众创空间必需的场地空间和水电、物业、网络通信等配套设备，同时提供创新创业教育等相关服务，如浙江大学的e-WORKS、南开大学的GENSBOX等。

（5）科研机构主导型众创空间是指科研机构在转移转化自身科技成果的同时，孵化具有潜力的创新创业项目，充分释放自身的资源优势，让体制性的资源优势更好地服务"双创"活动的平台，如长春光学精密机械与物理研究所成立的T2T创业工作室等。

二、依据不同业务范围的划分方式

依据不同业务范围的划分，不同专家有不同的意见。付群英和刘志迎[①]将众创空间的类型划分为实体空间式、平台众包式和网络社区式。《中国众创空间发展蓝皮书》将众创空间的类型划分为专业服务型、培训辅导型、媒体延伸型、投资促进型、联合办公型、综合生态型等六种类型。贾天明和雷良海[②]将众创空间的类型划分为活动聚合型、培训辅导型、媒体驱动型、投资驱动型、地产思维型、产业链服务型、综合创业生态型等七种类型。本书将众创空间划分为培训交流型、地产思维型、投资驱动型、媒体驱动型、特定产业链服务型、综合创业生态体系型等六种类型。实际上，境外诸多众创空间兼有培训辅导、融资、孵化等复合功能，其类型则依据其主要功能进行判断。

（1）培训交流型众创空间，坚持理论联系实际，以交流、经验、分享创意为主，举办创意沙龙，开展创业项目的集中发布、展示、路演等相关活动，如上海新车间、深圳柴火空间、北大创业孵化营等。

（2）地产思维型众创空间，地产商为了寻求转型，基于地产楼盘兴建的联合

---

① 付群英，刘志迎. 大众创新：内涵与运行模式[J]. 科学学与科学技术管理，2016，37（2）：3-10.
② 贾天明，雷良海. 众创空间的内涵、类型及盈利模式研究[J]. 当代经济管理，2017，39（6）：13-18.

办公空间，为创业者提供工位，如 SOHO 3Q、优客工场等。

（3）投资驱动型众创空间，以资本为核心和纽带，吸引天使投资人、投资机构等投资前景好的创业项目，如车库咖啡、天使汇等。

（4）媒体驱动型众创空间，由具备庞大宣传平台的媒体创办，通过灵活多样的宣传方式，帮助初创企业提高社会知名度，不断扩大影响力，积极推介其产品，如 36 氪、创业家等。

（5）特定产业链服务型众创空间，以助力产业链上下游的发展为宗旨，提供产品打磨、牵线企业合作、合投基金等服务，如创客总部等。

（6）综合创业生态体系型众创空间，提供包括融投资、专业培训、信息咨询、代理招聘、运营策划、法律顾问、知识产权转让以及住宿等综合型服务，如创业公社、3W、腾讯众创空间等。

三、依据不同物理形态的划分方式

（1）单体型众创空间，绝大部分众创空间都属于单体型，可以分非连锁型和连锁型，连锁型如 IC 咖啡，具有全球化跨地域的特点，其运营主体租赁办公场所，对入驻的创客进行孵化，为创客提供相关服务。

（2）群体型众创空间，以街区形态或小镇形态出现，汇聚一批众创空间，街区形态的有北京的中关村创业大街、武汉的光谷创业街，小镇形态的有浙江的云栖小镇、梦想小镇等。

第二节 我国众创空间类型分布情况

一、研究对象及方法

（一）研究对象

根据 2020 年 10 月出版的《中国火炬统计年鉴（2020 年）》数据统计，我国目前有 8000 家国家、省区市级众创空间，其中国家级众创空间占比达 29.8%。鉴于国家级众创空间具有成立时间久、入驻企业多、结构功能完善、运营情况良好、配套趋于成熟、网络公开数据丰富等特点，将国家级众创空间作为研究样本，能较好地反映近年来我国众创空间发展的基本情况。本书选取 2020 年 3 月科技部火炬中心公布的 2386 家 2020 年度国家备案众创空间作为研究对象，根据本章第一节确定的众创空间类型（3 类 13 型），对 2386 家国家级众创空间进行分类分型分析，这对于初创企业选择适合企业发展的孵化平台以及政府根据类型进行精准施策等具有一定指导作用。

（二）数据调研方法

于 2020 年 3 月至 10 月，对 2386 家国家级众创空间数据进行网络或电话调研。

1. 信息查询范围

主要对众创空间的创立时间、空间规模、入驻企业数量、成功孵化企业数量、产业覆盖面、导师团队、企业估值、社会影响、合作伙伴等情况进行查询统计，其中合作伙伴方面重点查询是否依托高校或是与高校深度合作。

2. 信息查询方式

（1）通过关键字（词）使用百度或谷歌搜索引擎查找可用信息。
（2）下载"企查查"APP 或者"天眼查"APP，查询运营主体的信息。
（3）通过众创空间或者运营主体的微信公众号、微博、58 同城等查询相关信息。
（4）通过电话询问。

3. 数据分析处理

根据查询的众创空间基本信息，进行分析研判，划分类型，并多次复核，以确保分型的科学有效。对于部分因现有信息无法判定类型的众创空间，采用集中研讨、咨询专家等方式，逐一判别，以确保数据的准确与严谨。

（三）区域划分方法

根据国家发展和改革委员会（简称国家发改委）对我国东、中、西部的划分办法，将北京、上海、天津、海南、辽宁、江苏、浙江、河北、广东、福建、山东划为东部地区；黑龙江、湖北、河南、山西、安徽、吉林、湖南、江西划为中部地区；西藏、云南、四川、重庆、贵州、甘肃、陕西、宁夏、青海、广西、新疆[①]、内蒙古划为西部地区。

二、总体分布概述

（一）区域分布情况

2019 年各省区市众创空间数量见表 4.1。对 31 个省区市和 1 个国家实行计划单列的特殊社会组织的众创空间数量进行排序（表 4.1）可知，众创空间的

---

① 因为新疆生产建设兵团为计划单列的省部级特殊区划，所以将其从新疆数据中单列了出来。

数量与该省区市的经济社会发展情况、高校数量等呈强正相关关系。一般来讲经济越发达、民众受教育程度越高，创新创业氛围就越浓厚，相应地，该地区众创空间数量也就越多，创业人员和企业也越多。由表 4.2 看出，经济发达、开放程度高、高校数量多、创新创业活动起步较早的东部地区众创空间数量最多，中西部地区较之差距明显。特别是众创空间数量最多的广东、山东、江苏，其 GDP 排名位列前三（表 4.3），国家级众创空间数量在一定程度上与社会经济因素存在正向关联[1]。同时，三个省的高校数量也位居前列（表 4.4），众创空间的数量与高校活跃度存在一定关联。

表 4.1　2019 年各省区市众创空间数量

序号	省区市	数量/家	序号	省区市	数量/家
1	广东	278	17	河南	54
2	山东	242	18	安徽	52
3	江苏	224	19	江西	51
4	浙江	163	20	山西	51
5	北京	161	21	云南	41
6	河北	111	22	甘肃	32
7	陕西	90	23	黑龙江	31
8	天津	88	24	广西	30
9	湖北	83	25	新疆	28
10	上海	81	26	贵州	26
11	四川	74	27	吉林	23
12	福建	73	28	青海	15
13	辽宁	73	29	新疆生产建设兵团	15
14	湖南	60	30	宁夏	10
15	内蒙古	58	31	海南	7
16	重庆	55	32	西藏	6

表 4.2　2019 年东中西部省区市众创空间数量

序号	地区	数量/家
1	东部地区	1501
2	中部地区	405
3	西部地区	480

---

[1] 卫武，黄苗苗. 中国众创空间分布及其影响因素研究[J]. 武汉大学学报（哲学社会科学版），2020，73（6）：114-124.

表 4.3 2019 年各省区市 GDP 排名

省区市	GDP/亿元	GDP增速	省区市	GDP/亿元	GDP增速	省区市	GDP/亿元	GDP增速
广东	107 671.07	6.2%	北京	35 371.30	6.1%	天津	14 104.28	4.8%
江苏	99 631.52	6.1%	河北	35 104.50	6.8%	黑龙江	13 612.70	4.2%
山东	71 067.50	5.5%	陕西	25 793.17	6.0%	新疆	13 597.11	6.2%
浙江	62 352.00	6.8%	辽宁	24 909.50	5.5%	吉林	11 726.80	3.0%
河南	54 259.20	7.0%	江西	24 757.50	8.0%	甘肃	8 718.30	6.2%
四川	46 615.82	7.5%	重庆	23 605.77	6.3%	海南	5 308.94	5.8%
湖北	45 828.31	7.5%	云南	23 223.75	8.1%	宁夏	3 748.48	6.5%
福建	42 395.00	7.6%	广西	21 237.14	6.0%	青海	2 965.95	6.3%
湖南	39 752.12	7.6%	内蒙古	17 212.50	5.2%	新疆生产建设兵团	2 747.07	6.3%
上海	38 155.32	6.0%	山西	17 026.68	6.2%	西藏	1 697.82	8.1%
安徽	37 114.00	7.5%	贵州	16 769.34	8.3%			

表 4.4 2019 年全国各省区市高校数

省区市	普通高校数/所	省区市	普通高校数/所
江苏	167	广西	78
广东	154	云南	81
山东	146	黑龙江	81
河南	141	贵州	72
四川	126	重庆	65
湖北	128	吉林	62
湖南	125	上海	64
河北	122	天津	56
安徽	120	新疆	47
辽宁	115	内蒙古	53
浙江	108	甘肃	49
江西	103	海南	20
陕西	95	宁夏	19
北京	93	青海	12
福建	90	西藏	7
山西	82	新疆生产建设兵团	7

（二）众创空间类型总体情况

1. 依据不同主导者划分类型分布情况

依据不同主导者划分的众创空间分布情况如图 4.1 所示。

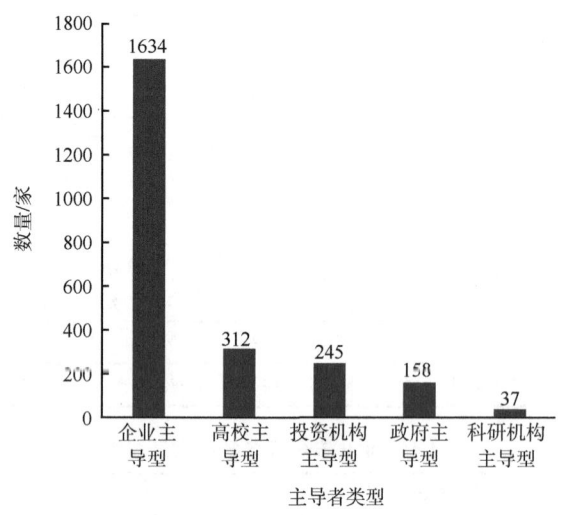

图 4.1　依据不同主导者划分类型分布情况

1）企业主导型众创空间情况

企业主导型众创空间有 1634 家，占比 68.48%，是国家级众创空间的主要类型。根据调研信息，企业主导型众创空间的运营主体呈现三种特征。

（1）依托成熟企业创建的众创空间。一些大型的科技企业在新产品研发过程中，为了在某个创新领域寻求突破，需要广大创客或创业企业的参与合作，而创建众创空间。

（2）依托科技企业孵化器创建的众创空间。国务院办公厅印发的《关于发展众创空间推进大众创新创业的指导意见》（国办发〔2015〕9 号）中强调，要利用小企业创业基地、科技企业孵化器的有利条件，发挥行业领军企业等社会力量的主力军作用，构建众创空间。早在 20 世纪 80 年代中后期，我国的科技企业孵化器就开始起步发展，至今已发展 30 多年，已经形成了十分成熟的运营模式和完善的孵化体系。以科技企业孵化器为载体创建众创空间，可以发挥科技企业孵化器已有的场地、资金、配套服务体系等资源优势，将众创空间尽快推向市场正轨。

（3）运营主体所在地域呈现"东多中西少"的局面。根据统计（图 4.2）可知，东部地区的企业主导型众创空间为 1049 家，中部地区为 273 家，西部地区为 312 家，中西部地区的企业主导型众创空间数量之和仍远小于东部地区。根据国家统计局《中国统计年鉴 2020》中对 2019 年各省区市登记注册企业数的统计,东部地区登记注册企业数为 13 016 882 家,中部地区为 4 406 065 家,西部地区为 3 668 323 家(图 4.3),中西部地区的登记注册企业数之和也远小于东部地区,二者均体现了我国众创空间发展水平呈现"东高西低、中部突起、局地放缓"的异质性分布特征,与第三章研究结论吻合。另外,拥有企业主导型众创空间的数量和登记注册企业数量的省区市排名也极为相似,从某种程度上来讲,城市或者地区的登记注册的企业数量越多、企业活跃程度越高,企业主导型众创空间的数量就越多,二者呈一定的正相关性。

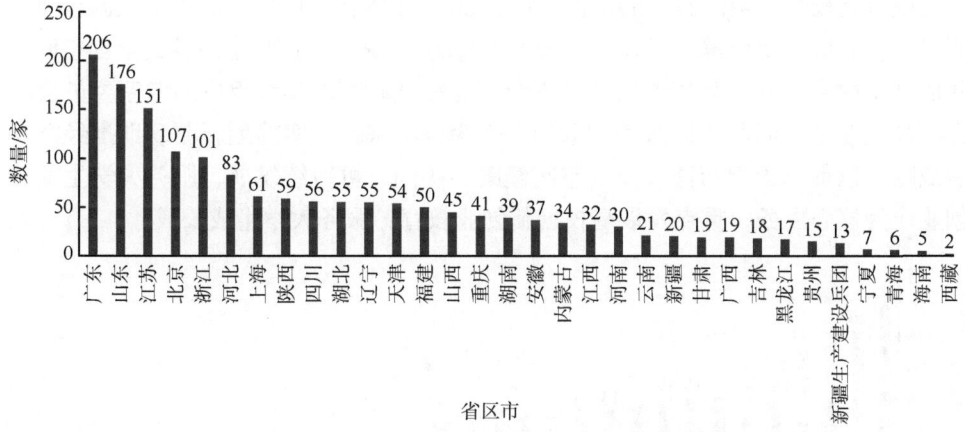

图 4.2　企业主导型众创空间省区市分布情况

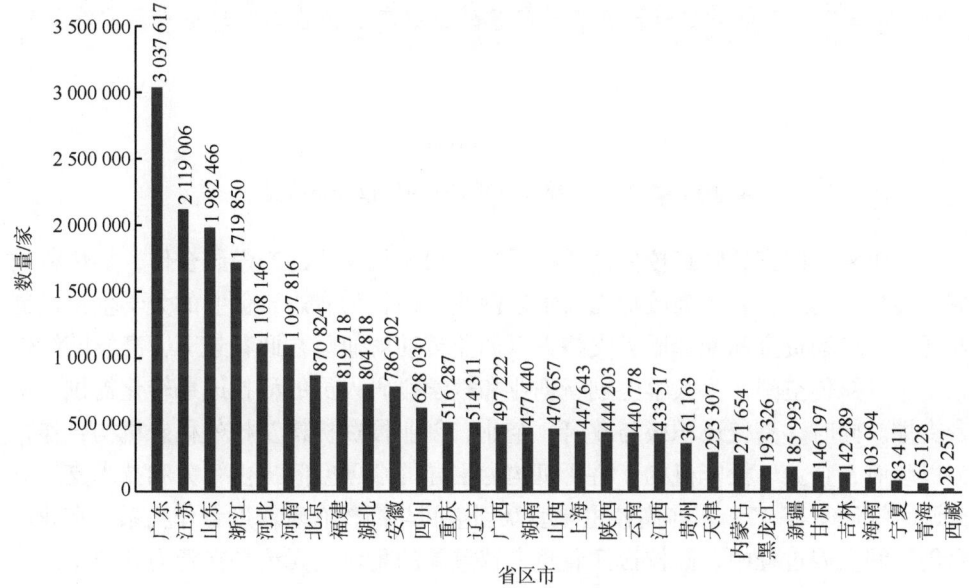

图 4.3　2019 年全国法人单位数省区市分布情况

资料来源:国家统计局《中国统计年鉴 2020》,其中新疆统计数据中包含新疆生产建设兵团法人单位数

2）高校主导型众创空间情况

高校主导型众创空间有312家，占比13.08%。从高校主导型众创空间在各省区市的分布来看，江苏、山东、天津、广东、河南位列前五名。对比表4.4和图4.4发现，各省区市高校数和高校主导型众创空间数排名极为相似，省区市高校数决定了该省区市高校主导型众创空间的数量。只有天津虽然高校数量不多，但高校主导的众创空间位居全国第三名，这是因为天津市委高度重视高校众创空间建设，相继颁布《关于构建高校众创空间促进大学生创新创业的实施意见》等一系列扶持高校众创空间建设的文件，并于2015年底在全国率先成立了众创空间联盟组织，其成员单位覆盖了以南开大学为首的11家由高校自主运营的众创空间，并成立了由来自数所高校专门从事创新创业领域研究的学者组成的专家委员会。天津高校众创空间联盟以服务"双创"作为根本宗旨，实施创新驱动助推经济发展战略。以促进天津市高校众创空间健康、协同、可持续发展，服务大学生就业创业作为核心要务，重点发展高校创新创业教育，服务大学生成长成才。

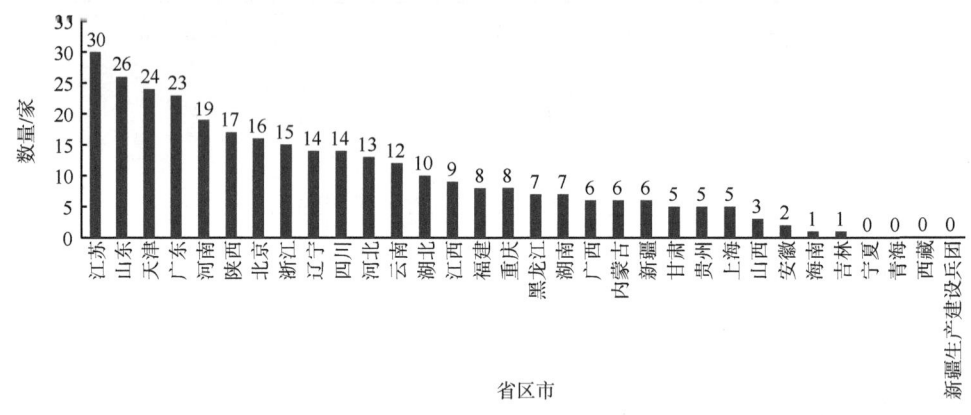

图4.4 高校主导型众创空间省区市分布情况

近年来，国家鼓励高校搭建科技平台，加大与企业的产学研合作，加快科技成果转化。同时，要求高校加强大学生创业培训，为有志于创业的大学生提供创业场所、启动资金和配套服务支持，以创业带动就业。在此背景下，高校陆续创办了一批众创空间，为大学生创新创业和教学科研人员的科技成果转化提供了平台支撑。同时，高校还积极与政府、企业、创业投资机构及校外科研机构合作，为以政府、企业、投资机构、科研机构为主导的众创空间提供智力和技术支持。据调研统计，有173家非高校主导型众创空间与高校有着深度合作关系。在我国众创空间发展过程中，高校扮演着越来越重要的角色，无论是在智力和技术的输出上，还是在对大学生创业人群的培训和引导上，都是推动我国众创空间持续、健康、快速发展的重要因素。但无论是从高校主导型众创空间目前的占比来看，还是从与高校深度合作的众创空间数量来看,高校主导或参与建设的深度和广度还不够,还需要进一步发挥高校优势,挖掘我国众创空间建设的潜力。

在数据调研中发现,有两家比较特殊的众创空间——9+1众创空间和百工慧,这两家众创空间分别是河北省保定工业学校和广东省兴宁市技工学校两所中等职业学校创办的,因其具有高校主导型的大部分特征,所以本书也将其归为高校主导型。

调研结果(图4.5)显示,高校主导型众创空间以培训交流型为主,伴有少量的特定产业链服务型。由于高校主导型众创空间多为学校的大学科技园或校内的大学生创业园演变而来,与市场结合紧密度、导师队伍的专业度、创业资源的整合度等均与其他类型的众创空间存在一定差距,还处于较为初级的创业孵化阶段,一般仅能提供免费场地和少量的启动资金

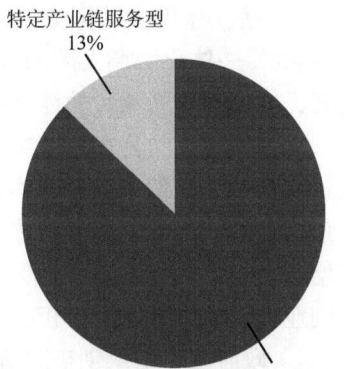

图4.5 高校主导型众创空间按业务范围划分情况

以及培训辅导、政策咨询、项目路演等基础性的创业服务。只有少数启动创业孵化起步较早的高校能够提供完善的创业孵化服务,一般会以该校的特色专业或强势学科为依托,创办专业领域的众创空间,为校内师生提供科研成果转化和离岗创业的平台。

3)投资机构主导型众创空间情况

投资机构主导型众创空间有245家,占比10.27%。从投资机构主导型众创空间在各省区市分布情况来看(图4.6),浙江、北京、湖北、上海等投融资活动十分活跃的省区市是投资机构主导型众创空间主要的集聚地。此类众创空间的运营主体多为创业投资机构或有较深金融、投行背景的投资管理公司,以风险投资为

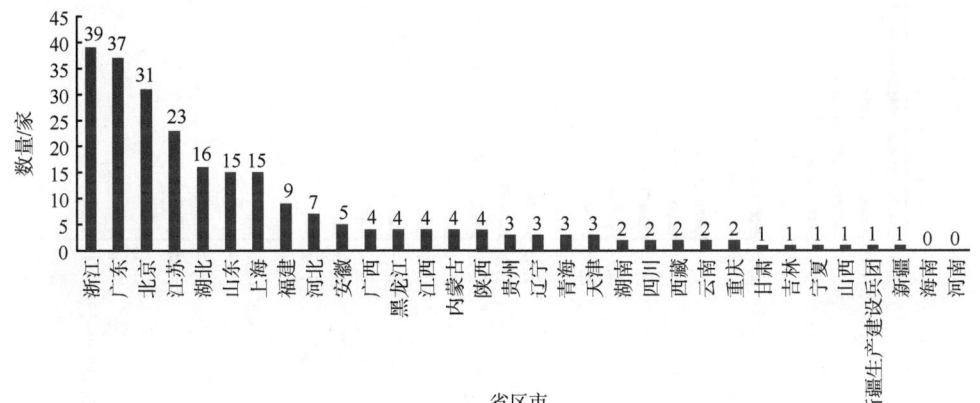

图4.6 投资机构主导型众创空间省区市分布情况

主，提供孵化支持为辅，专门为初创企业提供便捷的融资渠道。此类众创空间占比不高，原因是单纯的股权投资而不提供全过程孵化支持的话，入孵企业存活率不高。一般众创空间都会将创业投资和创业孵化置于同等重要的位置，朝着"投资+孵化"一体化协调发展的方向推进。投资机构主导型众创空间较为单一的经营模式，成为其发展壮大的绊脚石。

从创业时代网公布的"2019中国创业投资机构（VC①）竞争力排行榜"上榜投资机构的注册地来看，基本位于北京、上海、广州、江苏、浙江等东部地区的省市，这些省市的创业投资表现活跃，投资活动频繁，创投管理的资本量也在逐年增长。与此对应的东部地区省市的投资机构主导型众创空间数量也相对较多，与创业投资的活跃度呈正相关性。

4）政府主导型众创空间情况

政府主导型众创空间有158家，占比6.62%。在众创空间的发展过程中，地方政府无疑是一个十分重要的角色。在众创空间发展初期，政府发挥资源优势，通过政策扶持、场地免费租借、小微贷款支持、融资通道搭建等方式，帮助众创空间快速建立起一套比较完善的孵化系统，以此来引导众创空间快速发展。

以政府主导型众创空间数量最多的山东（图4.7）为例：近年来，山东大力推动省域内众创空间的发展，为创业者营造了一个优质的创新创业环境。陆续出台了一系列具有地方特色的扶持政策文件，降低了创办科技型孵化载体的门槛，有针对性地提供了专业的孵化服务，培育了一批孵化能力突出且具有行业区域特色的品牌众创空间。全省各级各类众创空间的创新产出能力不断攀升，成为推动山东新旧动能转换、培育新的经济增长点的重要力量。

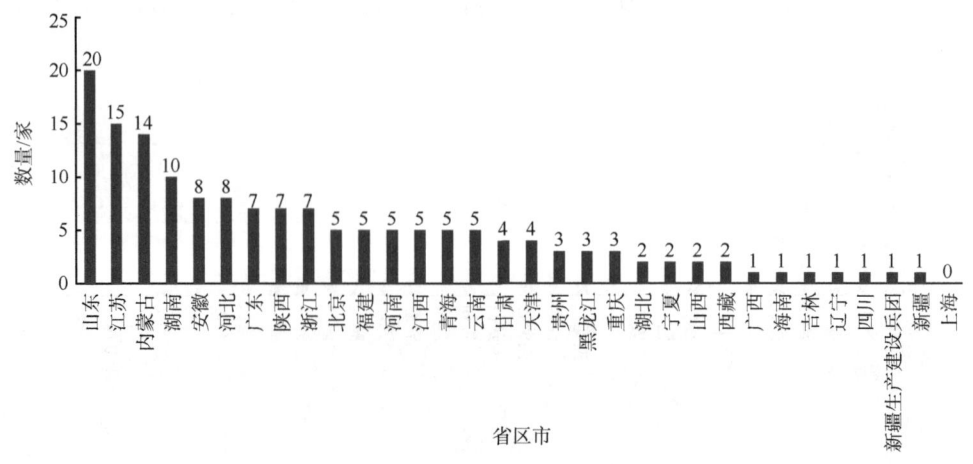

图4.7 政府主导型众创空间省区市分布情况

---

① VC指的是venture capital，风险投资。

将政府主导型众创空间按照不同业务范围进行划分统计（图 4.8），其中，培训交流型占 74%，特定产业链服务型占 23%，综合创业生态体系型占 3%。可见，政府主导型众创空间与高校主导型众创空间类似，多强调公益性，以提供免费场地、公益性培训、交流沙龙为主。大多数政府主导型众创空间发展时间短、规模较小、入孵的企业较少，依然处于较初级的状态。但随着国务院办公厅《关于加快众创空间发展服务实体经济转型升级的指导意见》以及科技部《专业化众创空间建设工作指引》的出台，专业化、细分化成为未来一段时期我国众创空间的发展方向，技术研发、融资服务、上下游产业链对接等专业化服务能力将得到进一步强化。在此背景下，作为政府主导的众创空间首先会响应国家政策，积极在特定、专业领域孵化扶持创业企业，特定产业链服务型众创空间随之不断增加。

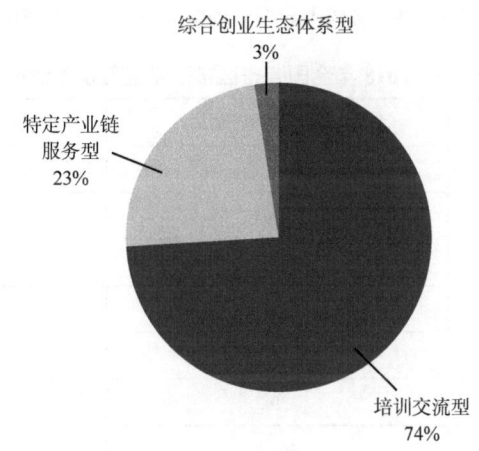

图 4.8　政府主导型众创空间按业务范围划分情况

5）科研机构主导型众创空间情况

科研机构主导型众创空间有 37 家，占比 1.55%。本书提到的科研机构主要是指政府或者企业创办的科研院所，而高校主导的科研机构创办的众创空间归高校主导型众创空间的范畴。科研机构主导型众创空间具有显著的专业性，一般会根据科研机构研究领域或某个在研项目招引相关的初创企业入驻孵化。因为对入驻企业专业性要求较高，限制了入驻该类型众创空间的企业数量，所以该类型众创空间数量和规模有限。

从省区市分布（图 4.9）来看，科研机构主导型众创空间较多的省区市一般均为研发经费投入较多的省区市，如表 4.5 所示，2018 年研发经费投入超千亿元的省区市有广东、江苏、北京、山东等。这些省区市的科研机构主导型众创空间相对较多。一些技术研发投入相对薄弱的省区市，该类型众创空间数量较少或没有。

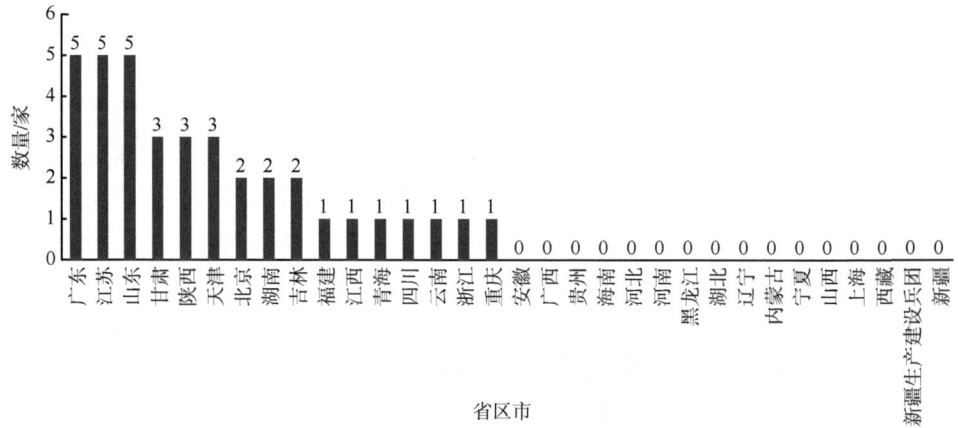

图 4.9 科研机构主导型众创空间省区市分布情况

表 4.5 2018 年全国各省区市研发经费投入情况

地区	R&D 经费/亿元	R&D 经费投入强度
全国	19 677.9	2.19%
北京	1 870.8	6.17%
天津	492.4	2.62%
河北	499.7	1.39%
山西	175.8	1.05%
内蒙古	129.2	0.75%
辽宁	460.1	1.82%
吉林	115.0	0.76%
黑龙江	135.0	0.83%
上海	1 359.2	4.16%
江苏	2 504.4	2.70%
浙江	1 445.7	2.57%
安徽	649.0	2.16%
福建	642.8	1.80%
江西	310.7	1.41%
山东	1 643.3	2.15%
河南	671.5	1.40%
湖北	822.1	2.09%
湖南	658.3	1.81%

续表

地区	R&D 经费/亿元	R&D 经费投入强度
广东	2 704.7	2.78%
广西	144.9	0.71%
海南	26.9	0.56%
重庆	410.2	2.01%
四川	737.1	1.81%
贵州	121.6	0.82%
云南	187.3	1.05%
西藏	3.7	0.25%
陕西	532.4	2.18%
甘肃	97.1	1.18%
青海	17.3	0.60%
宁夏	45.6	1.23%
新疆	64.3	0.53%

注：R&D 表示 research and development，研究与发展；新疆统计数据中包含新疆生产建设兵团的研发经费投入数据

从业务范围划分来看（图 4.10），科研机构主导型众创空间主要为特定产业链服务型和培训交流型两种，数量分别为 27 家和 10 家，分别占比为 73%、27%。这符合该类型众创空间专注于作为运营主体的科研机构针对其研究领域进行企业孵化的特征，特定产业链服务型占绝大多数。

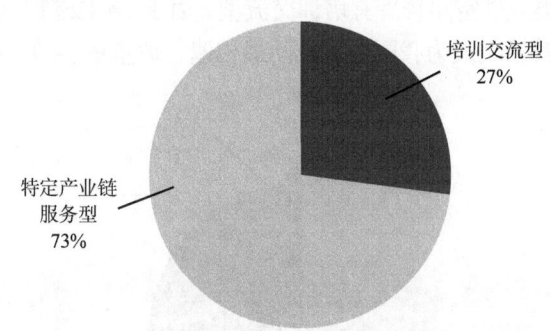

图 4.10 科研机构主导型众创空间按业务范围划分情况

2. 依据不同业务范围划分类型分布情况

依据不同业务范围划分的众创空间情况如图 4.11 所示。

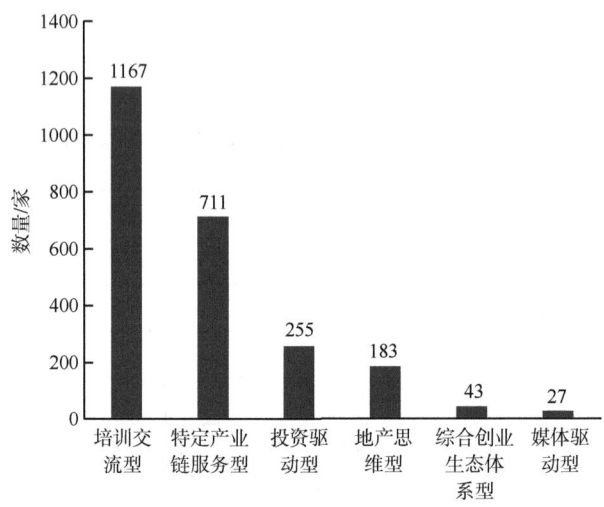

图 4.11　依据不同业务范围划分类型分布情况

1）培训交流型众创空间情况

培训交流型众创空间有 1167 家，占比 48.91%。该类型与本书第五章列举的国外众创空间模式的创客空间模式类似，属于在国内较早出现的众创空间模式，也是较为初级的模式。该类型的众创空间为创业者提供免费的场地和专业的设备，定期举办创业培训、交流沙龙，为创业者搭建项目路演平台，帮助创业者联系和对接风投。与国外创客空间类似，该类型的众创空间（图 4.12）除了按市场方式运作的企业主导的众创空间（约占 63%）外，也有一部分非营利公益性质的众创空间（约占 33%），其是由政府机构或高校为支持创新创业事业而创办的。而投资机构主导型众创空间以投资营利为目的，科研机构主导型众创空间以科研成果转化落地为目标，二者专业性、目的性更强，故此二类众创空间较少有培训交流型。由于培训交流型众创空间运营成本低、模式易复制，其已经成为我国众创空间最普遍、数量最多的一种模式。

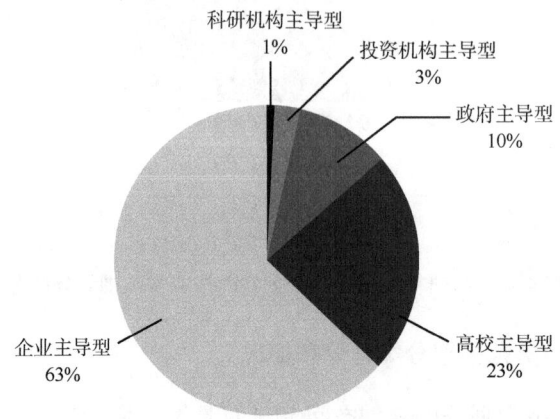

图 4.12　培训交流型众创空间按不同主导者划分情况

2）地产思维型众创空间情况

地产思维型众创空间有 183 家，占比 7.67%。本书的地产思维型与国外联合办公空间类似，主要是为创业者提供工位或公寓，为初创企业提供办公空间以及配套的创业支持服务，并以收取租金为主要营利方式的众创空间模式。该类型的众创空间为创业者创造了一个可以进行经验交流、信息共享、碰撞思维的物理空间。这也是国内众创空间在刚起步时学习借鉴国外先进经验的一种模式。

根据调研情况（图 4.13）可见，地产思维型众创空间的运营主体主要是以企业和投资机构为主，并没有政府、高校、科研机构等公益性组织，因此营利是该类型众创空间主要的价值追求。但随着以移动办公、智能办公、云服务为代表的互联网办公的兴起，传统的物理办公空间逐步向线上转移，如阿里云、百度云等，地产思维型众创空间的盈利空间受到严重挤压，逼迫其寻求转型，提供更多客户满意度高、体验感强的增值服务。这也是为什么地产思维型众创空间数量不多的原因。

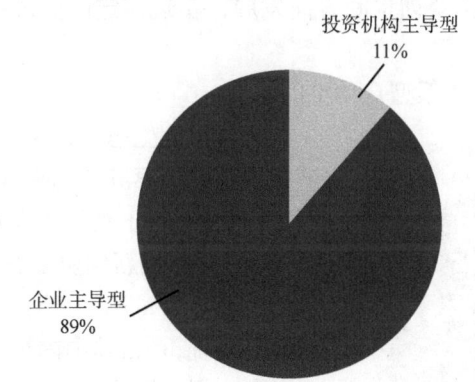

图 4.13　地产思维型众创空间按不同主导者划分情况

3）投资驱动型众创空间情况

投资驱动型众创空间有 255 家，占比 10.69%。投资驱动型众创空间与投资机构主导型众创空间的运营模式类似，都是以资本为核心和纽带，吸引天使投资人、投资机构等投资前景好的创业项目，但经营模式往往比较单一，能够提供的服务范围不够广泛，社会认同度不是很高，因此数量不多。

4）媒体驱动型众创空间情况

媒体驱动型众创空间有 27 家，占比 1.13%。从该类型众创空间的定义可知，其运营主体一般为服务创新创业的媒体类企业。该类型众创空间在起步阶段可能就是一个网站或微信公众号，利用本身强大的宣传优势，通过举办宣传活动、跟踪报道等方式帮助初创企业提高影响力，扩大知名度，推广产品。随着影响力的扩大，逐步拓展创业服务范围，为初创企业提供更多创业孵化增值服务。该类型众创空间比较典型的代表是 36 氪。36 氪创办于 2010 年 12 月,是以科技创投媒体起家的,逐步发展并拆分为新商业媒体——36 氪传媒、联合办公空间——氪空间、一级市场金融数据提供商——鲸准三家子公司,分别在各自细分领域为创业者服务。在调研中发现,由于该类型众创空间运营模式具有特异性,较难被复制,故数量稀少。

5)特定产业链服务型众创空间情况

特定产业链服务型有 711 家,占比 29.8%。2016 年初,《关于加快众创空间发展服务实体经济转型升级的指导意见》(国办发〔2016〕7 号)要求重点在电子信息、生物技术、现代农业、高端装备制造、新能源、新材料、节能环保、医药卫生、文化创意和现代服务业等产业领域先行先试,针对产业需求和行业共性技术难点,在细分领域建设众创空间①。在此背景下,一大批众创空间开始向专业化领域转型,设置企业入驻门槛,重点在某个专业领域寻求突破,形成特色,为入驻企业提供特定产业链相关服务。一些新增的众创空间,也纷纷根据运营主体的主营业务方向,开始确立众创空间发展重点,发挥运营主体在重点区域创新创业要素集聚优势,向专业化众创空间方向发展,实现特定产业链资源开放共享和高效配置。

6)综合创业生态体系型众创空间情况

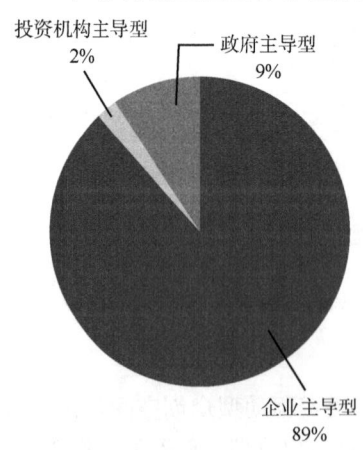

图 4.14 综合创业生态体系型众创空间按不同主导者划分情况

综合创业生态体系型有 43 家,占比 1.80%。该类型与本书第五章列举的"五位一体"加速器模式相对应,属于众创空间发展较为理想的一种模式,其强调创新创业生态系统的构建,构建了包括创业导师、投资人等各种创新创业资源在内的生态系统,是目前国内很多众创空间发展的目标形态。根据调研情况(图 4.14),目前国内有实力建成综合创业生态体系型众创空间的也仅仅是像腾讯、百度、3W、启迪之星、创业公社这样的大公司以及少数像中关村这样的由北京市政府主导推动的大型创业孵化基地。需要强调的是,并不是提倡所有众创空间都建成综合创业生态体系型,而是应根据生态学理论,让各类型众创空间保持适当的比例,即只有存在生态位的分异和互补,才能形成健康的生态系统,才能避免同质化发展。

---

① 国务院办公厅. 关于加快众创空间发展服务实体经济转型升级的指导意见[EB/OL].http://www.gov.cn/xinwen/2016-02/18/content_5043357.htm[2016-02-18].

3. 依据不同物理形态划分类型分布情况

根据调研情况（图 4.15）可知：单体型众创空间有 2366 家，占比 99.16%。群体型仅有 20 家，占比 0.84%。群体型众创空间的核心要义是通过构建一整套全要素的创业生态体系来为创业团队、初创企业提供政策、市场、人才、文化和资金等多方面链条式创业孵化服务，从而促进初创企业、创新团队成长与经济社会的发展。这里的全要素包含业务培训、融资咨询、投融资管理、政策支持、IPO[①]辅导、财务管理等。以国内比较知名的中关村创业大街为例，截至 2017 年 6 月，街区已集聚北京大学创业训练营、车库咖啡、3W 咖啡、Binggo 咖啡、飞马旅、36氪、氪空间、言几又、创业家、联想之星、JD+智能奶茶馆、创业黑马、清华经管创业者加速器等 45 家创业服务机构，联合 50 多家大企业、50 多家高校院所、2000多家风险投资机构等各类合作方，打造各具特色的创新创业服务，在各个垂直领域形成矩阵式服务体系[②]。由于群体型众创空间是以负责运营管理的企业为主导，由政府、创业服务机构（提供专业服务的众创空间）、高校或科研机构、创业企业等各参与体互相作用、共生共演的自组织，具有动态性、复杂性、交叉性等特征，而普通的单体型众创空间运营模式和发展方向较为单一，需要具备多种条件才能进化为群体型众创空间。在调研中发现，有很多单体型众创空间也会借鉴中关村创业大街的发展模式，但实际运营情况不佳，不具备群体型众创空间的各种特征，这也是群体型众创空间为什么凤毛麟角的原因。实践证明，"大而全"的运营模式并不适合绝大多数的众创空间，也不利于众创空间的健康发展，只有精耕于某个科技创新领域，不断优化整合各类资源，才能提升专业化水平，实现精准孵化。

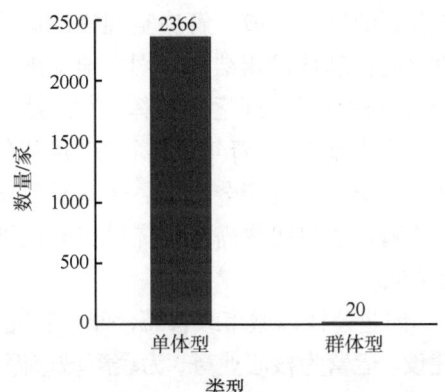

图 4.15　依据不同物理形态划分类型分布情况

---

① IPO 表示 initial public offering，首次公开募股。

② 中关村创业大街[EB/OL].https://baike.baidu.com/item/%E4%B8%AD%E5%85%B3%E6%9D%91%E5%88%9B%E4%B8%9A%E5%A4%A7%E8%A1%97/14690930?fr=Aladdin[2021-05-05].

第三节　国家级众创空间典型案例

一、创业公社

运营主体：北京创业公社投资发展有限公司。

空间类型：投资机构主导型+综合创业生态体系型+群体型。

空间介绍[①]：北京创业公社投资发展有限公司（简称创业公社）是首钢基金旗下的城市更新服务商，于2013年5月开始运营，总部位于北京市中关村石景山园区，在全国多省区市运营空间面积已达50余万平方米。投资方包含首钢基金、中关村股权交易服务集团、顺为基金、京西创业、光耀东方、顺隆基金等。由运营主体和股权投资人的组成可以看出，创业公社是典型的投资机构主导型众创空间。

创业公社通过盘活存量资产，提供企业级服务，打造了人与空间和谐共生的新兴融合体，来实现城市更新的目标。其主要业务有办公场所租赁管理、园区的升级改造、长租公寓、企业特色服务、新空间运营，建立了以招商、运营及工程再造为核心的全产业链条服务体系。

在办公和商用空间改造运营方面，创业公社以租赁运营为基础，委托运营为载体，系统平台和标准化运营为构架，不断探索多种业态的灵活组合模式。基于创业公社全链条业务体系，通过拓展开发、测算定位、工程改造、业态组合、招商运营和物业管理，不断发掘运营资产的增值空间，使传统空间租赁模式焕发新活力。发掘空间资产持有者的潜在价值，解决空间资产运营方面的经营痛点，将多年的行业运营经验和收益管理技术相结合，创新地提出"多元化空间运营解决方案"，致力于打造成为行业标准的空间运营品牌。依托股东优势，盘活存量房源，创业公社打造了旗下明星子品牌37度青年公寓和37度比邻公寓。实现了设施智能化、服务标准化、居住社交化、资产金融化、运营平台化的以兴趣爱好垂直社交为主的智慧社区，不断满足客户居住需求，提供定制化管家式增值服务，成为青年人才和高端人才聚集地。

在新空间业务方面，创业公社以城市级智慧停车、智能立体车库、互联网+停车+充电设施的投资、建设、运营为核心业务，为缓解城市停车难提供从产业金融、规划设计、建设管理到智慧运营的全流程解决方案和实施服务。

创业公社为处于不同创业阶段、不同行业领域的企业提供定制化创业孵化服务。创业公社跟进企业发展阶段梳理年度申报计划，定制政策申报咨询方案，匹

---

① 创业公社网址为 https://www.vstartup.cn。

配具备咨询经验的专业咨询师"一对一"精准辅导,比如,提供项目选题、申报材料撰写、附件筛选及办理指导、纸质材料和网上材料、项目材料递交、项目评审过程中的跟进、指导并协助评审材料准备、项目立项后期的验收指导的一站式服务。为此,创业公社曾获国家级众创空间、国家级孵化器、全国青年创业示范园区、海峡两岸青年创业就业示范点、投中中国最佳众创空间 TOP 10、中小企业知识产权集聚发展示范区、全国首个 SGS[①]认证的 ISO[②]创业服务标准化体系等荣誉称号。入驻众创空间的企业超 6000 家,服务中小微企业近 2 万家。截至 2017 年,已成功孵化 8 家新三板挂牌企业、150 家北京四板挂牌企业,并有 5 家企业被上市公司投资并购;培育出 97 家雏鹰人才企业,31 家中关村金种子企业,7 家企业创始人荣获"高聚工程创业领军人才"称号,8 家企业荣获"信息网络产业新业态创新企业 30 新",六位年轻创业者登上"福布斯中国 30 岁以下创业者"榜单,12 家企业成功入围"中国黑科技百强"榜单,超过百家孵化企业估值过亿元。从上述业务范围来看,创业公社是较为典型的综合创业生态体系型众创空间。

创业公社运营着多个创业公共服务平台,有北京市最大的中关村雏鹰人才基地、全国首个腾讯创业基地、全国首家智能硬件创新孵化基地,与微软(亚洲)共建了华北区域唯一的微软游戏创新中心,挂牌了首钢新产业培育基地和新三板培育基地,落地了石景山区金融和知识产权合议庭,建成了北京市科技金融平台,承担了京津冀及周边地区节能低碳环保产业联盟秘书处工作等。创业公社是典型的群体型众创空间。

二、浙江大学 e-WORKS 创业实验室

运营主体:浙江大学国家大学科技园。

空间类型:高校主导型+培训交流型+单体型。

空间介绍[③]:浙江大学 e-WORKS 创业实验室于 2014 年 12 月正式启动,作为一所在国内有着较高影响力的高校主导型众创空间,由浙江大学国家大学科技园管委会牵头,浙江大学党委研究生工作部、浙江大学管理学院、浙江大学创新技术研究院有限公司、浙江大学科技创业投资有限公司等联合创办,旨在发挥浙江大学国家大学科技园作为国家级大学科技园、国家级科技企业孵化器和国家级大学生创业基地的平台优势与资源优势,同时发挥联合发起单位的创业教育、创业

---

① SGS 表示 Societe Generale de Surveillance S.A.,译为"通用公证行",是国际公认的检验、鉴定、测试和认证机构。

② ISO 表示 International Organization for Standardization,国际标准化组织。

③ 浙江大学 e-WORKS 创业实验室介绍网址为 http://zjusp.zju.edu.cn/index.php?a=flist&catid=381。

文化、创业投资等资源优势，充分整合政府、企业和高校等多方资源，发挥科技企业孵化器、大学生创业基地等现有园区和孵化基地的优势，围绕"双创"团队、项目在不同发展阶段的需求，努力构建起完整的大学生创新创业孵化链条，包括从前端创意的孕育、产品的培育、团队的挖掘、项目的指导，再到末端创业项目和团队的预孵化、创业政策的咨询、场地的支持、资金的获取以及对外合作平台的搭建。

浙江大学 e-WORKS 创业实验室主要面向校内科技创业团队，其入驻对象是特定的创客群体，主要包含全日制在校本科生，硕、博研究生。往届毕业生只要有优秀的创业项目且毕业未超五年亦可申请入驻众创空间。该创业实验室定期（半年）面向浙江大学研究生素质拓展班、研究生涉农领域培训班、研究生创新创业培训班等校内各类创业型培训班级及近期毕业校友进行项目征集与指导，促成 20 个左右的优秀项目顺利进入创业实验室。创业项目入驻实验室的期限为 12 个月。该创业实验室专门设立了 100 万～500 万元/年的圆正·创业种子基金，并以股权投资、无偿资助等方式给予其强有力的资金支持。

浙江大学 e-WORKS 创业实验室具有显著的培训交流型特征。学校定期在玉泉校区、紫金港校区开展内容丰富的创业沙龙、创业点子孵化大赛，与相关部门合作开展创业训练营，培养学生创业精神，提升学生创业能力。紧密依托管理学院、科技园等国际合作资源，组织实验室项目团队前往国外知名创新创业科技园区如硅谷、剑桥科技园等地考察学习交流；对接国际一流大学（斯坦福大学、剑桥大学等）资源，组织实验室中较成熟项目的负责人参加国际创业管理课程，参加国际创新创业训练营。2019 年度，该实验室全面推出 IdeaS 系列活动，"Idea"是指与创新创业相关的创意或点子，"S"意指各不同层次的子系列活动名称集合，即 IdeaSpark（思维火花）、IdeaShow（创意秀）、IdeaSuper（金点子），成为创业实验室遴选项目的有效载体。

浙江大学 e-WORKS 创业实验室注重构建多主体协同发展模式。该实验室积极推进政、产、学、研的深度融合，通过与地方政府、行业领域龙头企业、科技园区、企业孵化器等密切合作，不断整合优化、合理配置各类社会资源，在做到开源节流的同时，还为众创空间生态系统的构建奠定了坚实的基础。

浙江大学 e-WORKS 创业实验室注重发挥知名企业家校友多的优势，多渠道大范围募集资金。校友企业的捐赠帮助实验室解决了发展中的资金难题，有力地保证了实验室的长期稳定发展。同时，邀请校友传递创业经验，营造创新创业的校园氛围。凝聚浙江大学丰富的企业家校友资源，实验室建立创新创业导师库，通过专题报告会、特色沙龙、咨询辅导会、实训实践活动等多种形式，发挥创业成功校友的标杆作用，在浙江大学校园营造"双创"的浓郁氛围，并借助校友力量，完善创业培训、政策法规咨询、工商税务、投融资、市场推广等方面的服务。

建设浙江大学 e-WORKS 创业实验室具有重要意义，它将通过在浙江大学校园内营造低门槛、低风险的微观创业环境，让尚不成熟的科技创业项目或创意、原型逐步完善并具有商业价值；使有创业意向的大学生逐渐成为掌握一定创业技能的创业人才；从而不断催生创业项目转化、成长为中小企业，并促进项目企业与创新人才茁壮成长，为区域经济发展和创新型国家建设做出积极贡献。

三、百度创新中心

运营主体：各地第三方运营公司。

空间类型：企业主导型+特定产业链服务型+单体型。

空间介绍[①]：百度创新中心在全国各地注册的众创空间均有所不同，如厦门的百度开发者创业中心、上海的百度（上海）创新中心、青岛的百度（青岛）智创基地众创空间等。虽然名称不同，运营主体也不同，但均是由百度公司、政府及第三方运营中心共同创建，以帮助中小企业实现云端转型和孵化的众创空间。采用的模式一般为政府提供优惠的场地政策；百度通过提供云计算、人工智能和大数据三大技术服务及百度生态能力输出；运营方整合企业资源，为入驻企业提供场地租赁、创业辅导、培训交流、项目推广等服务，共同实现资源集聚和引流。由于这些众创空间的核心运营模块均由百度公司提供，或者说是基于百度 AI 生态创建的创业孵化平台，其属于典型的企业主导型众创空间。

目前，百度在全国范围内已建成 10 多个创新中心。百度（上海）创新中心是其中典型的代表，该中心以人工智能技术赋能平台发展，通过发挥百度人工智能技术优势，打造国际智能化的支撑服务平台，构建无感知的人工智能软硬件生态体系，吸引国内外人工智能领域前沿企业入驻发展。该中心还提供包括媒体开放区、展厅区、休闲区、水吧区、洽谈区、培训区、VR（virtual reality，虚拟现实）体验区、联合办公区、会议区等物理空间 13 000 余平方米，用于支持人工智能产业链上下游企业集聚，汇集人工智能领域人才。同时，创新中心依托百度资源优势，引入百度云智学院、百度技术学院，开展人工智能、大数据、云计算等专业课程培训，助力上海市杨浦区打造全新人工智能城市名片。

百度聚焦中小企业技术发展困境，围绕基础技术、高端技术和专业服务方面的需求，整合百度生态的技术服务与资源，为中小企业提供分析计算、网络存储、数据开发、框架搭建、技术测试、地图位置、语音识别、图像与视频分析、知识

---

① 百度创新中心网址为 https://cloud.baidu.com/partner/innovation-center.html；百度（上海）创新中心的百度百科网址为 https://baike.baidu.com/item/%E7%99%BE%E5%BA%A6%EF%BC%88%E4%B8%8A%E6%B5%B7%EF%BC%89%E5%88%9B%E6%96%B0%E4%B8%AD%E5%BF%83/22878734?fr=aladdin。

图谱绘制、增强现实等技术支持。充分运用 ABC（AI——人工智能、big data——大数据、cloud computing——云计算）专业技术资源与服务，积极搭建企业 ABC 技术资源服务平台，帮助"双创"企业降低创业技术门槛。

目前，百度创新中心已经累计开放了 1 万余个工位，孵化了 1000 多个双创团队，为全国的互联网创业者提供了创新创业空间，为上百所高校的数百万名大学生搭建了创新创业平台。

百度创新融资渠道，构建了完善的服务体系。依托百度的资金、资源优势，全国的百度创新中心及其合作伙伴标配创投基金，针对入驻的双创团队及项目，提供全流程的融资服务，最大程度地降低"双创"项目、企业在资金和投资领域的风险。

四、36 氪

运营主体：北京多氪信息科技有限公司。

空间类型：企业主导型+媒体驱动型+单体型。

空间介绍[①]：36 氪创办于 2010 年 12 月，以科技创投媒体起家，主要分为线上广告、企业增值服务以及用户订阅三大模块，拥有的自有内容体系包括创业公司报道、大公司报道、投资机构报道、快讯、36 氪 TV、零售老板内参、未来汽车日报、未来可栖、超人测评、IP[②]栏目等模块，提供从快讯到深度报道、从行业报道到创新生活方式、从单一的文字内容到音视频内容全覆盖的形式，展示全球全景式科技、新经济动态和趋势。36 氪传媒的年平均发布量可超 10 万篇，切实为中小微及科技创新企业解决了"曝光难"问题，是典型的媒体驱动型众创空间。其盈利模式也正从传统的以广告投放实现盈利，逐步转向为企业提供增值业务实现盈利。2018 年 36 氪的总营收为 2.99 亿元，其中在线广告服务营收为 1.73 亿元，企业增值服务营收为 1.00 亿元，订阅服务营收为 2510 万元，在线广告服务营收依然为收入的主力。而到了 2019 年上半年 36 氪在线广告服务营收占总营收比降到 39.4%，而企业增值服务营收增长到总营收的 50.0%，超越在线广告服务营收成为营收的主力。除了企业增值服务营收、在线广告服务营收外，36 氪的第三大业务是订阅服务，但相比之下对营收的贡献度很小，仅占不到 10%。

36 氪除了拥有新商业媒体——36 氪传媒为中小微企业提供媒体曝光外，还将业务延伸到办公场地及相关的配套服务、融资对接、金融服务等方面，接连创办了联合办公空间——氪空间和一级市场金融数据提供商——鲸准。截至 2019 年，36 氪积累了超过 80 万家的企业库资源，深入服务过的客户有数千家。2019 年 11

---

① 36 氪网址为 https://36kr.com。

② IP 表示 intellectual property，直译为知识产权。

月 8 日，36 氪正式登上纳斯达克，股票代码"KRKR"。36 氪已经成长为一家科技创新创业综合服务集团，是典型的企业主导型众创空间。

五、摩度众创空间

运营主体：盐城卡洛泽科技有限公司。

空间类型：企业主导型+特定产业链服务型+单体型。

空间介绍：盐城卡洛泽科技有限公司于 2011 年 5 月成立，经营范围包括计算机网络技术研发服务、工业产品设计、计算机软件设计、企业形象策划等。2013年，为了进一步挖掘地方产业资源，驱动企业转型升级，培育孵化更多的文化创意类项目，摩度众创空间应运而生。这是一个推动创新力量与地方产业深度结合，并服务于产业升级与大众创业的多元联动平台。通过携手设计师、极客、创客等行业领域精英，采用集众筹、众包、众享为一体的众创模式，聚焦创新设计、文化创意、服务 O2O（online to offline）等领域，聚合优化各类资源及渠道，实现创新成果的高效转化；积极推广共建品牌模式，打造可持续发展的创新产业生态圈，使参与者共享创造的果实。由此可见，摩度众创空间是较为典型的企业主导型众创空间。

摩度众创空间以工业设计为主要孵化方向，采用"原创设计引领—连接地方产业链—IP 电商拉动"三驱联动创客空间模式，"原创设计引领"就是长期聚焦小微制造业的创新植入，源源不断输出原创产品；"连接地方产业链"就是深挖本土产业资源，优化供应链，实现本土智造；"IP 电商拉动"就是挖掘 IP 的内容价值、内容价值赋能售卖，最终达到 1+1＞2 的效果，是较为典型的特定产业链服务型众创空间。

多年来，摩度众创空间坚持设计服务与自主知识产权输出双轨道发展路径，已荣获包括德国红点奖（Red Dot Award）、IF 设计奖（Industrie Forum Design Award）、日本 G-MARK 设计奖（Good Design Award）、中国创新设计红星奖、红棉奖等在内的三十余项国内外设计大奖。2016 年，摩度众创空间获评国家级众创空间。目前，旗下的盐城卡洛泽科技有限公司已被中国工业设计吸纳为理事单位，并获得江苏省工业设计示范企业认证授牌，2018 年被评为省级双创示范基地。旗下墨渎文化与盐城市人社局共同创办的"M+创客工场"获评省级巾帼创业创新示范基地，也是盐城最为重要的大学生创业实训及项目孵化基地。

摩度众创空间投入运营以来，有效调动整合专业化的市场力量，服务创业青年，成绩卓越：举办"盐城青年创意市集""创客营""NEXT STATION 下一站主题沙龙"等创新创业主题活动近 200 场，承办"创青春"等创业大赛 8 场，举办创业实训班达 50 多期，参加实训的创业青年达 10 000 多人次，提供青年创业见习岗位 150 个，发展和孵化了 80 个青年创业项目，并帮助数十个团队对接上海、北京等地的投资机构，每年新增创新产品十多项，获得德国红点设计奖在内的数十项国内外奖项，与七家本地制造企业合作共建品牌开发新产品，促进企业转型升级，提升产品附加值。

摩度众创空间积极开展创业实训指导培训及主题沙龙、创业大赛，平均每月有 2~3 次活动，至今已成功举办 76 场，其中包含 24 期创业实训培训班，52 场主题分别为"青年创业聚""摩度大学堂""摩度游学团""摩度创客营""创业问诊""创业路演"的创新创业活动，以及承办了八场各类创业大赛等。

第四节　我国众创空间的发展特点

一、数量增长迅速

2015 年"双创"被写进政府工作报告，在全社会掀起"双创"的热潮，2015 年也被称为"双创"元年。之后随着国家宏观政策层面的大力扶持，以及各个省区市对于"双创"微观政策的不断落实，我国众创空间数量迅速增加。目前我国众创空间分为市级、省级和国家级，其中国家级为最高等级。2015 年，科技部火炬中心出台制定了《国家众创空间备案暂行规定》，并于 2015 年将首批 136 家众创空间纳入国家级科技企业孵化器的管理服务体系。据科技部的数据统计，2016 年 1 月 29 日第二批次确定 362 家众创空间，2016 年 9 月 29 日第三批次确定 839 家众创空间，2017 年 12 月 25 日第四批次确定 639 家众创空间。2018 年 10 月 29 日，科技部根据《国务院关于推动创新创业高质量发展打造"双创"升级版的意见》精神要求，对前四批次备案的 1976 家国家级众创空间进行资格审核，对连续两次未上报统计数据并不再开展创业孵化服务的 24 家众创空间取消国家备案资格，共有 1952 家众创空间符合国家备案资格。2019 年 11 月 18 日，科技部火炬中心公布 2019 年度国家备案众创空间复核结果，1888 家众创空间达到了国家级众创空间的备案资格。2020 年 3 月，科技部火炬中心公布国家备案众创空间已有 2386 家。

二、分布区域特征明显

从分布地区来看，众创空间主要分布在科技、教育、经济发达的省区市。2015 年公布的第一批 136 家国家级众创空间中北京 27 家，天津 20 家，广东、浙江、湖北均为 14 家，四川 10 家，江苏 8 家，河南、安徽、贵州、青岛均为 6 家，吉林为 5 家。2016 年公布的第二批众创空间与第一批相比，新增了河北、辽宁、黑龙江、上海、宁波、山东、福建、江西、云南、陕西、甘肃、青海、新疆、重庆、深圳、大连、新疆生产建设兵团等17个地区。对比两批国家级众创空间分布区域的统计可以发现，广东位居全国第一，共有74家众创空间，其中深圳30家；北京位居第二，有57家众创空间；山东位居第三，有56家众创空间，其中青岛20家。从2018~2019年的众创空间发展状况来看，众创空间分布的主要城市还是以北、上、广、深等一线城市为主，此外，南京、苏州、杭州、成都、武汉等地也呈现出很好的发展势头。在城市的具体空间分布上，众创空间主要位于城市商务中心和高教中心，商务中心有着投融资企业、法务咨询、工商注册等服务，高教中心有大量科技人才、创新人才，这些都是发展众创空间的重要资源。

从总体分布区域来看，众创空间在东部地区最为密集，地方的科技资源、高等教育资源以及经济发展水平，都对众创空间的发展有着重要的影响。京津冀地区、长三角和珠三角地区的众创空间发展成效显著，但是由于各地的经济发展业态、基础以及政策扶持等不尽相同，各地的众创空间发展模式也各不一样。京津冀地区有着优质的教育资源，创业培训是其众创空间的主要业务；长三角地区是全国经济的发达地区，有着雄厚的经济基础，金融体系成熟、完善，该地区的众创空间在投资和融资服务上体现出自身的特色和优势；珠三角地区在发展众创空间过程中，比较注重对入驻团队的培训和辅导，创客沙龙活动是其众创空间服务的特色。

三、运营主体多元

早期的创业者服务中心、科技企业孵化器主要是由政府主导运营，但随着政府出台各类激励政策，各类社会主体也开始投入到众创空间的建设中来。特别是2015年国务院办公厅《关于发展众创空间推进大众创新创业的指导意见》印发以来，政府部门、国有企业、行业领军、高等院校、金融投资公司以及其他社会团队积极参与，这就带来了众创空间运营主体的变化，早期众创空间的运营主体以政府和企业为主，现在已经扩大至高等院校、国有大企业、天使投资人、企业家等多种社会力量，众创空间进入了一个新的发展阶段。《中国创业孵化发展报告2019》显示，2018年全国共有众创空间6959家，其中民营性质的众创空间占比已接近66.20%，国有性质的众创空间占比相对较低，只有11.50%，事业性质的众创空间占比10.25%。同时，众创空间上市（挂牌）企业有621家，占比8.9%；由高校、科研院所成立的众创空间有863家，占比12.4%；由投资机构直接成立的众创空间有532家，占比7.6%。在对2386家国家备案的众创空间统计发现，1634家众创空间由企业主导，占比68.48%，也是国家级众创空间的主要类型；312家众创空间由高校主导，占比13.08%；245家众创空间由投资机构主导，占比10.27%；

158 家众创空间由政府主导，占比 6.62%；37 家众创空间由科研机构主导，占比 1.55%。当前，民营性质的众创空间发展非常迅速，逐渐成为我国众创空间的主力军，而国有性质的众创空间在激发国有企业创新活力上逐步受到重视，事业性质众创空间的数量还尚显不足，高校和科研院所主导的众创空间在推动科研成果转化方面起到了重要的作用。

不同的运营主体在服务理念、资源配置等方面有着不同的侧重。其中，以政府为运营主体的众创空间主要为了服务地方主导产业，在资源配置上有着更大的便利性，在汇聚人才、资金、政策扶持等方面具有更大的便利性；以企业为运营主体的众创空间主要是为了服务企业内部的创新和研发需要，实现企业在某一特定产业链上的供给需求和协同发展；以高校为运营主体的众创空间主要是为了技术转移和科技成果转化，促进科研成果从实验走向大市场，实现师生科研技术成果的市场化和商品化，直接服务于社会经济发展；以创投机构以及中介机构为运营主体的众创空间主要是为了帮助入驻企业解决资金难题、拓展业务范围和渠道；以地产商为运营主体的众创空间，注重提高空间利用效益，通过科学配置空间，提高物业运营效率。

四、运营模式多样

随着国家"双创"工作的不断深入，不同类型的众创空间形成了不同的服务价值理念，同时也影响着其运营模式。众创空间运营主体的多元化以及运营理念的不同，使得众创空间在运营模式上也呈现出多样化的特点。目前，我国众创空间的运营模式主要有活动培训模式、地产思维模式、媒体驱动模式、投资驱动模式、专业产业链模式以及综合生态模式。这些不同的运营模式汇集了不同的创新创业要素，一起促进了我国众创空间的发展。

众创空间作为一个为创业者提供创业环境、创业服务和资源共享的空间，通过运营能够让资源与信息通过众创空间进行自由、开放、快速的流动与配置，进而能够有效服务创业者和初创企业，为国家经济转型升级提供强有力的支持[1]。由于运营主体、业务内容以及运营理念的不同，众创空间在运营模式上也呈现出多样化的特点。围绕创业者的不同需求，我国主流的众创空间在功能定位和资源配置方面也各有侧重点，大致形成了活动聚合型、培训辅导型、媒体驱动型、投资驱动型、地产思维型、平台依托型六种运营模式[2]，这与前文依据业务范围划分的六种众创空间类型基本对应。活动聚合型的核心是通过开展灵活的创业理论训练

---

[1] 崔海雷, 吕爽. "多维协同、一体两翼"众创空间模式创新研究[J]. 宏观经济研究, 2020, (7): 87-96.
[2] 陈敏灵, 王孝孝. 我国众创空间的现状与发展模式研究[J]. 中国市场, 2017, (17): 19-22.

和创业实践模拟活动，满足不同层次创业者的创新创业需求，其需要充足的资金和硬件设施保障。培训辅导型以开展创业理论和创业实践培训为主要方式，引导创业者将创业理论应用到具体的创业实践中，其核心资源要有一支兼具创业理论和创业实践的导师队伍。媒体驱动型重在发挥科技传媒的力量，借助媒体的宣传、包装和舆论引导，吸引社会资源的进入，包括投资、企业家资源、项目与产品的对接通道等。投资驱动型以提供各类投资为众创空间的主要功能。地产思维型主要着力于为初创个体或团队提供包含多种附加价值的新型生态办公环境。平台依托型众创空间是在开放平台基础上升级，联合社会各界力量，整合公司内部资源，发挥平台自身优势，建立全要素孵化加速众创平台[①]。随着创新创业工作在我国的不断发展，众创空间的运营模式也在不断地发展与变化，每种运营模式都形成了自身核心的功能机制导向，各自对应不同创新创业需求的人群。

五、发展成效显著

众创空间成为服务创业稳定就业的重要载体。截至 2019 年底，全国共有众创空间 8000 家、科技企业孵化器 5200 家，还有企业加速器 700 余家，这些已经形成有序对接的创新创业服务链，能够为创业团队提供良好的创新创业服务。2017 年全国各地区众创空间提供工位数 105.5 万个，当年服务的创业团队数量为 23.7 万个，当年服务初创企业 18.2 万个，举办创新创业 15.1 万场次，开展创业教育培训 10.6 万场次。2018 年全国各地区众创空间提供工位数 129.5 万个，当年服务的创业团队数量为 23.9 万个，当年服务初创企业 16.9 万个，举办创新创业 12.9 万场次，开展创业教育培训 9.9 万场次，孵化新注册企业 87 930 家，吸纳初创企业就业人数 76.2 万人，其中应届大学毕业生 13.7 万人。2019 年全国各地区众创空间当年服务的创业团队数量为 23.4 万个，当年服务初创企业 20.7 万个，吸纳创业团队人员 89.3 万人，创业团队拥有有效知识产权 13.4 万个，孵化新注册企业 9.1 万家，吸纳初创企业就业人数 101.7 万人，其中应届大学毕业生 16.6 万人，实现创新、创业、就业的良性循环。

众创空间成为科技型企业的孵化平台。众创空间积极对接高校院所创新成果，在孵企业知识产权数量增加较快，创新能力不断提升。2018 年，全国众创空间中科技人员创业、大企业高管离职创业、留学归国人员创业、外籍人士创业、大学生创业的企业和团队有 18.7 万个，同比增长 16.5%。2019 年，全国众创空间常驻企业和团队拥有有效知识产权数量达到 34.3 万个，同比增长 41.8%；拥有发明专利数量 3.95 万个，同比增长 58.8%。这反映出在孵企业高度重视技术创新，科

---

① 郑文卓，陶源. 我国众创空间典型运营模式比较研究[J]. 财经界，2019，（19）：69-70.

技型创业企业逐步成为众创空间入驻企业的重要组成部分。全国众创空间初创团队和企业拥有海外高层次人才3083人，留学人员3.05万人，为企业技术创新提供强大动力。

众创空间成为催生新产业和新经济的重要基地。中关村创业大街、杭州梦想小镇、深圳湾创业广场、苏州金鸡湖创业长廊、西安创业咖啡街区等众创空间集聚区，实现创新创业资源的高度聚合。众创空间催生了大量共享经济、互联网、大数据、人工智能、虚拟现实、生物医药等领域的创新创业企业，催生了大疆创新、滴滴打车、果壳、知乎、猪八戒等一大批"双创"高成长企业。此外，江苏深入实施"创业江苏"和众创空间建设行动、广东积极支持"众创空间—孵化器—加速器"科技企业孵化育成链条，科技部推动专业化众创空间建设，中信重工、海尔集团、中国电信等一批专业化众创空间推动产业转型升级效果显现，达安基因建立生物医药众创空间，科大讯飞打造人工智能众创空间等。全国的众创空间孵化的上市（挂牌）企业达663家[1]，这些企业涉及人工智能、生物医药、集成电路、新材料等新兴产业领域，成为发展新动能的活力源头。

第五节　我国众创空间存在的主要问题

当前，我国众创空间发展速度快、规模大，但是从其数量分布和发展质量来看还不能满足创新创业发展的需求，众创空间分布"冷热不均"、盈利模式相对比较单一、高校智力资源利用不够充分、特色服务能力不足、与产业对接不够紧密、众创文化氛围淡薄等问题正制约众创空间的可持续、高质量发展。

一、区域分布不均衡

在"双创"浪潮的推动下，我国众创空间的规模扩张较快，就众创空间的数量而言，到2017年底已经跃居全球首位。但是，通过对众创空间的地区分布情况来看，我国众创空间的分布还存在区域不平衡的问题，各地区众创空间发展的差异较大，经济发展水平高的地区要明显优于经济发展欠发达的地区。众创空间趋于空间集聚，存在"马太效应"特征，尤其是广东、浙江、上海、江苏、山东、河北、北京等地众创空间集聚效应明显，在中国东部地区形成众创空间的集聚带[2]。

---

[1] 徐示波，陈晴：我国众创空间发展现状及优化策略——基于统计数据和问卷调查分析[J]. 中国科技产业，2020，（5）：63-66.

[2] 周慧，崔祥民：众创空间空间分布的关联性与影响因素研究[J]. 科技与经济，2020，（4）：6-10.

根据《中国火炬统计年鉴 2018》统计，2017 年，全国各地区众创空间 5739 家，就区域分布而言，东部地区以 3353 家位居第一，西部地区以 1202 家位居第二，中部地区以 853 家位居第三；东北地区只有 331 家。2017 年，国家备案众创空间 1906 家，其中东部地区 1158 家，位居第一；西部地区 377 家，位居第二；中部地区 258 家，位居第三；东北地区 113 家，位居末位。根据《中国火炬统计年鉴 2019》统计，2018 年，全国各地区众创空间 6959 家，其中东部地区 3867 家，位居第一；西部地区 1511 家，位居第二；中部地区 1249 家，位居第三；东北地区 332 家，位居末位。2018 年，国家备案众创空间 1889 家，东部地区以 1132 家位居第一，其他依次为：西部地区 383 家、中部地区 262 家、东北地区 112 家。

根据《中国火炬统计年鉴 2019》统计，2018 年，广东 716 家，江苏和浙江次之，分别为 699 家、622 家，河北 493 家、山东 580 家，位居第一方阵；天津、北京、山西、内蒙古、辽宁、吉林、上海、安徽、福建、江西、河南、湖北、湖南、广西、重庆、四川、云南、陕西、甘肃等地众创空间数量超过百家。国家备案众创空间广东以 228 家位居第一，山东 191 家、江苏 168 家、北京 143 家、浙江 119 家，其他地区均未超过百家，西藏仅有 2 家。

而在对 2019 年 2386 家国家备案的众创空间统计分析发现，东部地区 1501 家，中部地区 405 家，西部地区 480 家，其中，长三角、珠三角、京津冀和成渝地区是众创空间的集聚区，其能够提供包括投融资、知识产权、技术服务等高质量服务，拥有众创空间 1200 余家，占全国众创空间总数的半壁江山，而中西部地区的众创空间不仅在数量上不占优势，其服务能力大多还停留在提供场地等初级阶段，整体上与东部地区的发展差距较大。就省区市分布而言，广东以 278 家位居第一，山东 242 家和江苏 224 家紧随其后，西藏仅 6 家位居末尾，众创空间的省区市分布差距较大。

二、盈利模式单一

在我国，众创空间早期主要靠政府政策扶持，目的是服务孵化高科技创新企业，其在盈利模式上还处于不断探索的过程。《中国火炬统计年鉴》显示，2017 年，全国各地区众创空间总收入 152.9 亿元，其中服务收入 64.5 亿元，占 42.18%；房租及物业收入 31.6 亿元，占 20.67%；投资收入 13.9 千元，占 9.09%；财政补贴 29.1 亿元，占 19.03%。2017 年，各地区国家备案众创空间总收入 74.1 亿元，其中服务收入 31.4 亿元，占 42.38%；房租及物业收入 31.6 亿元，占 42.65%；投资收入 4.4 亿元，占 5.94%；财政补贴 14.4 亿元，占 19.43%。

2018 年，全国各地区众创空间总收入 182.9 亿元，其中服务收入 70.7 亿元，占 38.66%；房租及物业收入 44.4 亿元，占 24.28%；投资收入 12.6 亿元，占 6.89%；

财政补贴 37.5 亿元，占 20.50%。2018 年，各地区国家备案众创空间总收入 73.7 亿元，其中服务收入 23.7 亿元，占 32.16%；房租及物业收入 24.9 亿元，占 33.79%；投资收入 4.6 亿元，占 6.24%；财政补贴 13.8 亿元，占 18.72%。

2019 年，全国各地区众创空间总收入 203.7 亿元，其中服务收入 67.9 亿元，占 33.33%；房租及物业收入 62.0 亿元，占 30.44%；投资收入 10.7 亿元，占 5.25%；财政补贴 29.9 亿元，占 14.68%。2019 年，各地区国家备案众创空间总收入 65.6 亿元，其中服务收入 22.7 亿元，占 34.60%；房租及物业收入 25.7 亿元，占 39.18%；投资收入 2.5 亿元，占 3.81%；财政补贴 10.2 亿元，占 15.55%。

从上述三年众创空间的收入情况统计来看，各地区众创空间的总收入保持持续增长的态势，国家备案的众创空间总收入有下滑趋势，与此同时政府财政补贴也在逐年减少。从众创空间总收入的构成来看，主要有服务收入、房租及物业收入、投资收入、财政补贴四部分。从统计数据来看，服务收入、房租及物业收入是众创空间收入的主要来源，占比均为 35% 左右，其次是财政补贴收入，占比 15% 左右，而投资收入仅占比 5% 左右。可见，当前我国众创空间在盈利模式上还比较单一，服务收入和投资收入占总收入的比例不高，特别是投资收入占比较低，自我造血功能需要进一步提升，高质量服务性盈利模式还没有形成。

三、高校作用发挥不充分

高校是知识的殿堂，是人才汇集的高地，也是新思想、新知识的重要发源地。高校在创新创业中理应发挥重要作用。从西方发达国家发展经验来看，高校在推动社会经济发展过程中都发挥了重要作用。如美国的"硅谷"，最早只是旧金山南部一段种满了果树的狭长谷地。1947 年，斯坦福大学在时任校长弗雷德里克·特曼的主张下，将这块谷地提供给师生搞产品研发，并吸纳高科技公司加入，促使高校的人才智力资源向高新技术转化，带动了一大批高新科技公司的发展，这块名不见经传的谷地如今成为美国高科技的代名词。英国的剑桥科技园在目睹斯坦福大学的发展成就后，于 1970 年成立剑桥科学园，利用大学的科学和创新优势，推进科技成果的转化，经过 20 世纪 80 年代的发展高峰，90 年代的受挫、回升，如今的剑桥科技园已经成为英国东南部地区最重要的技术中心之一，对整个剑桥地区的高科技发展有着重要作用。在国内，北京中关村的兴起，与该地区内北京大学、清华大学等高校有着重要联系。但是，从总体上来看，我国高校在创新创业中的巨大潜力还没有被充分激发，高校创新创业教育课程体系还不够完善，创新创业的平台建设还比较薄弱。

在对 2019 年 2386 家国家级众创空间的统计中发现，由高校主导的众创空间只有 312 家，占比 13.08%。在已有的由高校主导的国家级众创空间中，绝大多数分布在"双一流"高校,其他高校虽然也认识到众创空间在培育学生创新创业能力方面的重要作用,积极自主建设众创空间、创客空间等载体,但是在软硬件建设方面都尚未达到国家级众创空间的备案标准。在运行成效上,大多数高校自建的众创空间还处于起步阶段,主要以培训交流型为主要模式,配备有创客咖啡、路演场所,但是在导师团队建设、促进专业教育与创新创业融合、提供创新创业专业化服务等方面的能力还略显不足。

四、服务能力有待提升

作为创新创业服务的综合性服务平台,众创空间不仅要具备满足和实现用户创意的场地空间、专业技术设备,还要汇聚促进创新成果转化和企业成长的资金、培训辅导、市场运营等能力和资源,打造资源聚合、功能融通的创新创业生态系统,把创新创业服务做精做细。当前,我国众创空间的发展还处于粗放式的发展阶段,众创空间自身缺乏明确的发展定位,众创空间之间没有实质性的区别,同质化竞争严重,为创新创业者提供专业化服务的能力不足,缺乏专业创业导师指导团队、实验创作平台以及有效的融资渠道,运营和服务质量亟待提高。目前,众创空间大多能提供较好的物理环境服务,包括工位、网络、餐饮、物业等服务,能够为入驻团队提供办公场所、办公配套设备、安保和物业服务。在工商注册服务方面,能够为入驻团队提供公司注册、业务代理、会计、税收、审计等咨询和代办服务。但是,创新创业服务方面的能力却显现出不足。

作为一种以创新创业服务为目标的专业机构,众创空间需要定期对入驻的团队进行创新创业能力评估,设定创新创业能力评估标准,健全准入和淘汰机制,促进众创空间的新陈代谢。在对入驻企业进行创新创业能力评估的同时,众创空间还要做好创新创业培训服务,使创业团队在创业导师的带领下,通过高峰论坛、创业主体大赛、创业讲座等创业活动,将创业理论与创业实践相结合,切实提升入驻团队的创新创业能力。

五、产业结合不紧密

发展众创空间是国家实施创新驱动发展战略的重要举措,其主要目标是培育新的业态和新的经济增长点,增强实体经济发展新动能,这就需要众创空间加强与产业的集合,要有明确的产业定位,聚焦细分产业领域,依托龙头企业、科研机构、高校等,为入驻团队提供符合产业特点的专业化、特色化、高质量的孵化服务。目前,我国大部分的众创空间在发展过程中注重运营模式创新,而与产业的结合不够紧密,没有明确的产业服务定位,导致一些众创空间只能提供简单的物理环境服务和工商服务，入驻的团队也主要以电商服务型团队为主。此外，我国众创空间目前主要聚焦于互联网、文化创业、教育、医疗、金融、智能硬件等领域，具体到个别众创空间而言，它们与所在地方的战略性支柱产业结合不紧密，众创空间发展与地方经济的战略布局规划不够匹配，服务推动地方主导产业转型升级、解决共性关键难题的能力不足。

打造众创空间的专业化产业集群是一条高效低耗的、攀登高峰的进阶之路[①]。2016年《专业化众创空间建设工作指引》指出，专业化众创空间要结合自身的基础条件和定位，聚焦细分领域的创新创业活动，其主要发展方向是为某个特定的产业领域服务，通过提供满足产业需求的科研配套服务，进一步增强该领域的产业集聚度，提升该产业领域的研发、推介、投融资等专业化服务能力，加快构建完整的创业孵化链条。在对2019年2386家国家级众创空间的统计中发现，属于特定产业链类型的众创空间有711家，占比29.8%，相较于国外来讲比例偏低。与产业结合不紧密，只能提供普通的场地和物业服务，不仅加剧了众创空间的同质化竞争，而且导致资源浪费，难以吸引从事高科技创业项目的团队，众创空间数量虽多，但质量不高，这也是我国众创空间发展水平低下的一个重要原因。

六、众创文化氛围不浓厚

文化作为一种意识形态，能够对人的行为产生导向作用。众创空间服务的对象是创客，他们是一群怀有梦想、热衷实践并希望将创意变成现实进而将相应的产品投入市场营销的人。众创文化就在创客的创新实践中得以孕育和发生，并对创客活动、众创空间发展产生重要影响。创客活动和众创空间最早兴起于西方欧美国家，与这些国家浓厚的众创文化有着重要关系，在早期的车库文化、硅谷文化、DIY文化及黑客文化中都能看到众创文化的身影。有学者研究指出，众创文化的核心在于兴趣、创新、实践、共享、包容，其中，兴趣是支持创客不断创新的不竭动力。单纯为了经济利益，会使创客的行为误入歧途，当他们遇到困难时就会轻言放弃，就会转向其他"来钱快"的项目，背离了创客活动的初衷。包容精神也是众创文化的重要内容，这也继承了硅谷文化的基因。美国的硅谷能成为创新创业者的乐园，一方面得益于人才、资金、科技、企业需求等要素的有效融合；另一方面还得益于那里有独特的硅谷文化。硅谷文化中的一点就是既鼓励创新又宽容失败，在那里创业失败被看成是一件非常平常的事情，甚至被认为只有经历失败才会获得成功，所以，在硅谷流行着"fail fast"（失败就快失败）的口号。

---

① 肖淑梅. 众创空间的进阶之路——专业化产业集群发展机理与策略[J]. 科技创新与生产力, 2020, (10): 6-9.

有创新就意味着有失败，只有形成一种宽容失败、包容失败的文化氛围，才会激励更多的创客在失败中总结经验，在失败中不断成长。

但是，我国众创空间在发展过程中对众创文化的培育重视不够，众创文化在我国还处于一种小众文化、亚文化的状态。不管是创客还是众创空间，更多地以获得经济效益为第一追求，这导致在创新创业项目选择上、众创空间运营方式上"唯利是图"，导致出现泡沫经济，也使得创客活动缺乏内在驱动力。此外，我国传统文化也在一定程度上影响和制约众创文化的发展，导致众创文化的根基不牢，众创文化的软实力尚没有形成。

第五章 国外众创空间发展的模式、案例与经验分析

众创空间是 Web 2.0 和创新 2.0 环境下,对以往各种创新创业服务载体的整合和对目前各类创新创业服务项目的集成,是专门为创新创业活动提供全方位、专业化服务的新范式。国外众创空间（创客空间）起步较早,经过多年发展,其运营模式已日臻成熟,对世界创新创业和经济增长发挥着重要作用。系统梳理国外众创空间的发展历程、典型模式、经典案例,分析其演进机理与发展经验,对我国构建良好的众创空间生态系统,打造经济高质量发展新引擎具有重要的借鉴意义。

第一节 国外众创空间的发展历程

根据我国对众创空间的定义,国外早期的孵化器是众创空间发展的雏形,其发展过程中形成的各种模式均可视为众创空间的不同样态,因此,可以从广义上将国外各类孵化器全部纳入众创空间范畴。据此,发达国家的众创空间经历了从传统孵化器向新型孵化器、加速器的演进历程,其发展模式由政府主导逐渐转向市场化运作,在"专而精"的产业型、专业化发展之路上不断升级换代。从 20 世纪 50 年代截至 2020 年,对于国外众创空间的纵向演进历程,我国学界一般将其概括为探索发展、初步发展、快速发展和蓬勃发展四个阶段[①]。

一、探索发展阶段（20 世纪 50 年代～80 年代初）

众创空间的发端可溯源至 20 世纪 50 年代的美国,由最初的家庭改造车库、传统制造车间逐渐演变为各种孵化器和黑客聚集社区,历经了从个体自由创造到团队整合创新、从游离分散到政府计划推进的发展过程,并在数量不断增长中呈现开放性、共享性、民主性等特征。从 20 世纪 50 年代开始,一直持续到 20 世纪 70 年代末 80 年代初,这段时间是国外众创空间发展的探索阶段,整个探索阶段主

---

① 邓成文. A 创客教育孵化系统运营模式研究[D]. 广州：华南理工大学,2018：10-11.

要以美国的企业孵化器发展为主。作为世界最大经济体和创客的主要诞生地，美国的经济实力和科研能力是举世公认的，其创新创业的活跃度和成效一直位居世界前列。20 世纪 70 年代，美国经济陷入"滞胀"泥淖，为摆脱高失业率、低增长率，迅速恢复经济，缓解就业压力，美国政府于 70 年代末 80 年代初开始主动介入众创空间发展。由政府直接出资设立企业孵化器，并吸引创业者入驻。因此，该阶段孵化器主要承担促进就业的职能。由于受宏观经济环境影响，萌发于家庭车库和传统车间的创客空间和黑客聚集区逐渐演变为政府主导的企业孵化器。在探索发展阶段，企业孵化器不仅为创业者提供常规服务，而且利用政府的政策优惠和财政扶持，帮助企业克服创业中面临的问题，以降低创业成本，减少创业风险，提高创业企业的成功率。在众创空间发展的初期，政府的政策支持发挥了巨大作用，成为孵化器发展壮大的推动力量。

二、初步发展阶段（20 世纪 80 年代）

进入 20 世纪 80 年代后，美国经济开始复苏，在经济大环境刺激下，美国的企业孵化器加速发展。据统计，1980 年美国登记的企业孵化器有 12 家，1984 年约 20 家，1987 年达到 70 家。这一时期，美国政府从直接出资孵化开始转向着重为孵化器提供基础服务，发展模式也由政府主导转变为联合其他机构合作，越来越多的社会组织参与到孵化器经营中来，美国迎来了孵化器产业发展的春天。同期，欧洲、亚洲的部分国家的孵化器也开始步入初创阶段。德国的孵化器就是在这个时期起步的，与美国相比虽然起步较晚，但其发展势头迅猛，从 1983 年到 1989 年短短六年期间，德国的高校已经开始利用孵化器来培育孵化企业，进而推进科研成果产业化。德国科技产业因与孵化器结盟，在 80 年代获得了迅速发展。日本孵化器从 1983 年开始起步，该国从高新产业着手孵化器开始阶段的建设，将产业、学术以及先进技术集合在一起，从而促进了高新技术产业的整体发展。这一时期，也是孵化器在中国的萌芽时期，1987 年 6 月，我国首家孵化器武汉东湖新技术创业者中心成立，由此我国孵化器实现"从 0 到 1"的突破。

三、快速发展阶段（20 世纪 90 年代）

20 世纪 90 年代以来，随着全球经济一体化、信息技术和互联网技术的迅猛发展，信息经济、共享经济异军突起，孵化器和科技企业因各自的发展需要日益走到一起，其运作模式也朝着更加专业化的方向发展。阿姆斯特丹是整个欧洲的创客大舞台，同时也是荷兰中小初创企业的集散地。当地市政府的经济发展局利用商业创客网站（dealeoom.co）的大数据构建"阿姆斯特丹创业平台"，利用互联网地理信息技术，为创新创业活动提供网络化服务。在这个网络众创平台上，所有的初创企业、政府、民间孵化器、国内外的投资者及行业投资情况均被清晰地展示在地图上，使用者点击相关图标便可便捷地获取所需要的信息。平台为创新创业提供技术和管理支持，帮助投资者及时发现创业合作伙伴与新的投资项目。这个基于商业网站数据和互联网地理信息系统技术的虚拟众创空间，成为荷兰乃至欧洲提升创新创业能力的"蓝海"。而在这一阶段，美国的孵化器开始摆脱政府主导的发展模式，实现向市场化运作的彻底转型，大企业纷纷参与创建产业型孵化器，其在经营和服务上更加灵活高效，产业链供应链技术链协作十分突出。根据不同的产业和服务划分，出现了更为明细的行业性孵化器分类。20世纪90年代，欧美新型孵化器的快速发展代表了众创空间市场化、专业化的发展方向。

四、蓬勃发展阶段（21世纪）

进入21世纪后，世界科技创新步入空前密集活跃期，新一轮科技革命及由此带来的产业变革，正在引发国际产业分工重大调整，进而重塑着世界经济结构和发展格局。在此背景下，以新型孵化器为代表的众创空间呈现越来越显著的集团化、国际化、信息化特征，并在全球范围内形成规模化集团竞争态势。在这个阶段，行业规模日渐庞大，一些发展趋势较好的单体孵化器开始向集团化布局，孵化模式转变为"市场孵化+专业服务+风险投资"，尤其是风险资本的引入，提高了孵化速度和效率。同时，孵化器也开始突破区域局限，在各地建立分支机构，促进了平台内资源共享，孵化器正式进入战略化、网络化发展新阶段。这一阶段的另一特点是众多孵化器融入不同特色，在入孵企业选择、创业导师辅导、孵化器经营管理等方面进行优化，从而促进了孵化器企业的存活率和成功率。众创空间近十多年来在全世界遍地开花，尤其在欧美的发展势头更是迅猛。美国政府于2011年启动"创业美国"计划，于2012年宣布引入1000个"创客空间"进学校，美国白宫于2014年首次举办了创客嘉年华（Maker Faire），奥巴马总统在活动上将每年的6月18日定为"国家创客日"，并号召美国的"每个企业、每所大学、每个社区、每位公民都加入到支持民众创造者的行列中来"[①]。美国为支持群众性创客运动，将创客纳入提升国家创新竞争力的范畴，由此推动了创新创业活动和众创空间的蓬勃发展。近年来，欧美国家新出现的众创空间特别重视用户参与创新，并注重与生活情境及城市治理相融合，正朝着智能化方向发展。

国外众创空间经过半个世纪发展，已形成较为成熟的发展模式，各类孵化器满足不同创客与企业的多元化、个性化需求，其本身也在发展中不断升级迭代，

[①] 张鑫. 高校设计创客教育中的跨学科统整探究[J]. 美术教育研究, 2019, (1): 138-139.

成为全球创新创业的驱动力,为世界经济复苏和科技创新提供重要平台支撑。

第二节 国外众创空间的典型模式

著名管理学大师彼得·F.德鲁克(Peter F. Drucker)曾说:"当今企业之间的竞争,不是产品之间的竞争,而是商业模式之间的竞争。"[1]一个最适合的商业模式,可以帮助企业在市场竞争中脱颖而出,并实现快速发展。因此,商业模式创新备受企业界和学术界关注,而众创空间则是"后熊彼得创新机制"(post-Schumpeter innovation regime)下更具开放性和包容性的社会创新的产物[2]。由于各国多样化创新创业生态的发展背景与现状不同,产生了各具特色的众创空间类型,其产业特色、运营模式、盈利方式不尽相同。我们综合比较了学术界关于众创空间发展模式划分的主流观点,参照中国政府对众创空间的界定,对国外类似于我国的众创空间,且能够为大众创新创业提供办公空间、资源共享空间、网络空间和社交空间的各类孵化器,从服务类型、目标群体、经营特点、盈利模式等方面进行分析,将其大致概括为创客空间、联合办公空间、创新型孵化器、"五位一体"加速器等四类典型模式,这些模式适应了不同阶段多样化、多元化的创新创业需求。

一、创客空间模式

如前文所述,创客从其英文词源来看,泛指出于兴趣和爱好,热衷于把创意变成现实的个人或群体,其最大特征是拥有独特的创新创意想法或设计制造理念,并愿意与他人分享自己的创意经验和创新成果。创客空间就是创客聚焦在一起分享新知识、创造新事物的实验室、工作坊等场所。在互联网时代,创客利用开源软件设计产品,具有开放性、共享性、网络化等特点,因而也被称为开源社区。国外早期诞生于车库、车间的孵化器和黑客聚集区基本上都属于这种众创空间模式,学界普遍认为 1981 年成立于德国柏林的 Chaos Computer Club(混沌电脑俱乐部)是全球首个真正意义上的创客空间[3],后来成立的比较典型的创客空间主要有:美国的 Fab Lab、Noisebridge、TechShop(于 2017 年 11 月倒闭),奥地利的 Metalab,英国的 Access Space 等。

---

[1] 文亮. 商业模式与创业绩效及其影响因素关系研究[D]. 长沙:中南大学,2011:3.

[2] 宋伟,杨雨菡. 众创空间新方向:培育社区创新能力[C]//中国城市规划学会. 活力城乡美好人居——2019 年中国城市规划年会论文集. 重庆:中国建筑工业出版社,2019:718-726.

[3] 蔡昱旻,张娜. 工业设计众创空间创新模式研究[J]. 工业设计,2017,(6):118-121.

创客空间是在机械、电子、计算机、信息技术和数字艺术等领域有共同兴趣爱好的人在一起碰撞思维的社区型共享空间。创客空间为入驻创客提供工具、材料、设备和专业知识，并进行相应的业务培训等，主要以收取一定的会员费、培训费的形式获得盈利，接受社会赞助也是其收入来源之一。国外除了按市场方式运作的企业性质的创客空间外，也有一部分创客空间是由政府机构或社会组织为支持创新创业事业而创办的，这样的创客空间具有非营利的公益性质。经过40多年的发展，创客空间模式已非常成熟了，由于其易复制、易扩张，已成为全世界最普遍、数量最多的一种众创空间模式。这种模式能满足各类创业主体的不同需求，具有广泛的社会适应性，所以在众创空间发展的不同阶段都扮演着重要角色。

二、联合办公空间模式

联合办公空间是一种为各行各业的初创公司、中小型创业企业、自由职业者以及其他有办公需要的人提供共享办公场所和其他服务的众创空间模式[①]。互联网时代的共享办公催生了联合办公空间模式，创业者栖居在同一物理空间内，通过相互之间的经验交流、知识和信息分享能够得到灵感的碰撞或者找到共同成长的伙伴。这种众创空间模式是目前世界上最主要的创业办公空间供应商。相较于创客空间专注于创新创业实验和项目孵化，联合办公空间具有较强的创业房地产性质，其最典型的代表是英国的Regus和美国的WeWork，房租收入在总营收中的占比较大，因此，在业界这种众创空间模式有"二房东"之称。

联合办公空间的价值不仅在于为创业者提供共享的办公场所，空间本身也是创业者的社群平台。这样的共同工作空间既有利于降低办公成本，同时又通过共同社区的营造，有利于有共同价值观且志趣相投的创业者之间达成合作关系。目前Regus和WeWork在世界各地建立了若干分支机构，占据了大部分市场份额。联合办公空间的最大特色就在于通过为创业者提供共享空间和社区服务，构建"办公+生活+社交"的创新创业生态模式，并通过出租独立办公室或工位赚取租金差价，以此来实现自身的盈利。随着人工智能和物联网的兴起，智能办公、移动办公和云端服务将改变传统办公场景和工作方式，并引发越来越多的新需求及解决方案。从行业发展走向来看，开发客户满意度高、体验感强的增值服务，将增加联合办公空间的非租金收入占比，甚至有可能衍生出新的商业模式。

三、创新型孵化器模式

创新型孵化器是近十年出现的一种新型众创空间模式，其服务对象是有原型

---

① 陈艳. 中国众创空间运行模式研究——基于对比视角分析[J]. 科技创新与应用, 2017, (20): 1.

产品、需要启动资金并想进一步融资的初创公司。不同于创客空间、联合办公空间的较低入驻门槛和基础性服务，这种模式的众创空间针对特定条件的入驻企业，更加注重提供全面的增值服务，其为创业者提供的服务内容比前两种模式更加丰富、精准和高效。美国的 RocketSpace 是比较典型的创新型孵化器，它已成功地孵化出十多家独角兽公司，成为业界翘楚。还有加州大学伯克利分校的孵化器 SkyDeck，这是高校创新型孵化器的杰出代表，它擅长为初创企业提供大学资源，帮助其搭建与大公司、政府的关系，助力初创公司发展壮大。

无论是从服务创新创业的内容和层次看，还是从市场化、专业化、集成化发展看，创新型孵化器都是较高级的众创空间形态。创新型孵化器的最显著特色在于构建了"天使投资+训练营"的运作模式。区别于一般的天使投资机构，此类众创空间除了对初创公司提供创业融资服务外，它还会通过组织训练营的方式对创业者进行专业化培训，为初创公司提供专家意见、技术服务和商业支持，进而为初创公司的融资和后续发展奠定基础[1]。创新型孵化器的盈利主要来自租金、大企业咨询服务费、政府委托项目孵化费及占有初创公司一小部分股份等。这种众创空间属于"小而精"的专业化、产业型服务载体，一般需要较高的入孵门槛，只有具备丰厚产业基础、良好运营能力的优秀创业团队才能获得入孵资格。

四、"五位一体"加速器模式

加速器（accelorator）是孵化器（incubator）的升级版，"五位一体"加速器是一种"空间+系统+生态+投资+后台"一体化的新型服务载体。加速器和孵化器最根本的区别在于空间平台的孵化能力不同。目前国内对加速器的理解与国外特别是硅谷的观点是有所不同的，这种区别在一定程度上会影响我国加速器模式的发展。国内通常将孵化器与加速器归于企业发展的不同阶段，认为孵化器主要服务于创业企业的种子期或初创期，加速器主要服务于成长期内的创业企业。而国外的主流观点则认为，孵化器与加速器的核心区别在于孵化空间是否有能力帮助创业企业快速成长。从硅谷的实践来看，加速器比孵化器有更能发挥作用的导师队伍、更健全的对接大企业的生态系统、更丰富的校友网络资源。作为创新型孵化器的升级版平台，"五位一体"加速器与孵化器之间建有良好的对接机制，并建有高成长科技企业从孵化器升级入驻加速器的快速通道。所以，进入"五位一体"加速器的企业一般都是从创新型孵化器毕业了的科技型企业。"五位一体"加速器是美国目前最成功的孵化空间，代表了创新型孵化器前进上升的发展方向。目前

---

[1] 陈艳. 中国众创空间运行模式研究——基于对比视角分析[J]. 科技创新与应用, 2017, （20）: 1.

这种众创空间模式的数量总体上还比较少，据统计，只占硅谷地区孵化空间的5%左右，其代表性公司主要有美国著名的 Y-Combinator、500 Startups 等①。

"五位一体"加速器是创新型孵化器功能向后端的延伸，若仅从运营模式、操作方法和实现结果来看，加速器好像并未超出创新型孵化器的概念框架。但加速器更强调创新创业生态系统的构建，是一种汇聚了包括创业导师、投资人、技术专家、营销专家等各类专业人才和优质资源在内的生态系统。加速器本身也设立投资基金，所有入孵项目都能获得其种子投资。国外加速器具有比较多元的盈利渠道，以 500 Startups 公司为例，其收益一部分来自基金管理费（约占投资人所缴金额的三分之一），一部分来自加速器计划费（由加盟加速器计划的初创公司缴纳），还有一部分来自企业活动组织费、社会赞助费等①。

在"互联网+"深入发展和广泛应用的今天，随着创新2.0和工业4.0时代的到来，创新创业更加凸显开放性、民主性和普惠性。众创空间正是在此背景下发展起来的创新创业服务平台，该平台具有与传统孵化器不同的特征、功能和运行机制，逐渐形成一种共享、包容的创新创业生态系统。经过几十年的发展，随着创客数量不断增多，国外众创空间的规模不断扩大、形式更加多样化，源源不断地为全球经济持续发展和转型升级注入新动力。

第三节 国外众创空间的经典案例

一、国外创客空间模式案例

（一）Fab Lab

Fab Lab 是一间诞生于美国麻省理工学院（Massachusetts Institute of Technology）比特与原子研究中心（Center for Bits and Atoms）的微观装配实验室（Fabrication Laboratory），该实验室是一个拥有几乎可以制造任何工具和产品的小型工厂，其成立的最初灵感来自尼尔·哥申菲尔德（Neil Gershenfeld）教授，他于1998年在麻省理工学院创设了一门有趣的课程，名为"如何能够创造任何东西"②。在听完该课程后，一个没有任何技术和经验的学生，能够自己动手制作出有意思的东西，可以研发创造出给人留下深刻印象的产品。哥申菲尔德认为，不应让学生被动接受科学知识，而应向他们提供相关知识、装备及各种工具，让他们自己主动来探

---

① 刘会武，赵玥. 国外典型创业社区案例分析[J]. 中国高新区，2016，(20)：59-66.
② 徐婧，房俊民，唐川，等. Fab Lab 发展模式及其创新生态系统[J]. 科学学研究，2016，(5)：765-770.

索科学的奥秘①。Fab Lab 的创新研究理念就萌发自这种可以进行随心所欲的个性化创造的课程目标，即认为创新创造不是只有科研人员在专业实验室里才能完成的事，而是任何人都有机会在任何地方完成的事②。第一间 Fab Lab 由美国国家科学基金会（National Science Foundation）出资于 2001 年在波士顿建造，这是一个专注使用数字化技术实现个人制造，致力于实现创意现实转化的创客空间，其本质上是一个综合性的创新实践平台，能够为创客快速创建原型产品提供低成本的实验条件。Fab Lab 是数字技术革命的产物，它致力于为创客提供创意、设计、制造一体化的创新体验，创客们利用 Fab Lab 提供的设备、材料、开源代码等工具和开发环境来实现个人想象中的产品设计与制造。

Fab Lab 的运行特征主要包括两点：第一，注重个人制造。在 Fab Lab 内，创客可以使用现有的材料、工具和仪器等设施来实现创意的现实制造，同时还积极鼓励创客自给自足，通过他们拥有的无限创意来不断充实与丰富 Fab Lab 内各种基础设施，不断扩大 Fab Lab 的规模，从而吸引更多的创客入驻。第二，倡导共享发展。Fab Lab 是一个互动性和开放性极强的创新创业社群，Fab Lab 成员会定期通过视频会议等途径进行创意交流、成果分享，最大程度地促进信息与资源的传播与共享③。创客们在利用平台提供的各种软硬件设备、工具来设计和制造自己想象中的产品的同时，还将产品的开发过程和创新成果在整个 Fab Lab 网络中传播，进一步推动了 Fab Lab 社群的扩展。Fab Lab 实验室促进个人数字制造的标配设备主要有激光切割机、精密四轴数控机床、线切割机/乙烯基切割机、3D 打印机、可编程控制工具等。据估算，目前一个标准的 Fab Lab 实验室的建设费用大约为硬件设施和材料费 2.5 万～6.5 万美元、后期消耗品费用 1.5 万～4 万美元②。

Fab Lab 的运作资金主要由政府、公共单位和公益组织拨款或捐赠，其创立的初衷即不以营利为目的。哥申菲尔德并不仅仅满足于在美国实践 Fab Lab 的理念，随着新技术革命不断向纵深推进，全球创客浪潮风起云涌，Fab Lab 的理念和模式在世界范围内不断扩散，并与不同技术成熟度和不同文化背景下的创新需求碰撞出火花，实现了 Fab Lab 的全球化扩展。目前全球已经建立了 600 多家遵循其发展理念和原则的标准 Fab Lab 实验室，其中就包括在上海、广州、武汉、深圳、成都等地建立的 Fab Lab 实验室。从其发展经验来看，Fab Lab 比较契合全球创客运动兴起的时代需求，它不仅能帮助高素质创客实现从好创意到新产品的飞跃，还能为更广泛的草根创业者自由施展其创新活力提供基础平台，所以该平台能在美国

---

① Neil Gershenfeld.How to make almost anything: the digital fabrication revolution[J]. Foreign Affairs.2011, 91: 42-57. 转引自徐婧，房俊民，唐川，等.Fab Lab 发展模式及其创新生态系统[J]. 科学学研究，2016，(5): 765-770.
② 徐婧，房俊民，唐川，等.Fab Lab 发展模式及其创新生态系统[J]. 科学学研究，2016，(5): 766-770.
③ 谭敏，杨丹. 国外众创空间发展实践简考及启示[J]. 重庆行政（公共论坛），2018，(10): 31-34.

本土之外的很多发展中国家焕发出蓬蓬生机。目前 Fab Lab 已成为全球性创客运动载体，是推动青年创业圆梦和经济创新发展的重要力量。

（二）Metalab

Metalab 是一家于 2006 年在维也纳成立的超级实验室，也是奥地利第一个以数字、艺术和文化为孵化内容的公益性创客空间。Metalab 将服务对象定位为计算机、电子信息、数字艺术、新媒体、摄影等特定领域的技术创意爱好者，为他们提供的硬件设施和专业工具，如切割机、3D 打印机、多媒体设备、摄影器材等，倾力打造独具特色的专业性创新创业服务平台。Metalab 不仅为创业者提供了共享的物理空间和基础条件，它的重要特色更在于其创新实验室的建立，该实验室定期组织小规模的专业研讨会，来自世界各地的计算机工程师、数字艺术家、设计师、文创工作者在这里分享思想、技术和信息，开展多领域跨界合作，激荡创新思维，创造出众多新颖的文化创意产品。

Metalab 作为欧洲创客运动的重要阵地，其宗旨是为爱好技术创新的信息类、艺术类创业者提供免费的实体和虚拟空间，促进创客之间的信息交流与头脑风暴，因此，平台本身通常不会干预创客自由开展各种创新创业实践活动，创客可以独立地进行个性化创造。但 Metalab 也会通过举办各种各样的活动，主动参与创客文化节，以进一步激发空间活力、扩大其影响力。Metalab 的运行特征主要有两点：一是实行会员制。创客进入 Metalab 内工作并成为正式会员时，需要缴纳一定的会员费。这家由非营利性组织运行管理的众创空间，其日常运行的基本经费来自会员缴纳的会员费，在需要增加特殊项目或补充基础设备时，主要依靠融资来实现。它也接受政府机构、社会组织的资助或赞助。二是营造创新创业氛围。Metalab 作为一个汇聚多领域创客的信息交流平台，非常注重众创文化氛围的培育和传播，借助移动互联网终端、新媒体及数字平台等技术与手段举办各种创新创业文化项目，旨在表达创客对自身创新创业活动的高度热爱，以吸引更多的人加入该行列，从而促进优良创新创业生态的形成①。

奥地利是欧洲创新创业基础雄厚和氛围浓郁的国度，维也纳不仅以其动人的音乐旋律和精美的建筑风格闻名于世，这里也是奥地利的高新技术聚集地，因而成为该国高科技社区的聚会场所。文化和艺术赋予了 Metalab 独特的精神气质和黏合性，使其成为全球创客运动的催化剂，吸引着全世界有才华的创客不断向这里汇聚，由此产生了规模效益，孕育了大量极富潜力的项目，大大降低了投资风险，因而成为多家知名互联网公司的发源地。

---

① 谭敏，杨丹. 国外众创空间发展实践简考及启示[J]. 重庆行政（公共论坛），2018，（10）：31-34.

二、国外联合办公空间模式案例

（一）WeWork

WeWork 由亚当·诺伊曼（Adam Neumann）和米盖尔·麦凯维（Miguel McKelvey）于 2010 年在美国纽约联合成立，是一家为初创公司和自由创业者提供共享办公服务的联合办公空间。WeWork 实质上是一家经营办公场所租赁服务的房地产公司，在业内以低门槛、高性价比而闻名，但该公司与普通的房地产公司的不同之处在于，WeWork 并不拥有这些办公场所的产权，而是通过租赁城市商务区的楼宇，按照共享办公理念进行独具匠心的装修改造，然后再转租给寻找工作场所的创业人群。这些办公场所配备一切办公需要的家具和设施，如办公桌椅、WIFI、会议室、会客室及休闲设施等。2016 年 3 月，在中国的联想控股和弘毅资本牵头融资后，WeWork 本轮融资获得 4.3 亿美元，其估值高达 160 亿美元，而其累计融资总额高达 14.3 亿美元[1]。2019 年 10 月，WeWork 的最大股东软银集团获得公司的控制权。自 2016 年 7 月首次进驻上海，目前 WeWork 在中国的城市版图已增至 8 个。截至 2019 年底，WeWork 在全球 140 座城市拥有 739 个办公地点。2020 年 2 月，WeWork 提出到 2024 年实现超 10 亿美元的自由现金流的目标。经过近几年的井喷式增长，WeWork 已在全球实现了规模化和连锁化。近年来，关于 WeWork 股权和人事的热点新闻不断，其一举一动备受关注。

作为新型创新创业办公概念，WeWork 并非传统意义上的"二房东"，它提供增值服务模式，注重为客户创造无形价值。例如，WeWork 的空间设计是由专业的心理学家协助完成的，该设计充分考虑创业者的心理，对于调节创业者的心态和情绪非常有帮助。另外，WeWork 非常注重创业社区的构建，活动一直是 WeWork 的核心，包括线上活动和线下活动，创业者之间的交流也许能够解决一个比较棘手的问题。2011 年 4 月，WeWork 在纽约总部创建了作为孵化器的 WeWork 实验室，吸引还没有形成成熟想法的创客入驻，鼓励创业者之间开展合作，碰撞创新创业的火花。WeWork 开创了"办公+生活"的众创空间模式，除了提供常规的办公空间租赁服务外，还为创业者提供社交活动、路演推介、外部合作等契机，以其庞大的全球创业社群为入驻创业者提供资源条件。作为共享办公空间，WeWork 成立的初衷不仅仅满足于提供一个舒适的工作环境，而是要构建一个可以将"我"融入"我们"的共享创业社群。这种结合办公空间和生活社区的 WeWork，也被称为 WeLive。

---

[1] 陈艳. 中国众创空间运行模式研究——基于对比视角分析[J]. 科技创新与应用，2017，（20）：1-4.

WeWork 的盈利方式是多元的，除办公室和工位的整批零租差价、会员费、配套服务收费之外，还有投资场地的溢价和种子公司的投资回报等隐形收益。会员制是此类众创空间的经营特色，会费收入是其总收益的重要组成部分。该公司将会员分为三个不同的级别：初级版、进阶版和无限量版，级别不同的会员缴纳的会费不同，享受的服务也有所不同。从披露的官方数据看，WeWork 近几年的经营业绩欠佳，但其背后有以日本软银集团为代表的强大私人投资者支撑，而且其 2019 年入驻人数从上年的 18.6 万人猛增至 40.1 万人。据业内人士分析，WeWork 在占据足够的市场份额后，将会获得行业最终定价权和更高的利润率。

（二）Regus

Regus 是由英国企业家马克·迪克森（Mark Dixon）于 1989 年在比利时布鲁塞尔创办的联合办公空间，其总部位于瑞士楚格，并在伦敦证券交易所上市。作为办公场所创新解决方案供应商，Regus 有一支专注于服务广大客户办公场所选址需求的精英团队，一直以来都在努力解决企业办公选址难的问题，为创业者和业主牵线搭桥，营造一个更灵活、更舒适、更便捷的创业环境。Regus 的入驻创客和团队与其他客户分享信息、知识和技能，不断拓宽创业社群网络。无论是身在家中、途中或办公室内，Regus 努力为创客提供一种崭新的工作方式，以满足互联网时代更灵活、更高效和更好体验的办公需求。这种模式的众创空间不仅能提供优质的办公地点、家具、用品、设备等基本设施，还能为创业者解决日常工作中的一切烦扰事，包括提供秘书、翻译、会计、接待等随需随到的服务。作为平台化公司，Regus 将该类专业化服务外包给高效的"签约服务商"。

Regus 将服务对象定位于高端商务人士或精英团队，致力于为大公司的分支机构、成长性中小企业或者创业团队提供办公空间、设施和环境，享有全球最大的灵活办公场所、服务供应商和商业办公行业领导者的盛誉。Regus 以其对商务办公的深刻理解为基础，更加注重办公环境设计的舒适性与人性化氛围的营造，着力为创业者提供人本品味空间，提供全面的高品质的技术服务，让创业者以自己的方式实现更高效的全球化灵活办公。Regus 也和 WeWork 一样采取会员制，获得不同等级会员资格的创业客户，便可以在不同程度上共享全球范围的联合办公服务资源。但与 WeWork 不同的是，Regus 侧重提供"灵活的办公室解决方案"，其目标客户也更多面向大企业临时机构、外派办公等，所以这种联合办公空间模式在业内也被称为柔性办公、短租办公。

Regus 的高端定位给其带来了不菲的租金差价和服务佣金收入。随着 Regus 的发展，目前这种联合办公空间模式已在 120 个国家的 900 座城市拥有近 3000 个商务中心，并通过提供独特的灾难恢复方案来保证工作业务的连续性，从而在行业内树立起良好的品牌形象。众多世界 500 强企业和成千上万的中小型创业公司将他们的办公空间需求外包给 Regus，Regus 灵活、友好的工作环境降低了企业的办公设施成本，提高了员工的工作效率，使企业能够更加专注于主责主业，聚焦于核心竞争力提升。目前 Regus 的商务办公地点遍布北京、上海、广州、深圳、香港、澳门和中国台北等大中华地区。

三、国外创新型孵化器模式案例

（一）RocketSpace

RocketSpace 由美国科技企业家邓肯·洛根（Duncan Logan）于 2011 年在旧金山成立，是一家致力于为科技类初创公司提供早期的办公场所、创业咨询以及其他创新服务的孵化器。RocketSpace 有着较为严格的入孵条件，并对入驻初创企业的发展质量把控非常严格。它要求孵化对象为成长性的科技创新类的项目或企业，必须完成首轮种子融资。RocketSpace 利用来自世界各地的创业公司的生态系统，推动基于产业链、供应链、技术链的全球品牌创新计划。RocketSpace 抓住科技创新这个牛鼻子，基于现实的市场需求，通过国际科技领域优势资源的整合，构建了一个由品牌企业和初创企业组成的庞大科技创新生态体系。初创企业在品牌企业提携下能很快拓展产品市场，品牌企业与初创企业合作能激发出创新灵感，由此生成了生态系统内协同创新良性循环的互补互促机制。

RocketSpace 的创新服务团队为不同发展阶段的企业提供精准的服务内容。对于初创公司而言，RocketSpace 除了提供必要的办公室租赁业务、共享的工作空间、行政管理服务、社区生活服务外，重在构建网络化社区，帮助企业链接风险投资人、创业导师和品牌公司。该孵化器为会员企业的创新能力提升定制个性化解决方案，具体包括由全球顶级跨国公司高管组成创新策划联盟、跨行业知识补给、引荐潜在合作伙伴、共建持续性创新渠道。RocketSpace 为会员企业提供的创新孵化服务还包括企业创新峰会、行业颠覆性技术、网络专题研讨、在线寻求合作伙伴等。进入这个孵化器平台，入孵企业获得了成长性服务，并有效对接了发展所需的资源条件，因而拓展了核心业务，提升了竞争能力。

RocketSpace 的显著特点是整合资源，营造生态系统，构建了"空间+活动+生态"的运营模式。RocketSpace 的盈利渠道主要包括两大类：一是租金。RocketSpace 向初创公司收取的租金通常高出普通市价近三倍[①]。二是服务费。RocketSpace 为初创公司提供创业指导、投融资等专业化服务并收取一定的费用，另外还有政府委托项目的孵化费用。值得注意的是，RocketSpace 不像一般孵化器采用入股方式

---

① 刘会武，赵玥. 国外典型创业社区案例分析[J]. 中国高校区，2016，（20）：61-62.

来获得未来收益回报,它不占有入孵企业的股份,这也是很多发展潜力大的初创公司选择进驻的原因之一。目前 RocketSpace 生态系统里聚集了 150 多家全球品牌企业以及世界各地 1000 多家高发展性科技创业公司,已成功孵化出 16 家"独家兽"企业,特别是因孵化出 Uber 等著名创业项目而声名远播。RocketSpace 于 2016 年与海航集团达成战略合作,正式进军中国市场。

(二) SkyDeck

SkyDeck 是一个由加州大学伯克利分校 (University of California, Berkeley) 的哈斯商学院与工学院联合成立的科技创新孵化器,它为初创企业提供科技孵化和创业所需的优质资源及共享服务,其中包括专业的人才咨询技术、项目种子资金、场地、活动等。该孵化器位于伯克利市地标建筑的顶层套房,总面积大约 3000 平方米,功能包括办公工位、会议厅和公共空间,四面都是透明的落地窗,视野极其开阔,可以俯瞰伯克利市全景与旧金山湾区。SkyDeck 先后接受红杉资本、梅菲尔德等 VC 机构投资,战略领域合作伙伴包括苹果、Adobe、亚马逊、特斯拉等国际知名企业。凭借强大的高校资源和产业支撑,SkyDeck 的孵化功能不断提高,已跻身全球知名孵化器行列。

作为著名的高校创新型孵化器,SkyDeck 以哈斯商学院与工学院为依托,为伯克利学生和校友提供创业环境及社区网络。SkyDeck 高度依赖伯克利的大学资源,注重搭建与大企业、风险投资人和政府的合作关系,在湾区成功打造了创新创业生态系统。目前 SkyDeck 拥有一支 70 多人的专家导师团队,重点帮扶大学生创业者,为他们制订了科学合理的创新方案和切实落地的孵化体系。每支创业团队一般可在一年的时间里使用这个孵化器,接受专业教师和创业校友的指导。创业团队通常在 6 个月时间内结束五个模块的任务:产品故事、市场拓展、商业模型、团队架构和资金支持。项目孵化团队会指导创业者如何做项目展示,如何给风险投资者做一个好的演讲,如何去讲一个吸引人的故事,甚至在"项目宣讲展示日"(Dome Day)之前,他们就已经有了向硅谷投资者推介自己的机会。进驻孵化器的团队无一不是经过激烈竞争才脱颖而出,多数团队都拥有至少一名工商管理硕士。

与其他平台相比,SkyDeck 的优势在于地理位置优越、高校和产业资源丰厚、加速方案与孵化体系合理可行。由于官方运营的公益性质,SkyDeck 不占有入孵企业股份,营利能力相对较弱,其收入主要来自租金和创新服务费。但由于其对入孵企业的产业基础和营运能力要求较高,加之背靠伯克利的高校资源体系,因而能树立品牌并获得长远发展。至今已孵化或推进了 300 多个诞生在伯克利实验室或教室里的项目,共享单车 Lime、送餐机器人 Kiwibot 及被 TDK 收购的超声波传感器先锋 Chirp Microsystems 等知名初创公司都曾在 SkyDeck 孵化成长过。目前 SkyDeck 与中国多地政府达成创新孵化和人才培养的合作协议。

四、国外"五位一体"加速器模式案例

(一) Y-Combinator

Y-Combinator(简称 YC 公司)由保罗·格雷厄姆(Paul Graham)于 2005 年 3 月创建于美国硅谷,是世界著名的加速器型众创空间。YC 公司在不长时间内,以其孵化能力和成功案例,建立起强大的品牌影响力,成为全球加速器行业的典型标杆[1]。YC 公司以"五位一体"形式提供帮助初创公司快速成长的孵化服务,而其关键环节在于投资服务。与一般的天使投资不同,YC 公司大批量、成规模地给初创公司提供种子资金。该公司每年举办两次投资活动,第一次是从每年 1 月至 3 月,第二次是从每年 6 月至 8 月。在每个阶段,YC 公司都会投资众多科技初创公司和早期创业项目。申请获得投资的程序也比一般的天使投资简单,特别是资金到位非常快。YC 公司不要求做路演,甚至不要求提供商业计划书,初创公司仅需要提供一份申请表格即可。然后,YC 公司安排相关专家对创业者和项目进行面试、评审和筛选,通过评审的创业项目进入为期三个月的创业孵化营进行专业化集训。

YC 公司主要通过"晚餐"和"办公时间"两种形式为创业者提供服务。"晚餐"形式每周一次,在"晚餐"时间里,创客有机会跟来自硅谷的成功创业者、天使投资人、知名公司的高管等进行近距离接触交流,同时,这些嘉宾也会分享他们自身的创业经历或故事。通常在"晚餐"结束时,这些嘉宾会给跟他们交流过的创客提出建设性的意见或建议,甚至直接对这些创业公司进行注资。创业者需要预约开放的"办公时间",在"办公时间"内,YC 公司会给创客配备专家顾问,以一对一、一对多、多对一或者多对多等形式开展咨询辅导。在项目模型展示环节,YC 公司会根据每个创业者的实际情况,为其精心选择特别嘉宾,让其宣介展示原型产品或服务。YC 公司除了能给初创公司提供资金及创业辅导外,还可以给创业者提供丰富的人脉网络资源,因为 YC 公司给众多创业者提供过服务,这些创业者就形成了一个"校友"网络,参加过 YC 公司辅导服务的个人或企业都可以享用"校友"网络资源来解决一些创业过程中的问题[2]。

由于 YC 公司成立之初正逢美国互联网泡沫后的沉寂期,资本市场的冷漠导致创业公司的低价估值,使得 YC 有机会给创业团队提供一定的小额种子基金并要求一定股权占比(约占入孵项目股份的 2%~10%)。因此,股权收益成为 YC 公司主要的盈利来源,当初创公司上市或被并购时,YC 公司则不再享有收益权。但是,YC 公司秉承对初创公司影响越小越好原则,并不占有它们的董事席位,也不

---

[1] 刘会武,赵玥. 国外典型创业社区案例分析[J]. 中国高校区,2016,(20):61-62.
[2] 陈艳. 中国众创空间运行模式研究——基于对比视角分析[J]. 科技创新与应用,2017,(20):1-4.

要求他们做出自己不认同的决策。至今，YC 公司已经投资了近 1500 家初创公司，拥有超过 3000 名成员的创业社区，孵化的企业总市值超过 800 亿美元。

（二）500Startups

500Startups 由戴维·麦考尔（Dave McClure）于 2010 年创建，总部位于美国硅谷，是全球最活跃的风险投资基金和企业加速器之一。500Startups 如今已在全世界多领域投资科技创新公司近 2000 家，早已超过其要投资孵化 500 个创业公司的创始想法。该公司投资领域主要有电子商务、云服务、智能手机+平板电脑、家庭与教育、食品与健康、跨境与语言、互联网金融等。从投资地来看，硅谷集中了 500Startups 二分之一的投资，硅谷以外的其他美国公司获得了四分之一的投资，另外四分之一的投资则在美国以外的其他国家和地区。在其投资的初创公司中，已有 500 多家从该加速器毕业，其中，卡玛信用报告公司、图维利奥云通信公司、打出租车软件 3 家市值已超 10 亿美元，另有 30 多家超 1 亿美元，300 多家超千万美元。2013 年初，500Startups 进驻中国市场，在中国投资了几十家移动互联网、增强现实（augmented reality）、虚拟现实（virtual reality）及与人工智能相关的创业公司，区域链也是其重点关注的投资领域之一。

500Startups 每年只接受 4000 家左右的初创公司申请，其选择标准特别看重早期用户的产品使用体验。加速器项目严格的筛选机制令它的录取率仅约 3%，低于哈佛大学商学院和斯坦福大学商学院的录取率。在成功入孵的公司中，80%能获得规模较大的风险投资或天使融资。500Startups 共有约 2000 名投资人和导师，他们遍布世界各地。其中很多导师在 Paypal、Facebook、You tube 等知名企业有过管理经验。导师在自愿的基础上给入孵企业提供帮助，有些导师仅仅给入孵企业提供咨询和建议，有些导师则成为入孵企业的天使投资人，更有甚者，还有些导师成为入孵企业的合伙人。在 500Startups 内，入孵企业不仅获得了资金支持，而且得到了导师和投资人在产品设计、用户体验等方面的指导和帮助。500Startups 对孵化企业提供的增值服务比较多，还包括客户获取、网络营销及指导企业进行绩效评估等。

500Startups 比较青睐具有国际化思维的创业者，注重全球布局和网络营销。目前 500Startups 主要有三个收入来源，即基金管理费、加速器计划费和会议组织费。据统计，500Startups 每年向投资者收取的基金管理费约占公司整体收入的三分之一，每年向参加加速器计划的初创公司收取的加速器计划费、会议活动费、GeeksOnaPlane 之旅及相关赞助方面的收入约占公司整体收入的三分之二[①]。尽管目前 500Startups 的盈利较一些大公司有一定的差距，但其蕴藏着巨大发展潜力，未来会从其投资企业的持股中获得较为丰厚的收益，在其孵化和直投企业中，预

---

① 刘会武，赵玥. 国外典型创业社区案例分析[J]. 中国高校区，2016，（20）：61-62.

计有 5%～10%的企业会有 10～20 倍的可观回报。

第四节 国外众创空间的演进机理

从国外创新创业服务载体的演变轨迹来看，其内在机理是孵化器从 1.0 向 5.0 升级迭代。在创新 1.0 时代，孵化器从 1.0 向 4.0 转变；进入创新 2.0 时代，出现了孵化器 5.0。从发展史视角，各类孵化器可以在广义上全部纳入众创空间范畴，而根据我国政府文件对众创空间的诠释，狭义众创空间则专指创新 2.0 时代的新型创新创业共享服务平台。我们认为，众创空间的形成过程就是孵化器的特性日趋显著、功能发育逐渐完善的过程。在孵化器从 1.0 向 5.0 的演进中，众创空间经历了探索发展、初步发展、快速发展和蓬勃发展等阶段，孵化器 5.0 适应了创新 2.0 时代创新创业的特点与需求，因而在我国"双创"背景下被称为严格意义上的众创空间。受商业模式、市场定位和创新创业需求等因素影响，众创空间在发展过程中派生了创客空间、联合办公空间、创新型孵化器、"五位一体"加速器等模式。值得注意的是，孵化器迭代演进和众创空间模式创新是就其发展的逻辑机理而言的，并非简单的线性化历时性更迭，事实上各类孵化器与众创空间模式呈现为多样态共时性存在。在创新 2.0 时代，国外以孵化器 5.0 为代表的众创空间逐渐建立起垂直递进的多元化生态主体结构，以满足不同发展阶段、不同空间条件和不同文化背景下多层次、多维度的创新创业个性化需求。

一、从孵化器 1.0 到孵化器 5.0

（一）创新 1.0 时代：孵化器 1.0 到 4.0 的演变

在创新 1.0 时代，国外以"孵化器"为主导的创业服务载体的功能主要是"资源配置"和"服务支持"，其模式从最初的基础服务发展到网络化、集团化的服务体系，实现了从孵化器 1.0 向 4.0 的演进，如表 5.1 所示。

表 5.1 孵化器从 1.0 到 4.0 的演变[①]

阶段	内容	特点	时间
孵化器 1.0	物理设施：办公空间、基础办公设备和设施	规模小、数量少、政府主导，服务功能有限	1950～1979 年

[①] Shepard J M.Small business incubators in the USA: a historical review and preliminary research findings[J]. Journal of Knowledge-based Innovation in China, 2013, 5（3）: 213-233. 转引自解学芳，刘芹良. 创新 2.0 时代众创空间的生态模式——国内外比较及启示[J]. 科学学研究, 2018, （4）: 577-585.

续表

阶段	内容	特点	时间
孵化器 2.0	业务支持服务：辅导和培训、管理、法务、资金等	数量激增，市场化运作、服务功能日趋完善	1980~1989 年
孵化器 3.0	商业计划、咨询与辅导、投融资等专业化管理服务	公司化发展、导师制、风险投资等	1990~1999 年
孵化器 4.0	一站式创业服务、战略化经营和网络平台的运用	网络化视角、集团化发展	2000~2012 年

国外孵化器从 1.0 向 4.0 演进中，在资源服务和组织属性上呈现出鲜明的特征。一是孵化器资源聚合、业务支持的功能不断提升。在发展演进中，孵化器的资源配置和服务功能持续改进，从关注物理空间的孵化器 1.0 到聚焦业务支持的孵化器 2.0，到引入公司制管理和投融资的孵化器 3.0，再到形成战略化经营、网络化服务的孵化器 4.0，孵化器从单一的创业共享空间发展成"一站式"的创业服务全链条，成为综合性创新创业服务机构。二是孵化器在组织属性上体现出市场化和专业化的发展趋势。孵化器作为社会经济发展的催化剂在很长时间内带有非盈利色彩，随着公司制的引入与市场化改革的进行，孵化器的组织属性也在不断变革，致力于通过以产业链为支撑的集团化制度解决传统孵化器发展中的风险投资和高端人才引进等问题，孵化器在孵化初创企业与项目过程中，更加关注识别获取利润的创业市场机会，经营重心向创建企业本身回归。

（二）创新 2.0 时代：孵化器 5.0 的形成

知识经济条件下的互联网 Web 2.0 技术环境衍生出了创新 2.0 时代，使得创新创业成为一个多元主体参与、多种因素协同的生态系统。大众创新、开放创新、协同创新趋势和生态系统化需求，使得传统孵化平台越来越难以适应日益增长的创新创业服务需求，传统孵化器面临进一步完善和升级。孵化器 4.0 经过 21 世纪以来 10 多年的蓬勃发展，为了顺应知识经济与信息社会创新 2.0 时代的创新创业发展的实践诉求，在其自组织与外部选择耦合发展中，逐渐孕育出了以孵化器 5.0 为标志的"众创空间"生态系统。在当今创新创业方兴日盛的全球浪潮中，各国都在探索生态系统模式下众创空间的演进路径和发展逻辑，以适应创新 2.0 时代创新创业服务的特点和需求。

与孵化器 5.0 之前的传统孵化器相比，众创空间在创新创业概念界定和服务功能上均有较大突破。首先，众创空间拓展了传统孵化器的概念内涵。众创空间是一个由共享空间、孵化器、加速器等创新创业服务平台构成的综合体，发挥着创新创业资源汇聚和服务功能整合的作用，形成了创新主体、创业资源与服务内容纵横交织的多层次、嵌套性创新创业生态结构。其次，众创空间提升了传统孵化器的服务功能。众创空间作为一个聚集创新创业服务资源的综合平台，不仅能提供满足用户创新需求的专业技术装备，而且也富集了促进创新成果转化和企业成长的技术、资金、专家指导、商业战略等孵化资源，推进了创新创业服务功能的衔接与融合。总之，创新 2.0 时代的众创空间是孵化器版本升级迭代的产物，而孵化器 5.0 能否成为众创空间发展中的新阶段，因其发展时间较为短暂，对此目前学界尚未形成定论。

二、国外众创空间的生态主体结构

在创新 2.0 时代，欧美国家率先走上了创新创业服务生态系统建设的道路。针对不同阶段的创新创业用户群建立了不同的服务机构，积极探索以用户为主导、开放创新的众创空间生态模式，逐渐探索出了一条按"实验层+成长层"递进发展、多元并存的众创空间生态主体结构，如图 5.1 所示。

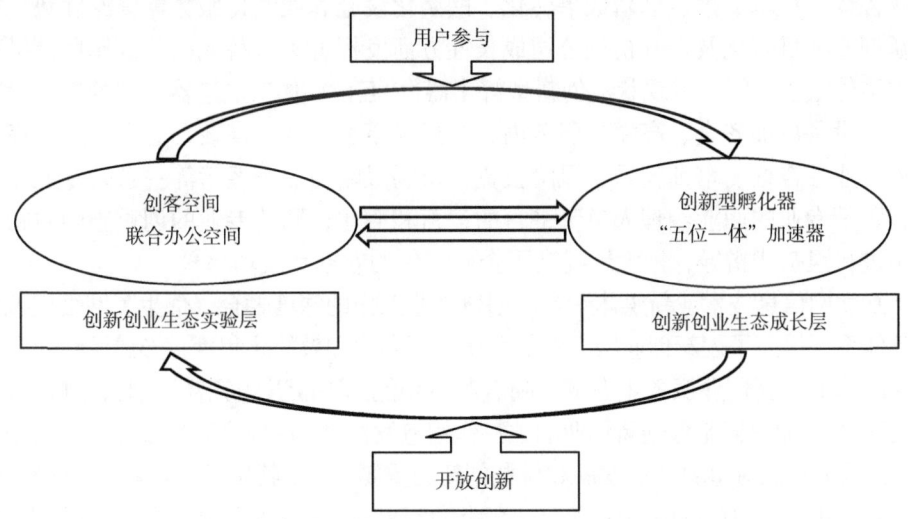

图 5.1　国外众创空间的生态主体结构①

（一）创新创业生态实验层

创客空间、联合办公空间是率先在欧美国家兴起的社区化的创业物理空间，旨在为创客群体提供一个创业实验、创意转化、合作交流、生活社交的场所。这两种众创空间模式作为国外社区化的创新创业实践基地，一方面提供专业性硬件设施和基础性配套服务，社区成员支付一定费用即可共享空间的资源，体现出区域化创新

---

① 解学芳，刘芹良. 创新 2.0 时代众创空间的生态模式——国内外比较及启示[J]. 科学学研究，2018，（4）：577-585.

创业实践资源可及的特点；另一方面发展起以开放、分享、创新、宽容为特质的众创文化和创客精神，成员之间自由地合作交互学习、分享信息与新知识，并将相互激发出的创意应用到创新实验中，促进了实践能力的提升及现实问题的解决。

作为推动和服务创新创业的基础性平台，创客空间、联合办公空间是创新 2.0 背景下国外众创空间生态系统不可或缺的有机组成部分，在空间共享、信息发布、咨询培训、物业管理、资源整合、创新创业合作等方面发挥着重要作用。正是由于创客空间、联合办公空间在创新创业生态中的基础性地位，适应了创业的民主性、普惠性、个性化、自由化的时代特征，推动了全球创客运动的深入开展，因此应被视作是国外众创空间生态系统的实验层。

（二）创新创业生态成长层

孵化器、加速器是国外重要的科技类企业孵化平台，这两种模式集聚了创新创业咨询、技术支撑、创新成果转化、网络化设施和便利化服务等资源优势，在创新创业项目孵化及提升初创公司成长性方面发挥着不可替代的关键作用。纵观目前国外众创空间发展现状，创新型孵化器、"五位一体"加速器内部的基础设施及服务设备更加齐全、高端，服务内容和形式更加全面、高效，为企业提供商业计划、业务咨询、培训辅导、风险投资、市场战略与品牌经营等一系列专业化服务，聘请专业的职业经理人负责平台的运营和孵化，聘请专业的创业导师对初创公司进行跟踪式指导，极大地提高了企业孵化的效率和成功率[①]。

互联网信息技术、新媒体平台与创新创业工作的深度融合，催生了网络虚拟化服务体系，提高了创新创业服务的信息化、便利化和效能化程度，形成了线上和线下相结合的创新创业服务生态链。随着载体功能的不断升级完善，创新型孵化器、"五位一体"加速器服务创新创业的独特作用愈发显著，成为全球科技型创业的助推器。正因为它们对世界经济发展和科技创新的重要影响，特别是对新业态、新模式、新技术、新产业的核心引领作用，创新型孵化器、"五位一体"加速器一直是创新创业生态体系的核心组成部分，所以应被视作是国外众创空间生态系统的成长层。

三、国外众创空间演进的新动向

近年来，国外出现了一种以 Living Lab（生活实验室）为代表的智能化创新服务平台，这是创新 2.0 时代创新模式转变的重要探索。Living Lab 是一个实际生活

---

① Busler M, Almubaraki H M., Muhammad A H.Categories of incubator success: a case study of three New York incubator programmes[J]. World Journal of Science, Technology and Sustainable Development, 2015, 12（1）: 2-12. 转引自解学芳，刘芹良. 创新 2.0 时代众创空间的生态模式——国内外比较及启示[J]. 科学学研究，2018，（4）: 577-585.

实验与测试的环境，它既是一种用户和生产者进行共同创新的方法，也是一个通过公私合作伙伴关系驱动用户参与的开放式创新孵化载体。借助 Living Lab 平台，用户和生产者进行合作与探究，即共同设计和探索新兴的趋势、行为及市场机会，并进行概念、产品和服务的实验与评估。从实际运作来看，Living Lab 采取线上与线下相结合的参与式创新模式，开展真实情景下的研发或试点服务，其优势在于能够长期收集用户的真实反馈，但挑战在于如何激励和吸引用户的持续参与。可穿戴科技手段的发展为用户行为研究提供了新的可能性，社区和城市空间也成为创新服务与产品研发的新领域①。

Living Lab 的最初设想萌发于美国，后在欧盟获得了快速发展。它强调以人为本、以用户为中心和面向未来的智能化创新，致力于构建全新科技创新模式和创新体制的研发环境，实现用户、技术和资源的智能互联，共同打造完善创新创业服务生态系统。Living Lab 立足于本地区的工作和生活场景，以科研机构为纽带，建立以政府、企业和科研机构为主体的开放创新社会（open innovation community）②。在一个开放式的区域情境中，采用先进的信息和通信技术来调动区域群体的"集体智慧和创造力"，为创新应用实时地提供原型设计和测试平台，在用户需求的驱动下，在区域范围内进行共同创新、开放创新，以此来推动创新成果应用和社区治理的智能化。Living Lab 创新生态系统如图 5.2 所示。

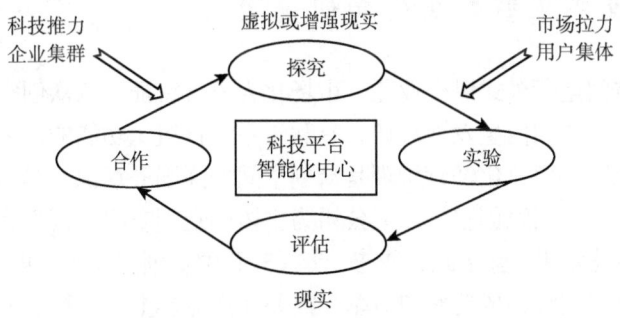

图 5.2 Living Lab 创新生态系统图③

随着 Living Lab 项目的展开，Living Lab 开始涉及互联网、医疗、教育、城市建设等众多领域，各领域之间相互交流、互通形成了更大的创新生态体系，进而形成了一个城市级的区域创新系统，主导大规模的城市实验，并为发明和推广新的信息技术应用提供载体。目前 Living Lab 已形成跨区域、跨城市乃至跨国家的

---

① 付志勇. 面向创客教育的众创空间与生态建构[J]. 现代教育技术，2015，（5）：18-26.
② 佚名. 创新 2.0 时代的智慧城市[J]. 办公自动化（学术版），2014，（7）：10-14.
③ 解学芳，刘芹良. 创新 2.0 时代众创空间的生态模式——国内外比较及启示[J]. 科学学研究，2018，（4）：577-585.

创新网络，以信息技术为载体，强调用户参与的新一轮的全球创新正在广泛进行。Living Lab 是以用户为核心的、基于现实生活环境的集创意实验、创业服务和创新升级为一体的智能化的创新创业生态平台，尽管该形态目前尚未被算作独立的众创空间模式，但它无疑是众创空间升级转型的有益探索和尝试。

第五节　国外众创空间发展的经验启示

当前我国大力发展"双创"，不仅要实现经济高质量发展、竞争力有效提升，更要高度重视就业等民生问题。这说明我国的众创空间发展与国外具有不同的环境背景，我国不可能完全照搬国外模式。但从上文的介绍和分析可以看出，国外的典型众创空间模式尽管服务类型、运营特点、盈利方式不完全相同，但还是有其共同性，如重视企业产业链布局、市场化运作程度高、中介服务机构发达、创业生态体系完善、可持续发展能力强等。我们认为，借鉴国外众创空间发展经验，当前我国应从众创空间生态系统自组织与外部选择耦合演进切入，着力克服众创空间在主体结构、运行模式、服务绩效和发展环境等方面存在的问题，努力构建起完善的众创空间生态系统。

一、建设产业型专业化众创空间

国外众创空间运营模式以企业化、市场化为显著特征，从众创空间属性上看，这一特征符合众创空间内生发展规律，有利于系统自组织功能的发挥。根据国外众创空间发展的经验，商业化经营管理是众创空间增强服务意识、提高服务水平和效率的有效途径。发达国家创立了以大公司为主体的众创空间运营模式，提升了孵化创新服务的专业化水平。鉴于此，要进一步提升我国众创空间服务创新创业的能力，提高其对接创客与资源的成功率与效率，需要在产业链上布局行业型、专业型众创空间，这是众创空间发展的产业基础条件。因此，众创空间的建设与发展应植根区域发展需求，依托地方重点产业、主导产业、特色产业、新兴产业，鼓励行业龙头企业控股、参股创办产业型专业化众创空间，充分发挥独具特色的产业链供应链优势，让创客共享市场渠道、研发设备和融资渠道，以知识与成果分享机制增进协同创新活力。将大企业成熟的现代企业管理制度引入众创空间，还可以解决众创空间发展中资金不足、人才流失等问题，提升众创空间竞争力和专业化水平[1]。

---

[1] 解学芳，刘芹良. 创新 2.0 时代众创空间的生态模式——国内外比较及启示[J]. 科学学研究，2018，（4）：577-585.

二、推进众创空间智能迭代升级

经过多年的实践和探索，我国传统创新创业孵化器（大学科技园、科技孵化器、创业苗圃等）的数量和规模迅速增长，而作为创新 2.0 时代的创新创业服务组织新范式，众创空间是对传统孵化器的全面整合升级，它保留了传统孵化器的一些基本功能，但其服务职能远远超过了传统孵化器。根据国外发展经验，进入孵化器、加速器阶段后，产业资源和聚集效应发挥重要作用，众创空间的"生态系统"的特征更加突出。系统内部创客云集、资源集聚，创客合作、创客资源对接形成了一个纵横嵌套的生态网络系统。众创空间通过凝聚丰富的异质生态因子，汇聚全链条的创新创业资源，将其服务半径延展至创新创业项目成长发育的全周期。面对创新 2.0 时代开放创新、用户创新、智能化创新趋势，我国众创空间迫切需要改变低端落后的现状，摒弃传统孵化器"摊大饼"式规模扩张思路、"杂货铺"式贪大求全发展路径，注重入驻企业的产业基础，以"小而美""专而精"的发展理念，立足产业链创新生态系统构建，推动众创空间智能化升级换代，扎实提高空间的孵化能力和质量。

三、提高众创空间营利造血机能

国外众创空间在向孵化器、加速器转型发展后，其运作模式已经由政府主导转向市场化运作，主要利用市场手段来提供孵化服务，在组织管理上基本实行了自主经营、自负盈亏的企业化、市场化发展。国外众创空间的盈利方式主要包括租金收入、专业服务收入和投资收益等。其中，房租收入是指众创空间为入驻企业和创业项目提供进行创新创业活动所需的办公场所及工位，在此基础上还提供一些共享办公设备、公共空间、网络服务等，并从中收取一定的租金；专业服务收入是指在为入驻企业提供进行创新创业活动所需的高新技术领域的开发与咨询、研发测试、分析检测等技术服务时，从中收取的一定服务费用；投资收益是对成长性初创公司进行入股合作，从中分享一定的股权收益。当然，无论从国外经验还是国内实际来看，也需要利用公共资源加强公益性众创空间建设，形成各类众创空间互补互惠局面，以满足不同创新创业主体的需要。

四、提升高校众创空间发展质量

高校是知识生产、文化传承和人才培养的主阵地，大学生是创新创业的生力军和主力军。国外发达国家的高校大多数都依托自身的科研实力和社会资源建立起创客空间、孵化器、加速器等类型多样的众创空间，高校众创空间是国外众创空间生态体系的基础性平台，为国外高校创新创业的扎实开展提供了实践载体和文化氛围。作为"双创"时代政产学研深度融合的产物，高校众创空间也是我国众创空间多元化发展的有效探索模式。随着国家对高校众创空间的高度重视和大力支持，高校众创空间的数量不断增多，运作规模不断扩大，对创新创业进程的推动作用日益增强。但是，我们在调研中发现，目前不少高校众创空间运作尚处于起步探索阶段，发展质量亟待提升，存在诸如经营模式同质化、入驻团队创新性不强、投融资渠道受限、多方协作机制缺乏等问题，极大地影响了高校众创空间的作用发挥和可持续发展。

五、壮大创新创业中介服务组织

中介机构包括工商、财税、法务、知识产权、投融资等专业化的咨询和服务，是创业生态系统的资源传播介质。当前随着众创空间发展网络化、战略化，创新创业服务功能愈加具体化和多元化；同时随着新兴创业领域的出现和创业群体的年轻化，创业人员普遍缺乏创业经验、管理经验、资本获取途径，这使得连接创客与资源的"中介机构"的作用更加凸显。国外众创空间市场化发展进程中，创新创业服务中介组织起着重要作用，欧美科技园中二分之一以上是创业服务中介机构，国外成功的孵化器、加速器周围无不是中介服务机构云集，它们为企业提供相关的商业策划、项目申请、资源对接、工商、财税、法务等专业化服务，更重要的是形成了发达的投融资体系，与种子基金、天使基金、风投公司、个人投资建立了广泛的合作伙伴关系，解决了初创公司发展中的资金难题。因此，健全完善的中介服务组织是众创空间生态系统中不可或缺的重要角色。

六、构建众创空间生态文化体系

贾天明等[①]基于生态学视角，将众创空间生态系统的结构划分为创客生态圈、资源生态圈和创客文化三个维度。其中，以创客精神为核心的众创文化是众创空间生态系统的内生动力，它统领创客生态圈与资源生态圈融合发展[②]。创客文化是众创空间生态系统的黏合剂，创客文化和创客精神的引领作用，将直接影响众创空间的健康发展及其协同效应的发挥。欧美发达国家具有悠久的创客文化传统，

---

① 贾天明，雷良海，王茂南. 众创空间生态系统：内涵、特点、结构及运行机制[J]. 科技管理研究，2017，(11)：8-14.

② 陈夙，项丽瑶，俞荣建. 众创空间生态系统：特征、结构、机制与策略——以杭州梦想小镇为例[J]. 商业经济与管理，2015，(11)：35-43.

国外众创空间发展与其众创文化氛围关系密切。以创新强国美国为例，车库是大多数美国人不可或缺的生活空间，但这个空间往往被普通民众改造成创新实践的场所，在其中自己动手制造新奇玩意，将创意理念转变为原型产品。这种以制造新奇事物为乐趣的活动，逐渐成为具有创新实践精神的"车库文化"。在互联网信息技术和开源软硬件加持下，"车库文化"生成鼓励自由创造、亲手实践和开源共享的众创文化。可见，国外的众创文化是由"车库文化"演变而来的亚文化形态，其实质是创新和创造，标榜了"任何人通过自己的不懈努力都可以获得成功"的价值内核。正是在这一精神的引领和驱动下，创客运动如火如荼，创新能量竞相释放，在全社会形成了浓厚的众创亚文化生态氛围。

目前我国众创空间发展中存在的问题均与众创文化缺失相关。我国创新创业与创客活动的开展起步较晚，目前众创空间以京津冀、长三角和珠三角等地为主要活跃区域，这些地区经济发达、创新能力强、创新创业生态良好，逐渐形成了众创空间生态文化圈。但从整体来看，虽然近年来各地政府着力营造创新创业环境，由于受经济发展程度及历史传统因素等方面的影响，我国众创文化的社会氛围尚未充分形成，创客成长和创新创业发展面临诸多问题。因此，借鉴国外经验，结合我国实情，在全社会培育出崇尚创新、敢为人先、学以致用、勤于实践、跨界融合、乐于合作、宽容失败、海纳百川的众创空间生态文化体系，仍是一项十分艰巨的任务，需要各方发力、协同推进。

综上所述，经过半个多世纪的发展演进，国外众创空间经历了探索发展阶段、初步发展阶段、快速发展阶段和蓬勃发展阶段，已经步入较为成熟的历史阶段，形成了创客空间、联合办公空间、创新型孵化器、"五位一体"加速器等典型模式，并产生了 Fab Lab、WeWork、Y-Combinator、500Startups 等著名孵化企业和发展业态，构建了由"实验层+成长层"的垂直递进、多元并存的众创空间生态主体结构。在当前创新驱动战略和"双创"背景下，借鉴国外众创空间发展经验，我国众创空间发展需要通过产业链布局和智能化创新来完善众创空间生态主体结构，需要通过推动市场化改革和优化基础平台来提高众创空间市场化生存能力，需要通过发展中介服务组织和培育众创文化来营造众创空间发展的生态环境。目前我国已成为世界上创新创业孵化器数量最多的国家，剖析国外众创空间的运作模式和成功案例，探索其演进机理与发展逻辑，更好地汲取和借鉴其发展经验，有利于提升我国的众创空间发展水平和推动创新创业深入开展，为供给侧结构性改革与经济结构战略性调整提供高水平、高质量的平台支撑。

第六章 我国众创空间生态系统优化对策

众创空间的健康发展离不开内部运行机制的合理构建,即构成众创空间的多种要素间,以及各要素与外部环境之间的相互关系和作用机理[①]。目前,我国众创空间存在的"区域分布不平衡、盈利模式单一、产业结合不紧密、服务能力有待提升、高校作用发挥不充分、众创文化氛围不浓厚"等问题,与众创空间外部生态环境不完善、各类主体种群创新创业能力不足、众创空间运行机制尚不健全密切相关,亟须借鉴国外众创空间发展经验,探寻我国众创空间生态系统优化对策。我国众创空间生态系统的优化主要从外部生态环境优化、内部生态群落优化及运行机制优化三方面进行。外部生态环境包括创业政策体系、科技创新体系(技术资源)与科技人才体系(人力资源)、创业融资体系(金融资源)、科技中介服务体系以及创业文化;内部生态群落的优化是指众创空间内部各要素及综合实力的提升;运行机制是指新陈代谢机制、共享共用机制、风险防控机制、试错容错机制和绩效评价机制的构建。外部生态环境优化是众创空间发展的基础,内部核心竞争力(生态群落优化)的提升是其发展的核心,运行机制的优化是其发展的关键。

第一节 外部生态环境优化——众创空间发展的基础

唯物辩证法认为,外因是变化的条件,内因是变化的根据,外因通过内因而起作用。外因是条件,对事物的发展进程能起到加速或延缓的作用,即外因条件适当,起促进作用;反之,则起延缓或阻碍作用。创业政策、科技创新(技术资源)与科技人才(人才资源)、金融资源、科技服务以及创业文化等,是众创空间发展的重要外部条件。近几年来,虽然各级政府多措并举,为众创空间的发展创造了良好的外部环境,但仍存在诸多问题,还远远不能满足众创空间快速、健康发展的环境要求。

---

① 贾天明,雷良海,王茂南.众创空间生态系统:内涵、特点、结构及运行机制[J].科技管理研究,2017,37(11):8-14.

一、创业政策体系

(一) 创业政策体系现状

1. 国家层面

国家层面的创业政策,是推动众创空间发展的宏观环境保障。众创空间的本质也是创新创业,众创空间发展享受创新创业的有关政策。因此,以"创业"为关键词在中央人民政府官网上进行检索,初步搜集国务院政策文本 22 个,时间跨度为 2008 年至 2021 年,多集中于 2015 年以后;以"众创空间"为关键词进行检索,初步搜集国务院政策文本 2 个,发布时间集中于 2015 年至 2016 年。2015 年,国务院办公厅印发《关于发展众创空间推进大众创新创业的指导意见》(国办发〔2015〕9 号),把营造良好的创新创业生态环境作为目标,把激发全社会创新创业活力作为主线,把构建众创空间等创业服务平台作为载体,明确提出了众创空间发展目标、重要任务、组织实施等。2016 年,国务院办公厅印发《关于加快众创空间发展服务实体经济转型升级的指导意见》(国办发〔2016〕7 号),把配套支持全程化、创新服务个性化、创业辅导专业化作为总体要求,明确提出众创空间坚持的基本原则、重点任务,并重点强调了要加大对众创空间的政策支持力度,实行奖励和补助政策、落实促进创新的税收政策、引导金融资本支持、支持科技人员到众创空间创新创业、调动企业参与众创空间建设的积极性,促进军民技术双向转化。2015 年,科技部印发《发展众创空间工作指引》(国科发火〔2015〕297 号),对于实际操作者而言,提供了众创空间的功能定位、建设原则、基本要求和发展方向四个关键问题的借鉴。2016 年,国家发布的《"十三五"国家科技创新规划》(国发〔2016〕43 号)提出,创新创业生态更加优化,科技创新全方位开放格局初步形成。2018 年,《关于推动创新创业高质量发展打造"双创"升级版的意见》(国发〔2018〕32 号)提出,推动众创空间向专业化、精细化方向升级,鼓励建立专业化众创空间。2019 年,教育部印发《国家级大学生创新创业训练计划管理办法》(教高函〔2019〕13 号),旨在促进高校通过开展创新创业教育改革,培养高水平创新创业人才,适应创新型国家建设需要。2020 年,《关于支持国家级新区深化改革创新加快推动高质量发展的指导意见》出台,突出高起点规划、高标准建设、高水平开放、高质量发展。《全球创业观察(2015/2016)中国报告》显示,我国创业政策在支持与创新创业相关的税收及官僚机构的专家评级分别为 5.78 和 4.44,在调查的 62 个经济体排名中分别为第 3 位和第 21 位[①]。构建全面的创业政

[①] 张秀娥,徐雪娇. 全球创业观察视域下中国创业生态系统建设路径——中国与以色列创业生态系统的比较分析[J]. 创新与创业管理,2017,(1):49-63.

策体系是对各领域创新创业的最大支持。

2. 地方层面

地方层面的创业政策，是国家政策落地的具体表现，也是众创空间联系最为紧密的支持保障。为了更切实地响应国家号召，贯彻中央文件精神，我国众多省区市纷纷制定出台相关政策促进创新创业和众创空间发展。经网络调研，截至2020年底，我国大多数省区市出台了相关政策支持、促进创新创业发展，如上海制订了"创业浦江"行动计划（2015-2020年），北京实施了"创业中国"中关村引领工程（2015-2020年），成都发布了"创业天府"行动计划（2015-2025年），江苏省推行了全民创业行动计划（2017-2020年）等。其中部分省区市出台专门政策支持众创空间发展。例如，浙江的《关于推动创新创业高质量发展打造"双创"升级版的实施意见》（浙政发〔2019〕9号），广东的《关于大力推进大众创业万众创新的实施意见》（粤府〔2016〕20号）、《关于强化实施创新驱动发展战略进一步推进大众创业万众创新深入发展的实施意见》（粤府〔2018〕74号），北京的《关于大力推进大众创业万众创新的实施意见》（京政发〔2015〕49号），河北的《关于发展众创空间推进大众创新创业的实施意见》，辽宁的《关于加快众创空间发展服务实体经济转型升级的实施意见》，陕西的《陕西省支持众创空间服务实体经济转型升级实施方案》，天津的《关于发展众创空间推进大众创新创业的若干政策措施》，新疆的《关于发展众创空间推进大众创新创业的实施意见》等。一系列地方政策为众创空间营造了良好的环境氛围。

（二）创业政策面临的困境[①]

1. 顶层设计不足

不论是国家层面还是地方层面，关于众创空间发展的政策主要的文种是"意见"，这些制度文件面向各行各业，属于宏观性的顶层设计，且层次过高。众创空间种类较多，主要有政府主导型、企业主导型、高校主导型、投资机构主导型、科研机构主导型，各自特点、优劣势、价值目标、发展路径也不尽相同。然而，现有政策没有体现分类指导、分类发展，缺乏针对性和可操作性，呈现"过粗不细"的特点，导致众创空间要么摸着石头过河，要么跟着别人过河，尚未进入"自己搭桥过河"的状态，难免出现急功近利的倾向，各敲各的锣，各唱各的调，难以符合国家层面的政策预期。此外，当前我国在金融支持和风险投资方面的众创

---

① 吴刚, 薛浩. 高校众创空间制度"碎片化"问题及其对策——整体性治理理论视角[J]. 高校教育管理, 2020, 14（5）: 76-82.

空间产业政策还不完善。

2. 整合性不足

随着"双创"逐渐成为我国经济增长的新引擎，两年来，多个国家及地方政府机构、专业部委员、地方厅局参与创新创业政策及众创空间产业发展政策的制定，参与政策制定的机构不断增多①。政府部门出台制度缺乏协同，有时即便同一部委的不同部门之间也存在着"各自为政"现象②，《关于创业投资企业和天使投资个人有关税收政策的通知》（财税〔2018〕55号），所称初创科技型企业满足的条件之一是，接受投资当年及下一纳税年度，研发费用所占比例应必须高于成本费用支出的20%。《高新技术企业认定管理办法》（税总函〔2016〕74号）由科技部、财政部、国家税务总局联合发布，该办法中指出：最近一年销售收入小于5000万元（含）的企业，研发费用占销售收入的比例只要达到5%就视为高新技术企业标准。相比之下，前者的比例过高。这使得创业投资企业和天使投资个人不愿意投资风险高、易夭折的大学生创业项目。从整体性理论视角来看，"多头"的政策设计和政策执行，很难形成政策体系良性运转。

3. 约束性不强

相关政策对企业缺乏刚性约束。如《中华人民共和国教育法》《中华人民共和国高等教育法》《中华人民共和国公司法》等法律中关于校企合作内容的表述均为"鼓励""应当"，没有关于企业参与高校人才培养责、权、利的明确规定。国务院办公厅印发的《关于深化产教融合的若干意见》，国家发展改革委、教育部发布的《建设产教融合型企业实施办法（试行）》等文件涉及校企合作相关的条款所用的关键词是"引导""自愿"。显然，现有的法律和政策对企业的约束作用非常有限，企业倾向执行对自己有利的制度条文，远离对自己不利的制度条文，表现出明显的选择性。根据对110家500强企业的调查，企业真正参与校企合作、共建产学研中心及开展技能大赛的比例偏少，只有22.34%和13.6%③。

4. 协同力不够

政策制定的最终导向体现在落实上。如果没有很好的适应性，再好的政策也是一纸空文。比如，目前我国关于社会机构参与众创空间建设的相关制度还不够完善，

---

① 陈章旺，柯玉珍，孙湘湘. 我国众创空间产业政策评价与改进策略[J]. 科技管理研究，2018，38（6）：18-24.
② 张志宏. 中国的众创、众筹、众包、众扶平台——基于创新创业视角的分析研究[M]. 北京：科学技术文献出版社，2017：118.
③ 徐珍珍，刘晓. 500强企业参与职业教育的社会责任调查——基于我国110家500强企业社会责任报告的面上分析[J]. 职教论坛，2015，（13）：55-59.

众创空间入驻企业融资难问题比较突出，这与我国金融机构和风投机构支持力不足密切相关。美国的《中小企业法》《中小企业投资法》及日本的《中小企业信用保证协会法》都对担保对象、金额、规则进行了明确规定，且由国家成立的专门担保机构承担，这样避免了银行怕担风险而设置中小企业贷款障碍；美国的《雇员退休收入保障法》不禁止养老基金进入风险投资业，使风险投资规模迅猛激增。但是，我国相关担保、风投机构的资金来源、激励奖励、多层次退出机制都不够完善。此外，各相关部门对众创空间的支持力度也是层层削弱，政策的最终执行效果大打折扣。

（三）创业政策体系优化路径

1. 加强政策集成

整体性治理理论认为，治理过程的关键活动包括政策（政策制定、政策执行、政策监督）、规制、服务提供及监视[①]。众创空间是创新创业的"温床"，创新创业既是一种经济活动，又是一种法律行为，为保证其顺利进行，必须建立完善的法律保障体系。从社会的角度来讲，法规体系是创客进行创新创业必需的宏观环境之一，既具有规范和指引作用，又具有国家强制性和普遍的约束力。制度网络极大促进了众创空间的发展[②]。我国要健全宏观层面政策规定，在完善商事制度、保护知识产权、给予财政支持、减免税收、人才引进与培养等方面有效整合，增强政策合力，加大简政放权力度和政策落实力度，提高政策的吸引力和指导性、可操作性，降低创新创业成本，壮大创新创业群体。当然，政府还要破除错误的政绩观，在制定众创空间相关政策时，要把握好服务创新创业和政府绩效之间的平衡，充分考虑地区经济发展水平和实际需要，避免因顺应潮流趋势或迎合上级要求而盲目建设，导致资源浪费。

2. 明确政策导向

众创空间要取得长远发展，必须要特色发展、内涵发展、多元发展，要有明确的目标定位、性质定位、服务功能、业务形式及各主体的责任、义务和权利边界。针对政府主导型、企业主导型、投资机构主导型、高校主导型、科技机构主导型众创空间的不同特点制定相应的政策或制度，给予宏观指导。比如，地方政府应认识到大学生是地方创新创业的主力军，要将高校众创空间发展放在重要的战略位置，围绕高校众创空间的校园属性，制定专门的高校众创空间意见。又如，传统产业覆

[①] 孙科技. 我国教育行政组织改革路径探索：一个整体性治理的视角[J]. 现代教育管理, 2018, (3): 11-17.

[②] 冯海红, 曲婉. 社会网络与众创空间的创新创业——基于创业咖啡馆的案例研究[J]. 科研管理, 2019, 40 (4): 168-178.

盖的众创空间比例过高，聚焦新兴战略产业的众创空间比例过低；地产思维型众创空间比例过高，生产体系型众创空间比例过少，地方政府在政策制定的过程中，明确众创空间重点扶持方向和激励机制，适当放宽对新兴战略产业众创空间和生产体系型众创空间的管理条件，对创新行为给予更多政策激励和扶持。

3. 促进政策精细

完善政策分类，解决政策标准一体化、"一刀切"的弊端。第一，根据不同众创空间建设及运营特点，总结其发展的新模式和新机制，制定更为精细化的政策支持条款，最大限度地解决众创空间的发展痛点。对于政府主导型众创空间，它可以短时间内集聚创业资源，为创客提供全方位的扶持和优惠政策，可以有效促进初创企业的快速发展；对于投资机构主导型众创空间，它可以短时间内集聚创业资本和创业资源，但政府主导型众创空间和投资主导型众创空间自身造血功能不强，科技水平不高，可以重点提升它们的科技水平，如大数据云计算、芯片制造、软件开发等。第二，对于众创空间发展的不同阶段，细化众创空间各阶段的支持政策，给予不同额度的支持。例如，在众创空间形成初期，关注创业服务人数、入驻企业数等基础数据，在众创空间成长发展阶段，关注科技型企业占比、创新型企业、培育成功企业数、企业获得投资数量等创新产出，最大限度地激励科技含量高、服务质量高、发展前景好、专业性强的创新型众创空间生态系统项目。

4. 提升政策服务

众创空间的建设是一项长久的系统工程。对众创空间生态系统来说提高服务质量至关重要。强化服务赋能，满足创客的需求，支持创客成功创新创业，才能确保众创空间的可持续发展。整体性治理理论将公众的需求作为解决问题的出发点，积极发展出一种行动策略，整合相关部门的资源，建立众创空间管理信息系统，为公众提供优质"一站式"便捷服务，做好业务、咨询、管理、投融、营销等多方面的有效对接，构建开放、共享的生态系统。

二、科技创新体系（技术资源）与科技人才体系（人才资源）

（一）科技创新体系与科技人才体系现状

1. 科技引领时代发展

当前，国际形势波诡云谲，科技创新已然成为大国竞争的中心和焦点。科技所具有的渗透性、扩散性和颠覆性，正在引发国际分工重大调整，重塑世界竞争格局，改变国家力量对比[①]。各国都在寻求科技创新的先机和突破口。2010年，德国发布《德国2020高技术战略》。2014年，英国发布《我们的增长计划：科学和创新》。2014年，欧盟发起了"地平线2020"计划，全面服务于"欧洲2020战略"。2015年，美国提出《美国创新新战略2015》。各国相继提出创新战略举措，全面提升科技创新能力。我国也应积极顺应国内国际形势发展，主动迎接挑战，推动科技创新和众创空间全面转型升级，促进众创空间专业化、精细化发展。

2. 我国深入实施创新驱动战略

科技是国之利器。新中国成立以来，我国高度重视科技创新，特别是改革开放以来，我国的科技创新迎来了快速发展阶段。科技创新在推动我国现代化建设进程中发挥着至关重要的作用，科技创新迸发出巨大的活力和经济增长力，在很大程度上提升了人民的生活质量、思维方式和幸福指数。2006年，在召开的全国科技大会上颁布了《国家中长期科学和技术发展规划纲要（2006—2020年）》，自主创新、建设创新型国家战略被提上重要地位。在党的十八大和十九大报告中，科技创新这一关键词被多次提及，强调我国要坚持走中国特色自主创新道路、实施创新驱动发展战略。习近平多次强调："中国要强，中国人民生活要好，必须有强大科技[②]"。

当前，我国将最新科学技术快速转化为生产力的创新能力飞速提升。2016~2020年，我国科技进步贡献率逐年攀升。所谓科技进步贡献率，就是指广义上的技术进步对经济增长的贡献份额，也就是把资本和劳动之外的其他因素扣除后，对经济增长的贡献。2016年，我国科技进步贡献率达56.2%；2017年上升到57.5%，我国国家创新能力排名从2012年的第20位上升至2017年的第17位；2018年我国科技进步贡献率达58.5%；2019年，这个数字又有所提升，达到59.5%，我国国家创新能力排名从2017年的第17位上升至2019年的第14位。众创空间的蓬勃发展和高质量发展，为国家的创新驱动战略注入了新的活力。但是，与美国、日本、芬兰等世界上公认的创新型国家相比，它们的科技进步贡献率均达到70%以上，而我国的科技进步贡献率还未达到60%，科技整体水平还比较落后，与创新型国家建设仍存在一定差距。

3. 我国深入实施人才强国战略

我国始终把科教兴国、人才强国和创新驱动发展战略作为国家发展的核心要

---

① 张志娟，刘萍萍，王开阳，等. 国外科技创新治理的典型政策工具运用实践及启示[J]. 科技导报，2020，38（5）：26-35.

② 习近平：中国人民生活要好 必须有强大科技[EB/OL].https://news.china.com/domestic/945/20160612/22850186_all.html[2016-06-12].

义,高度重视科技和教育。科技是第一生产力,人才是第一资源,科教兴国是我国的基本国策。1995年科教兴国战略正式提出以来,中国高等教育向普及化快速迈进。党的十九大报告强调,要"培养造就一大批具有国际水平的战略科技人才、科技领军人才、青年科技人才和高水平创新团队"①,对高等教育提出了更高的要求,培养更多有社会责任感、优秀的拔尖创新人才。2017年底《国务院办公厅关于深化产教融合的若干意见》强调,"深化产教融合,促进教育链、人才链与产业链、创新链有机衔接"②。《2019年国务院政府工作报告》中指出,"要发展更加公平更有质量的教育"。我国对科教兴国战略的实施始终有坚定的信心和清晰的路径。科技、教育持续成为国家发展、民族振兴的重要源泉。科技人才作为创新驱动发展的核心要素,在推动地区技术研发、加强技术吸收和提高技术成果转化能力方面扮演着重要角色,是促进全要素生产率增长最持久的动力来源③。《中国科技人力资源发展研究报告(2018)——科技人力资源的总量、结构与科研人员流动》显示,截至2018年底,我国科技人力资源的总量已经达10 154.5万人,规模持续位居世界之首④。这为众创空间发展提供了强大的人力资源储备。普通高等教育依然是科技人力资源培养的最主要渠道。尽管我国科技人力资源总量大,但复合型人才、创业型人才,以及新兴产业需要的信息、大数据等方面的高端人才较为缺乏是目前科技人力资源的一个现状。

(二)科技创新与科技人才面临的困境

1. 科技创新支撑力不足

科技是第一生产力,也是核心竞争力。2015年10月29日,党的十八届五中全会顺利召开,会上习近平一针见血地指出了我国创新能力弱、科技发展水平弱、科技支撑力弱等现实困境⑤。与发达国家相比,我国科技对经济增长的贡献率低,科技成为我国的"阿喀琉斯之踵"。《2019中国大企业发展分析报告》显示,我国在光刻机、光刻胶、芯片、操作系统等诸多领域,都存在受制于人的关键核心技

---

① 习近平.决胜全面建成小康社会 夺取新时代中国特色社会主义伟大胜利——在中国共产党第十九次全国代表大会上的报告[EB/OL]. http://www.gov.cn/zhuanti/2017-10/27/content_5234876.htm[2017-10-27].

② 国务院办公厅. 国务院办公厅关于深化产教融合的若干意见[EB/OL]. http://www.gov.cn/zhengce/content/2017-12/19/ content_5248564.htm[2017-12-19].

③ 郭金花,郭檬楠,郭淑芬. 中国城市科技人才集聚促进了全要素生产率增长吗——来自285个地级市的经验研究[J]. 科技进步与对策,2020,38(7):48-55.

④ 中国科技人力资源总量稳居世界第一[EB/OL]. http://society.people.com.cn/n1/2020/0813/c1008-31820357.html[2020-08-13].

⑤ 习近平.在党的十八届五中全会第二次全体会议上的讲话[EB/OL]. http://cpc.people.com.cn/n1/2016/0101/c64094-28002398.html[2016-01-01].

术。材料也是工业生产领域存在的薄弱环节。据统计,全球总共有约 130 种关键核心材料,其中 32%我国完全空白,另有 52%依赖进口①。尽管我国高度重视科技创新,提升科技竞争力,事实上与发达国家相比,科技创新仍是我国发展的短板,科技创新成果转化不足,科技成果转化率低,有关数据显示,我国科技成果转化率不足 30%,而发达国家这一比例为 60%~70%②。真正实现产业化的比例低,多数科技成果实际应用价值有限,停留在学术理论研究成果较多。国信证券股份有限公司发布的一份研究报告显示,华为累计拥有超过 2000 家供应商,其中生产手机、电脑等 2C 端产品的有 28 家,超过 30%是芯片供应商,主要是高通、博通、英特尔等厂商,而芯片供应商中 CPU(central processing unit,中央处理器)芯片供应商又占一半以上。虽然华为拥有自己的半导体公司,自主比例相对高,但仍要大量采购进口芯片③。可见,我国的创新能力还有很大的提升空间,这是制约众创空间发展的重要因素。

2. 科技创新区域差距大

2020 年 8 月,《2019 年全国科技经费投入统计公报》发布,表明我国对科技经费的投入力度不断加大,其中 R&D 经费投入依然保持较快程度的增长。R&D 经费投入超过千亿元的六个省市分别为广东、江苏、北京、浙江、上海和山东,全部分布在我国东部地区。R&D 经费投入强度超过全国平均水平的七个省市分别为北京、上海、天津、广东、江苏、浙江和陕西,除了西部地区有一个陕西外,其他均分布在我国东部地区,东部地区众创空间发展异常活跃,其他地区的众创空间则趋于沉寂,未能形成集群优势④。

2020 年 11 月发布的《中国区域科技创新评价报告 2020》显示,我国综合科技创新水平进一步提升。北京、上海、广东科创中心引领地位凸显,辐射带动京津冀、长三角、珠三角等区域创新能力进一步提升⑤。《中国城市科技创新发展报告 2019》显示,科技创新指数排名前十的城市分别为:北京、深圳、上海、广州、南京、杭

---

① 2019 中国大企业发展分析报告 [EB/OL]. https://baijiahao.baidu.com/s?id=1647156450095382814&wfr=spider&for=pc[2019-10-12].

② 迟福林. 我国科技成果转化率不足 30%[EB/OL]. http://www.china1baogao.com/dianping/20180211/2425866.html.[2018-02-11].

③ 华为芯片技术实力不断增强 但仍有较大发展空间[EB/OL]. http://www.nbd.com.cn/articles/1279644.html.[2018-12-06].

④ 国家统计局. 2019 年全国科技经费投入统计公报[EB/OL]. http://www.stats.gov.cn/tjsj/zxfb/202008/ t20200827_1786198. html.[2020-08-27].

⑤《中国区域科技创新评价报告 2020》发布 北上广引领地位凸显[EB/OL]. http://sh.people.com.cn/n2/2020/1130/c134768-34446924.html[2020-11-30].

州、苏州、武汉、西安、珠海。除武汉在中部地区,西安在西部地区外,其余分布在我国东部地区。可见,科技创新地区之间的差异明显,东部地区城市科技创新发展水平整体优于中部、西部和东北地区;省会城市(如南京)或者区域中心城市(如苏州)的城市科技创新发展水平高于其他地级市;地区之间科技创新经费供给、科技人才培养、科技资源配置等多方面存在较大差异。科技资源、科技实力、科技人才存在显著的地区差异,成为我国众创空间呈现"东高西低"的重要因素。

3. 教育公平和质量问题凸显

教育公平是社会关注的热点问题。改革开放以来,我国在教育公平和质量方面取得了长足的发展。教育公平体现了受教育者教育权利的平等和教育机会的均等,接受教育可以改变人的生存状态和生活质量。提倡教育公平自古有之,教育公平和质量的矛盾也并非一日形成,它有着经济、社会、文化等多方面的复杂原因。政府工作报告每年都把教育公平和质量问题作为重要议题,从2015年的"促进教育公平发展和质量提升"到2020年的"推动教育公平发展和质量提升",都深刻体现了以人民群众为中心、保障民生的重要思想。当前教育公平和教育质量问题主要表现为社会经济发展水平差异导致的区域差异;城乡发展差异导致的城乡差异;传统文化和历史原因造成的性别差异和民族差异;家庭经济条件、文化背景原因造成的阶层差异。创新科技人才的教育和培养在众创空间发展过程中具有举足轻重的作用。创业创新是个体,是可以通过教育的方式成为潜在的创业者[①]。当前,创新科技中高端人才缺乏,尤其是大数据、人工智能、电子信息、生物工程等领域人才缺乏,教育质量问题凸显。我国教育发展的不平衡与不充分,导致科技人才的缺乏与地区不平衡,成为影响我国众创空间发展的又一因素。

(三)科技创新体系与科技人才体系优化路径

1. 加强战略科技创新

创新创业不仅是全球各个经济中心新的经济增长点,也是创造就业岗位,提升国际竞争力的重要引擎。数字经济时代,国家综合实力的提升在于技术改革创新能力的提升。一个国家创新能力上升得越快,国家实力也上升得越快。改革为创新提供持久的动力。我国各省区市要加强科技创新、产业创新、制度创新,为众创空间营造良好的创新创业氛围。第一,要加强科技创新,尤其是加强原始创新能力的提升,强化企业创新主体地位,建立基础研究和应用基础研究的机制。第二,要加强产业创新,突出重点优势领域,提升产业创新能力,重点在重大新

---

① 薛浩. 基于众创空间的大学生创新创业教育对策[J]. 当代青年研究,2020,(2):58-62,103.

兴产业方向发力，建立创新型产业体系。第三，要加强核心技术研究，尤其是关键核心技术领域的源头攻关，全力破解核心技术"卡脖子"难题，加快建成国家实验室等高级别研究中心，给予高校和科研院所更多的科研自主权、更多的人财物支配权、更多的科研经费支持。加强产、学、研合作，形成教学、科研和产业有效衔接、优势互补。第四，要加强科技成果转化能力，以实际运用、增能提效为导向，维护科技创新产权，设立科技成果转化奖励，系统推进创新支撑体系建设，充分发挥市场资源对技术研发方向、研发成果选择等创新要素配置的导向作用，使科技成果尽快落地、推广应用。

2. 加快落实区域发展

加强顶层设计，加快落实区域协调发展战略。第一，综合研判国际国内科技发展趋势，从全局性、战略性、前瞻性的高度，立足总体规划、目标定位、发展思路、体制机制、人才引进等方面擘画我国创新发展战略蓝图，坚定不移地走中国特色自主创新之路，补齐产业链短板，发展特色经济。第二，促进区域集聚发展，继续推动西部大开发、中部地区崛起、东北全面振兴、东部率先发展。深入推进京津冀协同发展、长三角一体化发展、粤港澳大湾区建设，推进长江经济带共抓大保护，编制黄河流域生态保护和高质量发展规划纲要，推动成渝地区双城经济圈建设，促进革命老区、民族地区、边疆地区、贫困地区快速发展[①]。第三，充分发挥优势地区的示范引领和带头作用，加大对相对薄弱地区的扶持力度，鼓励大规模的众创空间到相对薄弱地区开设分部，为其创新创业体制机制建设提供有益借鉴和参考。对于经济实力强、技术条件好、市场交易活跃的地区，可侧重于"做优增量"，释放政策红利，鼓励各类众创空间建设；对于经济实力弱、技术条件差、市场交易不活跃的地区，应侧重于"盘活存量"，整合优化既有的创新创业孵化机构资源，并有选择性地建设众创空间[②]。

3. 建立科技人才培养的长效机制

建立科技人才教育长效机制，第一，要优化教育投入结构，进一步明确教育领域中央与地方财政事权和支出责任划分，建立起更加科学完善的制度保障[③]。第二，要加强教育扶贫，加强区域之间的合作和交流，加大对西部地区、贫困地区、农村地区的教育扶持力度，加大对教育弱势群体的教育支持力度。第三，要建立

[①] 李克强. 2020年政府工作报告[EB/OL]. https://baijiahao.baidu.com/s?id=1668095110513176593&wfr=spider&for=pc. [2020-05-30].

[②] 杜宝贵, 王欣. 众创空间创新发展多重并发因果关系与多元路径[J]. 科技进步与对策 2020, 37（19）: 9-16.

[③] 卢威, 郅庭瑾. 推动教育公平发展和质量提升关键靠什么[J]. 人民教育, 2020,（11）: 1.

线上线下相融合的教育途径，充分发挥互联网、大数据的优势，实现优质教育资源共享。第四，要加强教师队伍建设，全面推进师德师风建设，提升专业能力和业务素养，优化职称评审制度，促进教师职业成长，不断提高教师待遇和职业地位，增强教师的职业吸引力和职业幸福感。第五，要不断加强创新创业教育，构建高校、科研机构、企业协同联动机制，完善创新人才培养体制、教育管理体制，丰富教育教学内容，改进教育教学方式方法，建设"整合体验式"创新创业教育长效机制，即"立体多维课程设置机制""嵌入拓展综合实训机制""交互共赢师资配备机制"[①]，提升创新创业教育实效，培养战略产业尤其是战略新兴产业的高素质创新人才。

三、创业融资体系（金融资源）

（一）创业融资体系现状

1. 创业融资服务体系

创业需要资金，科技研发、成果转化、生产运用更需要资金。目前，我国创业融资的渠道主要有以下几种：一是国家银行提供政策性贷款，如国家开发银行、中国农业发展银行、中国进出口银行提供的贷款；二是政策性融资，如国家专项建设基金、政府创业扶持基金等；三是商业性融资贷款，如国有商业银行、其他股份制、地方性、商业性银行提供的贷款；四是民间借贷，如小额贷款公司、信托公司、金融租赁公司提供的贷款；五是创业投资；六是互联网金融服务；七是股权、债券融资；八是中介服务融资。对众创空间企业来说，当企业处于创业初期，除了获得国家银行提供的政策性贷款外，一般是通过向家人、亲戚、朋友借款，民间借贷，债券融资，互联网金融服务等形式筹得资金，产品前景好的创业项目也会得到创业投资机构的投资。当企业处于发展时期，一般会通过政策性投资、商业性融资贷款、股权融资等形式筹得资金，创业投资也会相应增加。当企业处于成熟期，主要通过股权融资或债权融资，此时，企业比较容易获得资金，融资难问题不再是束缚企业发展的主要因素。

2. 创业融资政策环境

国家、部委和地方都出台了一系列政策文件支持创新创业，也多有涉及创业投资、优化财政税收、设立创业投资基金等关于创业融资的支持政策。比如，《国

---

① 屠火明，柯玲，刘吕高，等. 建设"整合体验式"创新创业教育长效机制[J]. 中国高等教育.2011,（Z3）：28-29.

务院关于扶持小型微型企业健康发展的意见》（国发〔2014〕52号），从资金支持、财税优惠、创业基地建设、促进企业信息互联互通等方面提出一系列政策措施，扶持小微企业（含个体工商户）健康发展[①]。《国务院关于大力推进大众创业万众创新若干政策措施的意见》提出，要优化财税政策，强化创业扶持，搞活金融市场，实现便捷融资，扩大创业投资，支持创业起步成长[②]。2020年，财政部、人力资源社会保障部、中国人民银行联合印发《关于进一步加大创业担保贷款贴息力度全力支持重点群体创业就业的通知》（财金〔2020〕21号），强调要降低申请门槛，适当提高创业担保贷款额度，允许合力展期，降低利率水平，合力分担利息，鼓励地方加大支持力度。同年，中国人民银行、中国银行保险监督管理委员会、财政部、发展改革委、工业和信息化部联合印发《关于进一步对中小微企业贷款实施阶段性延期还本付息的通知》（银发〔2020〕122号），对银行业金融机构执行延期还本付息政策给予政策支持，并对地方法人银行业金融机构执行普惠小微贷款延期还本付息政策给予相关激励。

（二）创业融资面临的困境

1. 融资法律机制不完善

目前，我国众创空间入驻企业融资难与我国金融机构和风投机构支持力不足密切相关。我国关于企业的法律法规有《中华人民共和国公司法》《中华人民共和国合伙企业法》《中华人民共和国信托法》《中华人民共和国企业所得税法》《中华人民共和国担保法》《中华人民共和国保险法》《中华人民共和国促进科技成果转化法》《中华人民共和国知识产权法》《中华人民共和国证券法》《创业投资基金管理暂行办法》《中华人民共和国高等教育法》等。现有法律体系关于科技中介服务的法规缺失，《私募投资基金管理暂行条例》历时四年仍未出台，而关于创业和众创空间的法律或条款则更少，几乎空白。相关担保、风投机构的资金来源、激励奖励、多层次退出机制都不够完善，缺乏对众创空间的有力支持。

2. 融资政策落实不到位

国家、地方政府出台了相关融资政策，但政策制定滞后，政策之间缺乏协同，较为零散，政策的落实大打折扣。在落实的过程中，存在各级政府、政府各部门监管过度、多头监管、治理混乱、效率低下的问题，对于成长初期的科技创业企

[①] 国务院. 国务院关于扶持小型微型企业健康发展的意见[EB/OL]. http://www.gov.cn/zhengce/content/2014-11/20/content_9228.htm[2014-11-20].

[②] 国务院. 国务院关于大力推进大众创业万众创新若干政策措施的意见[EB/OL]. http://www.gov.cn/zhengce/content/2015-06/16/content_9855.htm[2015-06-16].

业支持力度有限。风险投资和私募股权投资倾向于对成长期和成熟期的科技创业企业进行投资,对处于创意期和孵化期的科技创业企业而言,获取创业风险资本较为困难[1]。此外,当前政府提倡一站式服务,但多数信贷机构贷款手续繁杂,部分信贷机构还存在拖延时间、相互推诿的现象,一些急需资金周转的企业却无法得到资金支持。

3. 融资风险评估不足

当前,国家加大了对创业团队的扶植力度,但是成长初期的企业,申请国家政策支持的程序相对复杂,资金规模有限,申请门槛高,时间也较长。大多企业为了快速筹集资金,通过自筹资金和银行借贷、民间借贷、网络借贷等形式进行。自筹资金的数量有限,无法满足创业启动和运营的基本需求。由于企业创业信用不足、缺乏有效担保,银行借贷贷款额度相对较小。对民间金融和互联网金融的约束,国家层面存在一定的真空地带,更加凸显了民间金融和互联网金融不稳定、风险大、利率高等特征。企业成长初期,各方面尚未定型,存在很多的不确定性,企业的未来发展无法预知,难以估算投资风险和投资收益。即使是到了较为成熟的成长期,也会因为信息不对称问题导致融资少、融资难。创业企业大都是小型的,离上市还有很大的努力空间,它们的财务数据及重要信息不透明,创业融资主体获取的信息更是少之又少。加之社会信用评估体系不健全,风险分担机制不完善,退出渠道不成熟,严重影响了创业融资主体对企业的投资决策和风险管理。

4. 创业投资体系不健全

风险投资,简称风投,又称创业投资,主要是指向初创企业提供资金并取得该公司股份的一种融资方式。我国的创业投资行业兴起于 20 世纪 80 年代。近年来,随着国家大力倡导"双创",长期一直以不温不火形势示人的创业投资在 2014 年强势发力,在募资、投资和退出三个方面较上年均出现显著的增长局面[2]。近年来,我国的创业投资行业实现了惊人的增长。当前,我国已成为最大的创业投资净进口国。政府控制的创业投资机构已达到数百家,这也是目前我国创业投资行业蓬勃发展的最为显著的特征[3]。尽管我国创业投资取得了快速发展,但创业投资仍然处于萌芽阶段,缺乏对高新技术产业有效的运作和管理,创业投资体系不健全不完善,创业投资环境欠佳。有研究显示,在现阶段,我国的高声誉创业投资

---

[1] 张立光,李金萍. 中小微科技企业融资结构问题研究——以山东省为例[J]. 金融发展研究,2016,(6): 64-71.

[2] 王成. 我国创业融资困境与对策研究[D]. 武汉:武汉科技大学,2016:22.

[3] 钟昀珈,何小锋. 创业投资机构的退出方式与时机选择——基于政府支持的分析视角[J]. 现代财经(天津财经大学学报),2019,39(7):22-34.

机构为了能够尽快地实现收益目标，不愿意长期持有企业股权。在处于初创期的企业股东中，声誉较高的创业投资机构临时性投资行为较多，经常转换，在持股期间资源投入能力有限，而长期持股的是那些声誉较低的创业投资机构，它们本身也没有能力投入大量的资金，帮助企业进行研发[①]。

（三）创业融资体系优化路径

1. 完善法律法规

完善创业融资的法律法规对创业企业和众创空间而言，既是一种有力的约束，也是一种制度保障。第一，要在《中华人民共和国合伙企业法》《中华人民共和国证券法》《中华人民共和国公司法》等法律法规中加入众创空间创业融资的内容，加强对中小企业、初创企业的金融资源力度，推动扶持方式向普惠式、引领式转变，填补众创空间融资法律空白。第二，建立融资审查督查机制，完善创业担保贷款政策。不断提升政策的普惠性、连贯性和协同性，建立政策执行评估体系，确保各项创业融资政策落地生根。第三，规范中国融资市场，加强政策协调联动，推动相关部门之间的协调工作，如国家发改委、税务局、中国证券监督管理委员会、商务部等，从而使得中国融资市场拥有更加适宜的法律环境。第四，加强政策宣传，引导创业者树立正确的融资风险观，提高风险防范意识，运用科学的防范措施规避融资风险。

2. 拓展融资渠道

第一，不断拓展创业融资渠道。常见的创业融资有两种：股权融资和债券融资，积极构建"股权+债券"融资模式，增加创业担保贷款，降低信贷主体投资风险，实现利益共享，提高商业银行等信贷主体为众创空间提供贷款的积极性。也可以探索多主体协同支持创业企业的格局，创新信贷产品种类，实现风险共担，资源共享。第二，完善创业融资银行业务，扩大创业融资规模，提升服务质量。当前，我国创业融资银行有招商银行、交通银行、平安银行、浦发银行、广发银行和中信银行。鼓励发展社区银行，如在美国的银行总数中，社区银行占有较大比例，而在我国的社区银行发展比较靠前的是民生银行，社区银行的发展还不够成熟[②]。第三，构建融资信息化平台，政府部门牵头，优化创业融资信息搜索，推动专业化投资服务机构建设，将众创空间内部企业和投资主体有效衔接，实现信息共享，优化融资流程，提高服务效率，降低信息不对称造成的融资难问题。第

[①] 柯燕青. 创业投资机构对初创企业创新能力的影响研究——基于创业板上市公司数据的分析[J]. 价格理论与实践, 2020, (9): 140-143.

[②] 李小雪. 我国科技创业融资的供给侧结构性改革研究[D]. 武汉：武汉理工大学, 2017: 61.

四，引入民间资本投资，激发民间资本活力，充分利用社会闲散资金，规范网络融资交易行为，降低企业融资成本，提升网络金融支持力度。对于符合条件的创业企业，鼓励其通过债券市场筹集资金，支持股权质押融资。

3. 建立风险融资机制

为保障企业的快速发展和资金供给，要实现多渠道融资，也要建立风险融资机制，保障融资主体的经济利益。第一，要规范创业融资监管，规范互联网融资，中国银行保险监督管理委员会、中国证券监督管理委员会等作为创业融资监管机构，要明确职责分工，避免监管冲突，加强有效协同。加强对创业融资工作人员的行为约束，防范道德风险。第二，地方财政要设置创业投资风险专项基金，用于弥补投资主体因创业企业失败而造成的部分损失，给予投资主体一定的风险补贴。鼓励新兴科技和产业项目发展，给予专项风险经费支持。第三，要建立健全风险融资退出机制，让投资主体在合理的时机，以合理的方式，如股权转让、协议转让等方式退出。第四，建立融资一站式服务云平台，公开贷款融资资质等相关信息，简化办事流程，提高贷款融资效率。

4. 健全创业投资体系

创业投资作为创业企业发展的新动能，一方面为企业发展提供资金支持，另一方面创业投资机构可以参与企业经营，为企业提供增值管理服务，为企业创造价值的同时，自身也获得最大收益。第一，充分发挥政府的作用。在新兴市场经济中，创业投资机构在资助企业的创新与融资方面发挥着越来越重要的作用，特别是在支持创业资本行业和创业企业方面，政府发挥着积极作用。政府支持的创业投资机构适当地引入民营资本参股，实行混合所有制的股权结构能够增加创业投资机构的创业活力[1]。第二，进一步完善创业投资机制。创业投资机构要长期投资，企业的研发能力形成和专利积累需要较长的时间，商业模式的成熟和市场地位的稳固也需要较长的时间。创业投资机构的投入转换、提高企业的研发能力和市场地位所需时间较长。在此期间，创业投资可与企业共同成长，以期获得长远利益[2]。第三，加强创业投资队伍建设。美国硅谷的实践表明，一个优秀的创业投资家，绝不是仅仅关注经济利益而投资，他们对投资和培育科技创业企业有一种特殊的情怀，他们希望经过自己的投资行为实现更高层面的人生价值和梦想，改

---

[1] 钟昀珈，何小锋. 创业投资机构的退出方式与时机选择——基于政府支持的分析视角[J]. 现代财经（天津财经大学学报）2019，39（7）：22-34.

[2] 柯燕青. 创业投资机构对初创企业创新能力的影响研究——基于创业板上市公司数据的分析[J]. 价格理论与实践，2020，（9）：140-143.

变人们的生产和生活方式,进而改变世界。第四,建立针对性创业投资策略。也就是说,针对技术特点的差异、细分行业的差异、企业的不同成长阶段,进行有针对性的高效投资和培育。具体而言,一是创业投资政府引导基金和创业投资商业化母基金,通过广泛吸引社会资金、参与子基金投资,放大创投资金规模,前者主要投资中小微企业早期项目,后者主要投资比较成熟的中后期项目;二是专业化创业投资基金,这类投资往往将目标聚焦于投资科技项目,它们一般拥有专业的团队和特有的投资策略;三是大企业的创业投资机构,对符合企业发展战略的小微创业企业进行控股投资,旨在达到企业内部技术革新和产业升级的目的;四是天使投资,天使投资速度快、规模小、服务效率高,一般由有投资实力和丰富投资经验的个人对小微企业进行投资[①]。

四、科技中介服务体系

(一) 科技中介服务体系现状

1. 科技中介服务专业化

科技中介服务是一个广义的概念,除了包含科技中介服务企业外,一切为科技服务提供帮助的主体都可以被看成是科技中介,如政府、大学等机构[②]。科技中介机构能够提供工商、财税、法务、知识产权、投融资等专业化的咨询和服务,是创业生态系统的资源传播介质。《关于大力发展科技中介机构的意见》(国科发政字〔2002〕488号)明确指出,面向社会开展技术扩散、成果转化、科技评估、创新资源配置、创新决策与管理咨询等专业化服务的科技中介机构,是国家创新体系的重要组成部分。《关于加快科技服务业发展的若干意见》提出,创新科技服务模式,延展科技创新服务链,培育和壮大科技服务市场主体,促进科技服务业专业化、网络化、规模化、国际化发展。近年来,我国科技中介服务机构取得了长足的发展。1996年,我国登记在册的科技服务法人单位有42 048个,在所有产业法人单位总数中占比为0.96%;2017年,这个数字增长到1 035 170个,占比达4.7%[③]。科技中介服务逐步迈向专业化、高质量发展阶段,极大地促进了技术创新活动的开展、科技成果的转化、高新技术企业的成长。尽管目前我国科技中介服务机构数量多,但针对特定产业或技术领域的专门化、聚焦型、细分化的科技服务机构还欠缺,还没有形成产业领域上的细分,创新转移和服务生态还没有形成,全链

---

① 完善创业投资生态体系建设[EB/OL]. https://www.sohu.com/a/306494168_481887[2019-04-08].
② 吕微,法如. 科技中介服务体系构建研究——以山西省为例[J]. 技术经济与管理研究, 2019, (10): 39-45.
③ 王智毓. 创新驱动背景下科技服务业对经济增长的影响研究[D]. 北京: 北京交通大学, 2020: 27-28.

条服务功能亟待提升①。

2. 服务供给多元化

科技中介服务已经超出了狭义的"中介"范畴，科技中介服务体系连接供需双方主体，通过整合专业领域的技术、设备、信息、人力等资源，为创新创业者提供更高端、更具专业特色和定制化的增值服务，科技中介服务的分工越细致，协同的程度也就越高。2017年，《国家科技企业孵化器"十三五"发展规划》提出，以创业者的需求为导向，建立专业化、网络化、开放化的服务机制，扩大创业服务供给，提升增值服务水平。2020年3月，国家发布《关于构建更加完善的要素市场化配置体制机制的意见》，引导要素向先进生产力聚集，激活中介服务活力，为科技中介队伍建设提供制度保障。科技中介服务机构作为第三方，通过市场化机制、专业化服务和资本化途径，创新服务个性化，为企业提供专业化、定制化、多元化的技术扩散、成果转化、科技评估、管理咨询等服务，从而使企业更加专注于创新活动，加速科技成果产业化，有效降低创新创业的风险，保证创新创业的高效率和成功率。

政府通过采取一系列举措引导科技服务中介组织之间的合作，促进服务多元化发展。如上海的科技服务中介组织，不仅门类齐全，发展也是相当活跃，呈现出集聚的"中心效应"。上海市还专门制定了《上海发展面向制造业的服务业实施方案》，方案聚焦上海主导产业，发布各类科技服务中介需求，进而有效引导科技服务中介市场配置服务资源②。当前，除了传统的政府资源驱动型科技中介服务机构，还出现了一批高增值服务创新驱动型科技中介服务机构。中国高新区科技金融信息服务平台，通过开放信息、项目路演、培训交流等一系列多样化的服务，促使天使投资和创业企业有效对接。浙江科技大市场积极探索"互联网+技术转移"服务模式，创新先进技术，如运用大数据和人工智能，共建共享线上与线下相融合的技术交易网络平台，为技术转移各个关键环节提供资源配置、集聚要素、应用落地等精准服务，极大地促进了科技成果转化。

（二）服务支持系统面临的困境

1. 专业化水平低

近年来，伴随着科技服务组织和新型服务业态的井喷式发展，其服务质量和能力都有了很大提升，但仍存在着专业化程度偏低、高端服务业态较少及服务能

---

① 陈蕾. 后疫情时期中国科技中介服务机构的功能定位及发展对策[J]. 经济研究导刊, 2021, (2): 140-143.
② 王姝慧, 王姝彦. 区域科技服务中介组织的协同成长研究[J]. 经济问题, 2018, (10): 105-109.

力偏弱等问题[①]。第一，专业化服务能力不足。科技服务机构运营模式缺乏创新，市场化服务不足，科技资源碎片化，专业性服务功能供给数量和效率无法满足新时代创新创业的发展需求，技术成果的产业化不足，有机构无产业，服务体系不健全，创新创业的科技服务能力仍有很大的提升空间。第二，科技服务人才队伍建设滞后。科技服务机构的人员必须是高素质复合型人才，这就要求他们不仅要具备科学技术知识，还要具备经济、法律、管理等方面的知识，但现有的人员缺乏专业化创新创业服务的经验，提供的服务无法适应和满足创客和企业的期望与发展需求，难以形成可持续发展态势。第三，科技信息传递不充分。创新要素流动不畅，科技中介机构提供的信息不够及时，导致科技转化存在着较高的风险，科技成果转化率不高，科技成果"转化慢""转化难"。同时，科技中介市场还存在信息垄断现象，科技中介服务"桥梁"的功能还没有完全打通，科技中介服务机构极易进入环节割裂、内在失衡的状态，这些极大地阻碍了科技中介服务业的发展。

2. 服务能力不足

科技中介服务机构作为创业服务平台，是为创新创业主体提供专业化人才和高端技术以及资金支持的重要支撑。第一，角色定位不明确。部分地区的科技创业服务中心没有专职管理部门和服务体系建设等。相关科技中介服务机构与政府部门之间的关系不够明朗、清晰，责任没有分工细致、到位[②]，对政府的依赖性过强，市场化程度过低，资源配置不合理。第二，服务功能单一。服务业务以简单的信息查询、培训和技术交易服务为主，个性化服务较少；社会整合资源能力不强，创新创业资源集聚能力较低，科技服务的孤岛化和碎片化现象仍然存在。第三，服务效率不高。专业化的运营管理能力欠缺，缺乏宏观布局思路；法律咨询服务不专业，创业融资服务得不到有效保障，创业宣传服务没有真正发挥作用，需求和供给无法有效对接。可见，科技中介机构专业化服务能力有待加强，提供创业服务的专业水平和质量亟待提升。

（三）科技中介服务体系优化路径

1. 构建专业化服务机构

第一，大力发展创新创业专业化服务中介机构，特别是要鼓励杰出企业家和工商、财税、人力资源、知识产权等方面人士创办专业性服务中介机构，并融入

---

① 孟庆涛. 徐雨森. 李海波. 科技服务组织类型与支撑能力组合研究[J]. 科研管理, 2020, 41 (10)：156-163.
② 冯赵建. 新时代河北省科技创业服务体系优化研究——基于需求分析视角[J]. 科技管理研究, 2019, 39 (21)：98-104.

众创空间生态系统，发挥其服务创新创业的桥梁纽带作用[①]，创立科学的创业导师服务程序，实现创业导师和创业项目精准对接辅导，为入驻众创空间的企业和团队打造"一揽子"专业化、多元化、系统化服务接口。第二，集成优化各类资源。整合科技服务中介机构，提供汇集可"共享+定制"的统一辅助解决方案，方案内容要涵盖软硬件设备、信息技术资源的各类渠道。根据服务对象的不同，公共服务平台可分为科技公共服务平台、教育公共服务平台、知识产权信息平台、创新服务平台等类型[②]。增强信息传递效率，促进信息的流通和共享。第三，提升科技服务人员水平。加大对专业服务人员的招引力度，鼓励高素质复合型人才进入科技中介服务机构，定期组织管理者参加职业技能培训，完善高层次人才的培养、考核、激励制度，激发高层次人才的服务热情。引导优质企业、科研院所围绕产业发展定位共同参与众创空间的建设和运营，提升众创空间运营管理效率，形成开放式创新创业环境，实现众创空间和企业的双赢。

2. 优化专业化服务体系

第一，构建多层次的科技服务体系。作为创新创业的专业性服务组织，科技中介服务机构除了为创新创业主体提供专业高效的服务外，还可以在政府政策的支持下，在高校科研服务导向下，凭借自身特长有效对接和整合利用资源，使得各类主体的创新优势得到充分发挥，实现政产学研各方合作共赢，在降低创业成本和风险、实现资源效用最大化的同时，促进创新成果快速产业化、市场化。而且，中介服务组织自身也在与创新创业主体协作中获得进一步发展[③]。第二，打造专业化服务项目。以市场为导向，多渠道促进资源的有效配置，为创业团队和企业提供专业的法律咨询服务方案和创业融资服务方案。建立"线上+线下"法律咨询和服务，引导企业利用法律武器，维护自身合法权益，有效避免企业因社会经验和阅历不足，对经营的法律、法规和行业规范不了解而触碰行业规定、法律法规的红线；建立评估、融资、担保、对接等一系列的服务，为企业发展提供资金支持。第三，推动服务项目有效互动衔接。以需求为导向，建立特殊化与普遍化相结合的服务模式，有针对性地对创新创业提供专业化、规范化、高质量的服务，推动科技服务机构快速融入国际元素，依托全球技术转移市场体系，利用全球性创新资源，构建共生共赢共建共享的服务格局。

[①] 解学芳, 刘芹良. 创新2.0时代众创空间的生态模式——国内外比较及启示[J]. 科学学研究, 2018, 36(4): 577-585.

[②] 钟玮仪. 广州众创空间服务能力研究及服务平台构建[D]. 广州: 华南理工大学, 2019: 50.

[③] 何平, 褚淑贞. 产业协同创新生态系统运行模式探究[J]. 经济研究导刊, 2016, (30): 26-29, 68.

五、创业文化

(一)创业文化建设现状

1. 建设社会主义文化强国

经济基础决定上层建筑,上层建筑也会在一定程度上影响经济基础。没有社会主义文化繁荣发展,就没有社会主义现代化。习近平多次强调,要坚定文化自信,发展社会主义先进文化,建设社会主义文化强国[①]。"十四五"时期,要把文化建设放在突出位置,切实抓紧抓好[②]。党的十九届五中全会强调,到2035年建成社会主义文化强国。文化作为一种社会意识形态,不仅是对人类物质生产和生活方式的反映,而且会对人们的行为方式产生重要的影响。文化会影响行为价值导向,创业文化也会影响创新创业行为。在社会主义文化强国宏伟目标的指引下,众创空间越来越重视文化软实力的提升,文化内涵不断重塑,呈现崭新局面。

2. 大众创业,万众创新

改革开放以来,特别是"双创"以来,在全社会广泛掀起了创新创业的热潮。"双创"离不开创新创业文化这一精神力量[③]。《关于发展众创空间推进大众创新创业的指导意见》明确了发展众创空间的八大重点任务,其中之一就是要"营造创新创业文化氛围,大力培育企业家精神和创客文化,将奇思妙想、创新创意转化为实实在在的创业活动"。创业文化要立足于具体的创业活动,是文化整体系统中的一部分,优秀的、适应社会经济、社会发展和时代要求的创新创业文化是社会主义文化的重要组成部分,不断丰富、壮大社会主义文化的思想内涵。

3. 厚植创新创业文化

"全社会要厚植创业创新文化,让人们在创造财富的过程中,更好地实现精神追求和自身价值。"在第十四个全国科技活动周上,李克强做出重要批示,强调要进一步培育尊重知识、崇尚创造、追求卓越的创新文化,进一步激发亿万群众尤其是青年人的创业创新热情[④]。2016年《政府工作报告》再次强调,大力弘扬创新

---

① 习近平在广西考察时强调:扎实推动经济社会持续健康发展[EB/OL]. http://www.xinhuanet.com/politics/2017-04/21/c_1120853744.htm[2017-04-21].

② 习近平在京主持召开教育文化卫生体育领域专家代表座谈会并发表重要讲话[EB/OL]. http://www.gov.cn/xinwen/2020-09/22/content_5546100.htm[2020-09-22].

③ 张继红. 众创空间互联网思维下的创新创业升级版[M]. 北京:北京科学技术出版社,2016:39.

④ 李克强对全国科技活动周作出重要批示 强调培育尊重知识崇尚创造追求卓越的创新文化激发亿万群众尤其是青年人的创业创新热情[EB/OL].http://www.gov.cn/guowuyuan/2015-05/16/content_2863136.htm[2015-05-16].

文化，厚植创新沃土，在全社会积极营造敢为人先、宽容失败的良好氛围，充分地激发企业家精神，激发全社会参与创业创新的积极性，汇聚成发展的磅礴力量。创业人才的培养、创业企业的成长、创新成果的产生，都离不开创新创业文化的熏陶，众创空间推动了全社会的创新创业氛围，把文化建设作为创新创业活动的重要支撑，唱响创新创业主旋律。众创空间把地域文化资源优势转化为文化产业优势，厚植创新创业文化，为"双创"提供思想保证、精神动力、舆论引导。

（二）创业文化培育面临的困境

经济进入高质量发展阶段后，国家将"双创"确定为产业结构深化调整、经济发展方式转型的重要驱动力。虽然近年来各地政府着力营造创新创业环境，但由于受经济发展程度及历史传统因素等方面的影响，"双创"的文化氛围还不够浓厚。众创生态文化缺失主要表现在三个方面。

1. 功利化明显

众创文化内容不足，还没有形成勇于创新、乐于创业、宽容失败的众创文化体系。创业文化培育中面临着功利化明显的倾向，主要表现在两个方面。一是以结果为导向，重结果轻过程。二是以收益为导向，重收益轻价值。我国高校创新创业教育起步较晚，创业教育缺乏合理评价机制，部分地方以成功创办的企业数、创业企业的营业额、毕业生参与创业人数等作为评价指标，结果导向明显。对创业成功典型的宣传也过于突出经济财富，较少宣传创业典型、创业的艰辛、创业者主体价值观念和社会责任感的养成。人们的创业意识淡薄，创业政策还未普及的地方还有很多人创业知识匮乏，很多人"不知创业、不想创业、不敢创业"。还有一些人把创业当成快速致富的途径，急功近利，片面追求财富的最大化，而不是自身价值、企业价值的实现。众创空间的长远发展必须要有深厚的文化根基，功利化倾向导致众创空间发展持久力不足。

2. 氛围不浓厚

创业活动离不开创新环境、创新文化氛围。当前，高校是创业文化培育的主阵地，各高校也纷纷响应国家号召，将大学生创新创业课程作为必修课，设立创业园、创业基地，还有的高校成立了较为完善的众创空间，高校创新创业文化氛围浓厚，但依然存在着实效性不强、学生参与度不高、创业素质亟待提高、整合能力不强等问题，这也在一定程度上影响了创新创业文化氛围的形成。我国创业文化在社会中缺乏广泛的群众认同度，区域之间存在差别，创业集聚地的文化氛围浓厚，但是其他非创业集聚地，尤其是农村地区的创业文化和创业教育重视程度不够，经济投入少，专业人才匮乏，政策宣传不到位，多数人知晓国家提倡"双创"，但对创业文化目标、内涵等认识不清晰、不到位。又比如，北京、上海、广东、浙江等地有着较为浓厚的创业氛围，创业者创业能力和创业水平较高，但四个地区之间的创业文化却不尽相同。

3. 特色不鲜明

众创文化特色不明显，未能体现地方经济社会发展理念和路径，未能结合当地的特色资源和文化传统。2015年后，众创空间在我国快速增长，跟风现象严重，同质化明显，尚未形成丰富的创新创业文化体系，与地方、区域特色融合不够紧密，文化的核心引领价值发挥有待增强。创业文化作为社会主义文化的重要构成，理应具有中国特色、中国风格。创业文化培育起源于欧美发达国家，从总体上来看，我国创业文化培育的发展路径与做法是将国外已成熟的创业文化形态移植过来，洋为中用[1]。培育创业文化大多通过创业课程、创业活动、创业实践等形式展开，深受西方文化的影响。西方优秀的创业文化如企业家精神、宽容失败、鼓励创新、风险承担等都值得我们借鉴，在借鉴的过程中要重视中国国情，融入中国特色、民族特色、区域特色，融入中国传统文化基因。

（三）创业文化培育路径

1. 丰富创业文化内涵

创业文化是人们在追求财富、创造价值、促进生产力发展的过程中所形成的思想观念、价值体系和心理意识[2]。麦克·克朗是新文化地理学代表人物，他曾提出"文化是现实生活实际情景中可定位的具体现象"[3]。创业文化是抽象的也是具体的，是精神的也是物质的，它不仅策应了我国文化大发展繁荣的战略目标，也是解决就业问题，促进社会经济发展的有效路径。创业文化要具有一定的时代特征和精神内核，具体表现在崇尚创新、敢为人先的价值追求，学以致用、勤于实践的学习态度，跨界融合、乐于合作的共享理念，宽容失败、海纳百川的包容情怀。众创空间要积极传递创业文化精神，丰富创业文化内涵，将创业文化根植于人民心中，形成一种社会普遍认可的价值观，以此指导创新创业实践活动的开展。

2. 营造浓厚创业氛围

浓厚的创新创业文化在潜移默化中影响着创业者的创业行为，是众创空间发展的土壤和条件。第一，企业要创新活动形式，邀请成功创业企业家、从事管理

---

[1] 潘瑶. 高校创业文化培育研究[D]. 杭州：东华理工大学，2019：37.
[2] 于雪丽，王永明. 试论创业文化培育的机制创新[J]. 学术交流，2013，(11)：188-191.
[3] 克朗M. 文化地理学[M]. 杨淑华，宋慧敏译. 南京：南京大学出版社，2003：1.

经验丰富者现身说法，发挥先进典型的示范引领作用，或者邀请创业者到企业挂职、考察，对众创空间初创企业进行"一对一""多对一"结对帮扶，为它们提供创业技巧、企业发展规划等专业化和社会化的指导。第二，加强网络舆论引导，占领创业文化传播的制高点，加强创业政策解读、创业项目对接和宣传，通过新媒体等向人们传递积极的创业信息，形成"双创"的舆论导向，增强人们的创业意识和创业信心。第三，加强创新创业教育，将创新创业教育的理念和内容渗透于各类教育教学活动中，构建"面向全体、结合专业、梯次递进"的创新创业教育体系[1]，使创业意识和创业能力的培养贯穿于人才培养的全过程，内化为校园主体的思想观念和行为准则，适应地方经济发展，融入地方区域和产业特色，为众创空间创新人才培养提供保障。

3. 培育创业文化机制

文化的形成需要各类资源的投入和时间的积淀，是一个长期、缓慢的过程。当前，制约众创空间特色、稳定、持续发展的一个很重要的因素就是缺乏制度保障。因此，要大力培育创业文化，积极构建创业文化长效机制，将创业文化与社会主流文化和思想意识形态相融合，满足人民日益增长的精神文化需要，增强社会发展的软实力和竞争力。第一，要建立文化保障机制。通过全面建立政策保障、税收金融保障、灵活就业政策保障等，营造一种宽容失败、崇尚创新的文化氛围，对于创业失败的创业者给予更多的人文关怀，帮助创业者更新创业理念，重拾创业信心。第二，要建立文化激励机制。党的十九大报告提出，要建立激励机制和容错纠错机制[2]。从创新文化角度，众创空间既是一个知识模块化的工具，又是一个创客提升技术创新能力的社区，强调开放式创新、市场驱动、需求导向的特点[3]。第三，构建政府、社会、高校联动耦合机制。拓展创业文化培育的渠道和空间，举办创新创业大赛、创业项目评选，引导广大师生积极投身科技创新，给予优秀的创业项目评估、鉴定、指导和帮扶，使创业更加科学，提升创业成功率和科技成果转化率，进而激发创业者的内在创业热情。第四，积极发掘地域文化优势。地域文化深刻地影响着地区创新创业的发展水平。通过文化对个体持续性的潜移默化，能够鼓励创新创业活动的涌现，有益于创新创业形成长效机制[4]。

---

[1] 崔海雷，吕爽."多维协同、一体两翼"众创空间模式创新研究[J]. 宏观经济研究，2020，（7）：87-96.
[2] 习近平. 决胜全面建成小康社会，夺取新时代中国特色社会主义伟大胜利[M]. 北京：人民出版社，2017：64.
[3] 徐思彦，李正风. 公众参与创新的社会网络：创客运动与创客空间[J]. 科学学研究，2014，32(12)：1789-1796.
[4] 褚鑫. 语言产业经济发展基础及发展建议[J]. 税务与经济，2020，（1）：56-60.

第二节　内部生态群落优化——众创空间发展的核心

众创空间内部生态群落的优化是一项非常复杂的系统工程，也是促进众创空间高质量发展的必经之路。我国要在深刻分析、研究的基础上，把握众创空间发展规律和内在机理，促进众创空间自组织综合实力提升。从国外众创空间发展演进趋势来看，我国应积极探索众创空间发展新模式，加速建立现代企业制度。

一、建章立制，推进现代化治理

没有规矩不成方圆，完善的管理制度是企业管理的基础。众创空间是一个有机整体，众创空间内各企业也是一个整体，都需要有完善的规章制度。建章立制是众创空间及其内部企业良好运行、规范运行的保障，也是人才合法权益的有效保障，有利于提升企业管理效能和现代化治理能力。

（一）建立企业章程

企业章程作为企业的宪章，是企业创办的基本条件，也是保障企业运行及制定各项规章制度的依据。企业章程是一个企业内部统一意志和行为的根本性、法规性文件，其制定必须要遵循四个原则。

第一，坚持依法依规原则。在章程制定前，必须要研究企业法、劳动法、税法、劳动合同法等国家、地方政府的法律、法规和政策，内容必须在法律允许的范围内，必须是合法合规的。

第二，坚持民主集中制原则。企业章程制定前要先调研，深入一线听取劳动者的声音，关注劳动者的合理需求，章程制定后还要广泛征求意见。《中华人民共和国劳动法》强调，企业在制定直接涉及劳动者切身利益的规章制度或者重大事项时，要与工会或职工代表平等协商、讨论确定。

第三，坚持公开原则。在一些涉及劳动者切身利益的条款制定、修改的过程中，要充分考虑企业内部每一位劳动者的主人翁地位，落实重大事项公示制度，让每个人都知晓并无异议后，企业规章制度才可生效，方可按规定执行。有时还要向债权人在内的社会公开。

第四，坚持及时原则。企业应坚持贯彻新发展理念，坚持创新、协调、绿色、开放、共享，引领企业转型升级和高质量发展，对于一些不符合时代要求的条款应及时进行完善，推陈出新、与时俱进，保障劳动者合法权益。

众创空间企业章程一经生效，就会发生法律约束力。因此，企业章程的制定应尽可能地全面，企业章程应包括以下内容：总则、名称和住所、经营范围、注册资本、股东的姓名（名称）、出资方式、出资额、分期缴付数额及期限、股东的权利和义务、股东转让出资的条件、公司的机构及其产生的办法、职权和议事规则、公司分法人代表、公司的解散事由与清算办法、股东认为需要规定的其他事项等。除了以上内容外，企业还可以根据运行的实际情况增加其他内容。

（二）加强日常管理

众创空间经营挑战无时不在，企业生存压力持续存在。完善的日常管理制度可以促进众创空间高效能管理。企业章程阐释了"是什么""做什么"的问题，而日常管理制度则阐释了"为什么""如何做"的问题，企业章程是日常管理制度的基础和遵循，日常管理制度是企业章程的延伸与深化。众创空间作为新型的创业服务平台，它可以在最大程度上聚合众多的创业团队和创业者入驻，形成新的商业模式。众创空间日常管理制度应包含财政税收、工商注册、技术研发、成果转化、物业管理、政策咨询、培训指导、项目推介、项目投资等多个方面的制度。众创空间企业要将日常管理制度的制定融入企业长远发展的顶层设计，把握全局，协调各方，从公司运行、产品定位、客户维护、财务管理、人才培养等方面制定运营主体与创业管理团队的日常管理细则，明确管理边界，保证战略、制度的科学性、系统性、协调性、互补性和长效性，形成众创空间管理闭环，实现日常管理全覆盖。

（三）完善进出机制

国家和政府要不断完善众创空间运行机制，结合运营发展状况优化进出机制，适度控制众创空间的拓展速度。定期对备案的众创空间进行考核评估，把创业服务能力、初创企业存活率、服务创业者数量、产生的社会价值和经济效益等作为重要的评估指标，将运行良好且可持续发展的企业纳入国家级科技企业孵化器进行扶持和培养；对于运行效果不明显，服务能力差的众创空间要责令其整改，加强指导，推进其快速发展。实现优胜劣汰、激发活力、提升竞争力。众创空间也要加强内部建设，建立完善进出机制。要对于申请入驻的创业企业和团队，进行审核论证，邀请专家从资质条件、创新主体、团队成员、财务状况、发展愿景等方面进行评审，以便吸纳优质资源。实施动态管理和考核培养，定期对众创空间内各主体进行评估，对符合众创空间条件、成长性好的创业项目进行培育和孵化，不断促进项目优化。对于不符合条件的创业项目给予一定的整改时间，给予其更多的创业指导和咨询，整改后仍未达到要求的则取消其入驻资格。

二、特色定位，提升发展持久力

（一）明确企业定位

2016年8月，科技部印发了《专业化众创空间建设工作指引》，明确指出专业化众创空间是聚焦细分产业领域，以推动科技型创新创业、服务于实体经济为宗旨的重要创新创业服务平台。《关于推动创新创业高质量发展打造"双创"升级版的意见》（国发〔2018〕32号）指出，按照高质量发展要求，深入实施创新驱动发展战略，打造"双创"升级版。在鼓励众创空间发展的政策的激励下，传统形态的孵化器和产业园区向新型众创空间转型。2019年，纳入火炬统计的众创空间有近9000家。部分孵化器、创业园等转型的实质就是"换牌子、改称呼"，盛名之下其实难副，换汤不换药，没有实质性的转型。一些房地产公司甚至借助发展众创空间的幌子行套取土地和财政支持之实[①]。帮助创业者减少创业障碍和困难，是众创空间的核心任务。创业过程中，可以通过提供重要的创新资源、投资、辅导等全方位的服务，降低创业成本，提高创业成功率。众创空间要围绕创意的诞生、创新孵化等活动，实现两个转变，一是从孵化空间或单一的服务空间，发展为多维实体和虚拟功能空间，满足创业孵化的全过程需求。二是从提供单一功能，发展为提供全方位功能，有效连接产业价值链和服务价值链，提升服务的创新承载能力、社会协作能力和服务支撑能力[②]。众创空间要避免一窝蜂、跟风主义和形式主义，要明确自己的发展方向，有清晰战略定位，体现鲜明的专业性、特殊性和时代性，不断提高服务质量和服务层次，真正实现低成本、全要素、开放式、便利化、深层次的需求。

政府主导型众创空间要充分发挥政府集聚资源的优势，加快全国一体化政务服务平台建设，将高校、科研机构、工业园区、中介服务、投资机构的资源有效聚合，形成良好的创新创业氛围。以政府为主导，简化政务审批流程，提供健全的生活设施和服务设施，降低生产成本，降低税收，增加财政补贴，拓宽项目引进渠道和人才引进机制，为加快推动城市经济高质量发展提供保障。

企业主导型众创空间要聚焦其优势产业领域的创业扶持，依托自身的产业资源与网络能力，吸引和聚集政府、运营商、投资机构、培训机构、服务机构等各类创业资源主体，共同为优质创业项目的孵化与成长"保驾护航"[③]，实现创新资

---

① 王节祥，田丰，盛亚. 众创空间平台定位及其发展策略演进逻辑研究——以阿里百川为例[J]. 科技进步与对策，2016，33（11）：1-6.

② 向永胜，古家军. 基于创业生态系统的新型众创空间构筑研究[J]. 科技进步与对策，2017，34（22）：20-24.

③ 项国鹏，斜帅令. 核心企业主导型众创空间的构成、机制与策略——以腾讯众创空间为例[J]. 科技管理研究，2019，39（17）：1-6.

源要素自由畅通流动,形成企业创新创业价值链。

投资机构主导型众创空间要以资本为核心,善于盘活民间资本,集聚天使投资、投资机构等,在追求盈利最大化的同时,拓宽创业项目来源,汇集高质量的创业项目,投资拥有较好发展前景的创业项目,为创业企业提供融资服务,在投资竞争中取得主动权,实现大规模投资驱动和资本效率的提高。

高校主导型众创空间要充分发挥人才培养和科学研究优势,结合国家战略和区域产业发展,利用已有的工程实训中心、协同创新中心、重点实验室等科研平台,创建具有自身特色的众创空间模式。构建由政府、高校、企业、投资机构等共同参与的科学有效的融资机制,为创业者建立起多元化的资金支持渠道。加强创业师资队伍建设,创新实践育人模式,注重学生创新精神的培养和创业能力的提升。借助校友资源,注重创新项目和创新成果的输出转化。

科研机构主导型众创空间要充分发挥科技人才和科技资源集聚优势,激发创新活力,依托国家产业创新中心、国家技术创新中心等创新平台,建立健全科技资源开放共享机制,与重大科技项目联动与合作,实现科技成果转化,促进科技创新与创业深度融合。

以上各种类型的众创空间之间也要加强协同和沟通,实现资源共建共享,推动更大范围更广领域的优秀人才投身创新创业大潮,激发全社会创新创业新动能。

(二)凝聚企业特色

我国众创空间发展由数量扩张转为提质增效阶段后,要求众创空间突破规模化发展思路,摆脱全能型、综合型的粗放发展模式,基于区域产业链、供应链视角,重新审视自己的资源和能力,利用资源优势提升特色服务能力,着力打造产业型专业化众创空间平台。产业链上的企业集群构成了众创空间生态系统的创新主体,企业间存在着共生互惠、领域共占、结网群居、合作竞争等关系。基于产业链布局的众创空间自身具有良好的自组织机制,能激发众创空间创新活力,促进企业技术进步,提升空间整体竞争力。针对我国众创空间服务功能弱、服务效率低的不足之处,建设产业型专业化众创空间对提高入驻企业的孵化质量和效率至关重要。所以,众创空间建设应在重点行业领域、特色主导产业和新兴优势产业上进行规划布局,充分释放区域优势资源的集聚效应,高度重视对高校、科研机构和大企业资源平台的合理利用,最大化发挥政府推动众创空间发展的作用,建立起政产学研协同创新发展机制,促进产业链、供应链、技术链的构建与延伸[1]。

---

[1] Monsson C K, Jorgensen S B.How do entrepreneurs' characteristics influence the benefits from the various elements of a business incubator[J].Journal of Small Business and Enterprise Development, 2016, 23(1):224-239. 转引自解学芳,刘芹良. 创新2.0时代众创空间的生态模式——国内外比较及启示[J]. 科学学研究, 2018, 36(4):577-585.

此外，众创空间在创立之初就要深入了解所在城市、所处地区的经济、政治和文化特色，适应地方行业和区域经济，结合自身优势，选择合适的产业进行孵化，构建专业化、差异化的模式与机制。众创空间要深化产教融合、校地融合，实现教育链与创新链、产业链、人才链的有机衔接。因此，众创空间内部企业要主动对接地区主导产业，加强产学研协同创新，要切实用好高校这一人才高地和创新型人才培养基地，持续保持经营活力和发展动力，努力形成创业企业特色和品牌影响力。

（三）坚持市场导向

第一，加大企业加速器和创新网络平台建设，增强孵化平台创新活力和核心竞争力。当务之急是对我国创新创业服务机构进行市场化改革，特别是推动由传统孵化器转型而来的众创空间成为自负盈亏的市场主体，进一步激发其创新活力。第二，坚持市场化推动，以市场需求为导向，完善市场机制。充分发挥市场在资源配置中的决定性作用，构建市场化的社会空间，满足创新创业者的需求和消费者需求。平台组织可以围绕创业者"需求侧"向资源"供给侧"发起"价值捕获"行为，进而破解组织身份同质、文化疏离和资源塌陷问题[①]。部分省区市出台了推动众创空间市场化的文件。2020年8月，河北省科学技术厅和教育厅联合印发《关于推动众创空间市场化的若干措施》(冀科高〔2020〕11号)，从促进多元化投入、完善社会化服务、推动专业化发展、深化开放合作、释放高校创新创业活力、优化市场化环境等六个方面提出了若干举措。河北还参照"海尔创新生态圈""小米生态链"等模式，研究提出了"实施科技领军企业平台化转型工程"，支持科技领军企业依托产业链资源优势，围绕垂直细分领域建设专业化众创空间，为内部员工和外部大学生创新创业提供支撑。第三，坚持市场化运作。市场化运作是众创空间持续发展的根本，众创空间要不断完善市场运作机制和功能，尽快融入市场，提供优质公共服务产品，优化市场环境，吸引社会资本为众创空间提供资金支持和配套服务。实现众创空间和市场需求的有效衔接，以及与社会资本的有效对接。

三、科技赋能，增强核心竞争力

（一）坚持创新引领

企业的核心竞争力是支持一个企业能够长期获得竞争优势的能力，是企业在长期的市场竞争中所形成的、内化于企业经营管理之中并具有企业独特个性的要

---

① 陈武，李燕萍. 嵌入性视角下的平台组织竞争力培育——基于众创空间的多案例研究[J]. 经济管理，2018，40（3）：74-92.

素,是企业在不同发展阶段对外展现出的竞争优势表象下的内在本质,更是推动企业不断适应市场、赢得市场、保证基业长青的动力之源[①]。科技是第一生产力,是最具活力的因素。创新涉及多要素、多方面,科技创新是其最核心和重要的因素。企业发展离不开创新,更离不开科技创新。第一,以科技创新为核心推动全面创新。众创空间企业要在充分了解行业政策、产业结构、商业模式的基础上,吸引社会资本等要素增加科技投入,掌握关键核心技术,破解和攻克一批行业和关键性技术问题,找准企业发展思路和努力方向,实现自身造血功能,在激烈的市场竞争中赢得主动,服务和推动地方与区域经济发展。第二,加快科技创新成果转化。要加强与高校和科研机构的合作,共建技术研发中心与创新战略联盟,加强基础研究和应用型研究,促进产学研共建共享机制建设。第三,形成科技创新矩阵。众创空间要设立科技研发专项基金,积极培育企业走科技创新发展之路,扶持政策适当向企业科技研发倾斜,打造一批竞争力强的产业集群。第四,积极探索经营模式创新。众创空间企业要利用服务和资源反哺众创空间平台建设,促进服务创新和资源优化,形成可持续发展的众创空间发展模式。

(二)培育创新思维

第一,坚持观念创新。众创空间作为一个孵化载体,创新应贯穿于众创空间发展的全过程。应切实转变创新发展理念,摆脱创新发展的单纯技术路径依赖,积极推进以文化创新、制度创新为内涵的管理模式创新,实现众创空间智能化迭代升级,打造现代化的创新创业生态体系。通过创意集市、创意沙龙等形式,加强对创业者创业意识的激发,引导创业者解放思想,树立创新意识、改革意识、发展意识、危机意识。第二,充实创新知识。创新思维以丰富的学识为载体,众创空间要充分发挥其项目孵化功能,孵化的项目绝不能仅局限于医疗、教育、互联网、文化创意等轻资产领域,而要注重打破常规思维,发展创造性思维,发挥个人主观能动性,协同创新价值链内的各类要素,提升创新创业实践质量。建立定期学习交流会,提升专业知识和技能,拓展创新创业思路。第三,营造创新氛围。选出优秀典型,鼓励创新创造,建立相应的奖励绩效、职位晋升等激励机制,激发创新热情和创新积极性,使众创空间发展为科技创新的新高地。

(三)树立互联网思维

第一,树立"互联网+"理念。当前,全球科技创新进入密集活跃期,新产业新业态相继涌现,带来了新一轮科技革命和产业的变革,引发了生产力和生产关系的重大调整。在全球新一轮技术革命和产业革命的推动下,"互联网+"已经成

---

① 聂凯. 关于企业核心竞争力的思考[J]. 理论视野, 2016, (12): 31-34.

为不可阻挡的时代潮流,互联网支撑众创空间的作用进一步增强。众创空间要积极转变传统观念,树立互联网思维。第二,运用"互联网+"新平台。借鉴智慧城市和以 Living Lab 为代表的尖端孵化平台发展经验,充分运用"大、云、平、移"等互联网技术[①]。将用户、产业、政府、高校和科研机构等多元创新主体链接起来,充分挖掘现有创新资源,坚持开放创新模式,以用户创新为突破口,实现众创空间与城市功能空间跨界融合,推进创新创业服务平台数字化智能化战略转型,以适应新时代创新创业发展格局。第三,推进"互联网+政务服务"新模式。按照互联网思维重新构建行业架构,深化政府自身改革,更大程度地便民利民,不断增强利用互联网进行创新创业的能力和本领,形成开放、融合、共生的众创空间生态系统支撑。

四、团队建设,提升企业领导力

(一)坚持科学原则

众创空间建设应以高质量发展和创新发展为目标导向[②]。众创空间企业的发展会经历不同的阶段,团队构建也要与时俱进,符合企业发展的时代特征。团队构建应坚持三个基本原则:第一,坚持系统性原则。充分考虑团队构建的内外部因素和环境,全方位、多维度看待团队构建。第二,坚持实事求是原则。充分把握团队构建的一般性和特殊性要素,从团队本身与实际情况出发,做到具体问题具体分析,以符合团队特性。第三,坚持循序渐进原则。团队的构建不是一蹴而就的,充分考虑团队构建的阶段性特征,善于在团队构建的过程中总结经验,有耐心、有步骤地开展[③]。三个基本原则适用于一般性的团队构建,为人才培养、引进、使用、评价和激励提供了指引和方向,从宏观角度对团队构建提出了根本遵循。

(二)优化人才结构

人才结构和组织结构会影响员工的行为和态度,也会影响企业的发展与前进。众创空间作为创业和创新转化的前沿阵地,是创新人才与科技创新的聚集高地,人才是其最宝贵的财富。第一,众创空间企业要围绕企业发展定位、社会需求、治理结构、运营结构、管理模式,建立职责清晰、授权合理、分工明确的组织架构,实现人员配备、资源整合、效率提升及利益最大化。第二,培育人才梯队,

---

① 解学芳,刘芹良. 创新 2.0 时代众创空间的生态模式——国内外比较及启示[J]. 科学学研究,2018,36(4):577-585.

② 杜宝贵,王欣. 众创空间创新发展多重并发因果关系与多元路径[J]. 科技进步与对策,2020,37(19):9-16.

③ 王慧. 创新型企业创新团队的构建[J]. 人力资源管理,2011,(4):64-65.

不断优化人才结构,引进高水平创新创业团队,做好人才储备。企业管理要有前瞻性和预见性,要紧密结合行业政策和企业发展,完善人才队伍的年龄、专业、学历、知识、技能结构,不断适应时代发展变化,保持强劲的发展后劲,构建分层次人才培养成长机制。第三,不断提升团队的专业水平,通过企业家沙龙、专业技能培训,高校、科研机构创业导师传帮带,高层次的教育和培训等形式,提升人才业务素质与业务水平。

(三)激发人才活力

激发人才活力,凸显人才的价值,是企业长远发展必须要思考和认真对待的话题。人才优势是否能真正转化为实际效能,企业能否留住高素质的员工,在很大程度上取决于企业的激励机制,也就是企业能够提供给他们的物质激励和精神激励。众创空间要不断完善人才激励机制,凸显人才的品牌优势,最大程度地激发人才活力。第一,不断丰富物质激励机制。建立合理的工资、奖金制度,将工资、奖金与个人工作效率、工作成效相结合;也可以给予员工一定的公司红利和福利,以员工参与企业管理和企业分红的形式,增强员工的主人翁意识,提高自主管理能力。第二,不断丰富精神激励机制,通过提供个人发展目标激励法、荣誉激励法、关怀激励法、参股激励法、榜样激励法等,增强人才的工作热情,产生强劲的进取意识和责任意识[①]。第三,不断丰富技术支撑机制。除了以上激励举措,科技创新人才更加关注创新资源的有效供给,众创空间要切实集聚高端创新资源,聚焦源头技术创新。第四,不断提升社会关注度和支持度。积极寻求政府的支持与帮助,积极搭建平台,柔性引进人才,争取相应的落户优惠、创业启动资金、子女教育政策等,提升社会认可度,营造尊才爱才的良好氛围,尽可能减少创新创业人才干事创业的后顾之忧,形成良好的人才发展生态。

五、深化协作,提升企业凝聚力

(一)加强内部对话

第一,发挥功能优势。众创空间开启了新的创业模式。众创空间要充分运用国家高新区、国家自主创新示范区、高校和科研院所的有利条件,努力实现三个结合,即创新与创业、线上与线下、孵化与投资相结合,发挥政策集成优势,为广大的创客不断整合资源,提供最好的帮助。众创空间不仅让创业变得简单,也为创新创业创造了条件、提供了平台。第二,加强对话协作。我们提倡众创空间坚持走个性化与差异化发展路径,但众创空间内部要不断加强对话与协作。对具

---

① 杨安,兰欣,刘玉. 创业管理——成功创建新企业[M]. 北京:清华大学出版社,2009:288.

有发展潜力的项目，每隔一段时间安排一次创业路演，创造融资机会，为其提供与资本市场对接的机会，让项目尽快找到资本的投资，确保资金流充足；对有创业困惑的企业，每隔一段时间举办一场创业交流会，邀请不同成功创业者为创业路上的创业者答疑解惑、指点迷津，为他们提供专业、权威的创业指导和技术支持，帮助创业者创业成果实现商业转化，健康而快速地成长。设立创意交流区、创客成果分享区，扩大创客视野，为创客提供参考和借鉴。

（二）实现共建共享

第一，构建资源共享模式。当前，创新驱动助力伟大中国梦。政府大力支持众创空间发展，不断加强众创空间基础设施和平台建设。预期未来随着众创空间发展成熟，这种集聚态势会越来越显著。集聚能够为企业提供协同创新环境，有利于新的知识和信息在集聚区内企业之间进行传播与共享，并让新技能及新技术在企业之间得到快速应用[1]。众创空间要顺势而为，乘势而上，在高校与政府、行业及社会之间努力搭建沟通的桥梁，众创空间内外部各主体互通有无、相互激发、共谋发展，构建众创空间内外资源协同共享模式。第二，构建技术协同创新模式。对于有技术需求的企业，寻求众创空间为其提供研发设计、技术转移等专业化服务。支持科研人员开展科技创新，有效发挥公共实验和技术平台的作用，加强技术共研、项目共享，不断转化科技成果，实现创新创业资源的共建共享，促进万众创新的良好局面。第三，构建空间共享模式。众创空间可设立开放式、自由式的工作空间，创客在相同的办公场所和办公环境下，增加了彼此之间相互交流、启发、帮助、共享的机会，形成发展合力，实现人才资源和创新技术的聚合，产生众创空间的聚变效应。

六、文化培育，打造企业软实力

（一）树立文化认同

此部分所讲的文化为众创空间内部自组织文化的培育，旨在从微观层面打造独特的文化基因标识，提升企业软实力。每个共同体成员都认同、认可并自愿遵守的内在文化理念实际上主导着众创空间创业生态系统演化，是众创空间发展的内在动力[2]。随着众创空间在全国各地的迅速发展，众创精神作为一种崭新的文化形式出现在人们的生活中，它是众创空间创业生态系统的文化精髓[3]。众创空间要

---

[1] 卫武, 黄苗苗. 中国众创空间分布及其影响因素研究[J]. 武汉大学学报（哲学社会科学版）, 2020, 73（6）: 114-124.
[2] 任丽梅. 我国众创空间的功能发展与内生文化要求[J]. 学术论坛, 2017, 40（4）: 136-141.
[3] 呼和浩特市生产力促进中心, 聚咖啡众创空间. 众创空间3.0新模式: 众创空间全程解读[M]. 北京: 中国纺织出版社, 2019: 109.

充分认清自身兼具公共服务和市场运作两种属性，充分认识自身在推动创新创业高质量发展和经济转型发展过程中所发挥的作用，既要运营好、活下去，又要承担培育企业服务创新的社会责任。因此，众创空间内部文化培育要着眼于社会发展和行业发展，建立与企业制度融合、衔接、促进的企业文化，并逐步引导众创空间及内部企业对文化基本价值观的认同，只有员工发自内心的文化认同，才能内化于心、外化于行，才能在无形中形成一种强大的凝聚力和归属感，形成全体人员团结奋斗的共同思想基础，彰显时代精气神，形成文化优势。

（二）重塑文化环境

创新创业文化是引导和激励创业者的潜在力量。企业发展要有自己的特色和定位，企业文化的培育也是如此。众创空间要培育特色文化，彰显企业创新创业的文化底蕴，要避免功利化倾向，净化创业生态环境，切实发挥文化引领创新创业风尚、服务创新创业行为、推动创新创业发展的作用。在创业的过程中，众创空间要切实处理好"一元主导"与"多元并存"的关系，众创空间、创业企业、创业者和员工都承担着巨大的风险，需要彼此风雨同舟，共渡难关。关键要鼓励冒险，容忍失败，倡导质疑权威、自己动手的精神，改变"创业即创造财富"的单一价值评判，将创业精神贯穿于人才培养的全过程，调动高等教育改革的积极性，并提升创业者的社会责任感，鼓励其在创新创业中服务社会①。树立新发展理念，在服务社会与奉献社会中凝聚改革发展动能，促进众创空间优化升级。

（三）持续文化供给

第一，建设内容丰富的创新创业文化体系。创客创新创业的成功率不高，创业要面临非常多的压力，这是一个不争的事实。当前，鼓励大胆探索、包容失败的宽松氛围正在逐步形成，创新创业逐渐成为全社会共同的价值追求。创新创业文化的弘扬和传播需要依靠多样化的宣传方式。众创空间要持续高质量文化供给，满足创业者精神文化生活期待。第二，持续输送创新创业价值理念。众创空间要在投资路演、交流推介、培训指导、培育典型等各个环节中融入"创业光荣、创业有功"的文化因素，营造更加宽容有益的创新创业环境和氛围，引导创客成为具有创新思维、创业梦想的新时代创客，不断提升创业意识，储备创业知识，增强创业能力，提升创业品质，为创新创业和众创空间发展提供强大的精神动力。第三，不断传递创新创业正能量。众创空间要在环境布置和氛围营造上下功夫，通过优化空间标识、定期更新创意宣传标语等，体现众创空间的文化底蕴，有效发挥文化的激励效能。

---

① 刘文杰. 我国高校创业生态系统的现实困境及其超越[J]. 高校教育管理，2020，14（5）：68-75.

第三节　运行机制优化——众创空间发展的关键

众创空间通过新陈代谢机制、共享共用机制、风险防控机制、试错容错机制、绩效评价机制维持生态平衡。

一、优化新陈代谢机制

众创空间生态系统具有开放、共享的属性和能量流动、物质循环、信息传递等三大生态系统特点，因此是一个动态演化、充满代谢活力，并通过优胜劣汰与遴选竞争不断优化系统内外部环境的有机整体①。毛泽东曾在其著作《矛盾论》中指出："新陈代谢是宇宙间普遍的永远不可抵抗的规律。"②

众创空间生态系统是一个复杂系统，其演进过程是结构与功能不断复杂化的自组织过程。众创空间生态系统的新陈代谢机制是指在众创空间的创客和服务性资源的优胜劣汰的过程中相关要素之间相互作用的过程和方式。第一，在创客方面，创客作为众创空间存在的基础，是众创空间发展的动力，有新的创客不断加入，也有创客不断地离开众创空间。创客的数量和能力始终处于动态变化之中。虽然众创空间入驻门槛较低，但并非所有创客的创业项目都能进驻众创空间，只有那些符合标准的创客才有资格进驻众创空间。第二，在孵化过程中，并非所有的创意都可以真正落地，最终转化成创业成果，只有具备市场价值并满足消费者需求的创想才有可能实现孵化。没有孵化潜能的创业团队将淘汰出去，以进一步增强创客的竞争意识。通过重重淘汰机制，众创空间内部仅存在一些前景较好的创业项目，保证了空间的新鲜与活力③。适度的创客淘汰有利于增强创客的危机意识、进位意识，提高创客的整体创新创业能力。第三，在管理人员的新陈代谢机制方面，众创空间应实行目标考核，在规定时间内达不到考核要求，予以清退。这种清退，有利于增强管理人员的服务意识，为创客提供优质服务。第四，在服务性资源的新陈代谢机制方面，空间运营商首先要设定一定的入驻门槛，符合创新创业要求的服务性资源就可以进驻众创空间，劣质服务性资源将被拒之于门外。进驻众创空间的服务性资源在规定的时间内，一旦无法发挥应有的作用，将被清理出众创空间。不论是客户，还是服务性资源，在新陈代谢过程中始终存在着竞争和协同，这种竞争和协同是由于集聚没有达到平衡状态而进行的内部调整，以用来保持动态平衡。新陈代谢机制其实是吐

---

① 邢喻. 众创空间生态系统的构建与生态赋能机制研究[D]. 杭州：浙江工业大学，2020：27.
② 毛泽东. 毛泽东选集（第1卷）[M]. 北京：人民出版社，1991：323.
③ 王磊，周玮. 基于生态系统理论的众创空间发展路径研究[J]. 中国商论，2018，（12）：155-156.

故纳新、保持活力的机制,促进众创空间可持续发展。

二、优化共享共用机制

众创空间是开放式经济背景下的新型创新创业服务平台。创业企业嵌入到众创空间中,能够更有效地促进其商业模式创新[①]。整体性治理理论将公众的需求作为解决问题出发点,积极发展出一种行动策略,整合相关部门的资源,为公众提供优质"一站式"服务。在具体实践中,形成共享共用机制就是要塑造互利共赢的互嵌结构,形成互嵌的共治体系。这种互嵌是以创客需求为动力的积累,一般经历猜测与防范、接触与了解、磨合与认可、开放与嵌入等阶段。经过这样几个阶段后,企业会消除对众创空间治理的猜测、防范,从心理上产生认可、包容和接纳,缩短心理距离,增进对众创空间的信任,形成共建众创空间的共识,采取步调一致的行动。

互嵌结构包括互通有无的理念互嵌、依存共生的战略互嵌、平等互尊的人员互嵌、融汇共浸的文化互嵌。第一,互通有无的理念互嵌是指众创空间发展的理念应涵盖借力企业、借智企业等思想,企业发展的理念也应坚持助力众创空间发展的思想。第二,依存共生的战略互嵌是指众创空间和企业的发展战略要互相纳入对方的发展目标,众创空间为企业提供技术、政策、设备、资金、服务等全方位的支持。第三,平等互尊的人员互嵌是指众创空间要深入了解企业创新创业的流程,安排创业导师到企业接受锻炼;企业安排具有实战经验的创业人士到众创空间讲授创新创业的实操课程。第四,融汇共浸的文化互嵌是指众创空间和企业,互相产生文化认同感,实现人心的融合。四个方面的互嵌互相制约,互相促进,形成责任同担、利益共享的互嵌结构。互通有无的理念互嵌是前提,依存共生的战略互嵌是方向,平等互尊的人员互嵌是基础,融汇共浸的文化互嵌是关键。通过多维互嵌,搭建众创空间良性发展的格局,实现众创空间和内部企业的异质同构和价值协同。

三、优化风险防控机制

众创空间运营主体为了自身健康发展,应注重运行过程中的风险防控,主要从顶层设计、入驻门槛、融资投资、资源对接、盈利模式等方面下功夫,增强风险抵抗能力。第一,在顶层设计方面,合计定位,打造出特色鲜明的众创空间,专注于为某一领域、某一行业的创新创业项目服务,使得在资源共享、创意交流、

[①] 王庆金,李如玮. 众创空间网络嵌入与商业模式创新:共生行为的中介作用[J]. 广东财经大学学报,2019,34(3):34-42.

针对性服务等方面获得优势，避免同质化的风险。第二，在入驻门槛方面，制定符合自身发展定位的具体条件，要求入驻项目具有自我发展能力和良好的发展前景。第三，在融资方面，拓宽融资渠道，吸引各类企业、投资机构、行业协会、社会组织等社会资本以市场化机制来参与众创空间的筹建和运营，将吸引来的社会资本用于设立天使、创业投资类基金。第四，在资源对接方面，围绕创客创新创业的需求，建立资源生态圈，形成一个"线上+线下"的资源对接的自由市场，增强资源整合能力，降低项目停滞甚至夭折的风险。第五，在盈利模式方面，如果单纯依靠房租和政府补贴，无法增强盈利能力，难免陷入难以为继的困境。一个成熟的众创空间的盈利来源应当来自其专业化的创业服务，而不是简单地靠收取租金来维持经营。要避免同质带来的风险，要错位发展，突出专业化，彰显商业模式和运营理念的特色，增强核心竞争力。

四、优化试错容错机制

党的十九大提出："建立激励机制和容错纠错机制。"[1]习近平总书记提出："创新是引领发展的第一动力，保护知识产权就是保护创新。"[2]2018年，国务院印发《关于全面加强基础科学研究的若干意见》（国发〔2018〕4号），文件中明确指出，要"建立鼓励创新、宽容失败的容错机制，鼓励科研人员大胆探索、挑战未知"。

众创空间构建试错容错机制需要从三个方面入手。第一，积极弘扬企业家精神。著名管理学家德鲁克在《创新与企业家精神》一书中将企业家精神概括为开创性、冒险性和创新性[3]。具备潜在企业家精神的创客在创新创业实践中积累的系统化创业认知与经验形成了创业导向，影响着创业行为的决策，有利于增强创客应对不确定性因素带来的创新风险。第二，营造良好的包容失败的氛围。"双创"不是一场运动，而是一种精神状态。从某种程度上来说，创客承担着精神和身体的双重压力。构建线上、线下创业宣传传播体系，加大宣传广度和力度，为创新创业提供良好的舆论环境，鼓励创客进行有益的探索与尝试，对创客合法经营中出现的失误失败给予更多理解、宽容、帮助，改变"成王败寇"的传统认知，传播"失败是常态，成功是特例"的观点，克服创客的畏惧心理，提升创客创新创

---

[1] 习近平.决胜全面建成小康社会 夺取新时代中国特色社会主义伟大胜利——在中国共产党第十九次全国代表大会上的报告[EB/OL]. http://www.gov.cn/zhuanti/2017-10/27/content_5234876.htm[2017-10-27].

[2] 习近平：创新是引领发展的第一动力，保护知识产权就是保护创新[EB/OL]. https://baijiahao.baidu.com/s?id=1684858162785555843&wfr=spider&for=pc[2020-02-01].

[3] 侯军利，王伟光.创业者机会认知、行为决策与企业家精神——对JBV 1990–2017年的文献分析[J].科技进步与对策，2019，36（23）：153-160.

业的勇气，提高创业活跃度。第三，建立创业"兜底"制度。鼓励创投、风投机构参加创业项目，如果出现亏本情况，就给予创投、风投机构一定比例的补贴；提供创业风险援助金，对于创业失败的团队核心成员，可以给一定创业风险援助金；建立人才创业保险制度，引导保险公司开发面向创客的保险品种，对于部分原因导致失败的项目进行理赔。

五、优化绩效评价机制

通过构建绩效评价机制，可以发现众创空间生态系统运行中存在的问题，诊断问题产生的根源，对症下药。构建绩效评价机制应根据科技部印发的《发展众创空间工作指引》《众创空间服务规范（试行）》等，科学确定评价原则、评价主体、评价内容、评价标准和评价手段等。

第一，科学确定评价原则。评价原则包括导向性原则、差异性原则和可操作性原则，这是开展评价活动的基本原则，是做好评价的前提。导向性原则是指评价的方向性，旨在引导众创空间生态系统朝良性方向发展，发挥其指挥棒作用。差异性原则是指既要注重众创空间生态系统的共同表现，又不能忽视其专业差异，同中求异、异中寻同。可操作性原则是指概念明确、定义清楚，易于采集资料和数据。第二，科学确定评价主体。评价主体包括"双创"主管部门、创客、众创空间经营者和行业专家等多元主体。各评价主体从不同的角度评价众创空间生态系统，具有不可替代的优势。多元主体共同参与评价，既能推动众创空间主管部门将对上负责与对下负责结合起来，又能通过众创空间经营者和创客参与到绩效评估的指标设计、评价实施与结果反馈，实现"官评"与"民评"的高度契合，获得多主体相互印证的客观评估信息。第三，科学确定评价内容。评价内容包括投融资情况、创业团队情况、服务能力、场地情况、技术创新能力等，能够较好地评价众创空间生态系统提质增效的整体情况。第四，科学确定评价标准。评价标准是指根据评价内容多视角确定一套评价指标，在整个绩效评价过程中居于核心地位，其设计思路是绩效评价模式的核心。按照通用化、系列化、模块化的要求，评价要坚持定量指标和定性指标相结合、客观评价与主观评价相结合的原则。对不同类型的众创空间应设计相应的指标体系，区别对待，避免一刀切。第五，科学确定评价手段。评价手段包括传统手段与现代手段。在继承行之有效的传统评价手段的前提下，充分利用现有的政府服务平台，建立在线绩效评价系统，增强绩效评价的覆盖面、可靠性和纵深度，以动态、广角、全程地评价众创空间的运行状况。这种在线评价手段，可以避免暗箱操作，实行阳光操作，增强评价结果的公信力。